ORIGINE ET DÉVELOPPEMENT

DE LA RELIGION

PARIS. — TYPOGRAPHIE A. HENNUYER, RUE D'ARCET, 7.

ORIGINE ET DÉVELOPPEMENT

DE LA RELIGION

ÉTUDIÉS

A LA LUMIÈRE DES RELIGIONS DE L'INDE

LEÇONS FAITES A WESTMINSTER ABBEY

PAR

F. MAX MULLER

TRADUITES DE L'ANGLAIS

PAR J. DARMESTETER

PARIS

C. REINWALD ET Cᵉ, LIBRAIRES-EDITEURS

15, RUE DES SAINTS-PÈRES, 15

—

1879

Tous droits réservés.

A CELLE

DONT LA MÉMOIRE CHÉRIE

M'A ENCOURAGÉ, DIRIGÉ ET SOUTENU

EN ÉCRIVANT CES PAGES

CE LIVRE EST DÉDIÉ

COMME SOUVENIR

DE L'AMOUR D'UN PÈRE.

PRÉFACE

Les administrateurs du fonds Hibbert, ayant demandé la publication de ces conférences, désirent faire connaître quelques-unes des circonstances qui en ont amené l'établissement.

Le fondateur, M. Robert Hibbert, décédé en 1849, légua une somme dont les revenus devaient être employés pour un objet qu'il indiquait en termes généraux, mais en laissant une grande liberté d'interprétation aux administrateurs. On trouvera les clauses détaillées dans un mémoire sur M. Hibbert, publié en 1874.

Le testateur leur donna liberté absolue d'adopter, pour l'emploi des fonds, la destination qu'ils jugeraient, selon les temps, le plus apte à favoriser la diffusion du christianisme sous sa forme la plus simple et la plus intelligible, et le libre exercice du jugement individuel dans les matières religieuses. Pendant longtemps les administrateurs rem-

---

[1] *Mémoire sur Robert Hibbert, Esq.*, créateur de la fondation Hibbert, avec l'historique de cette fondation, par Jerom Murch, l'un des administrateurs.

plirent ces vues, en affectant presque tout le revenu à la haute instruction d'étudiants se préparant au ministère religieux.

Plus tard, on leur suggéra d'autres destinations, dont quelques-unes ont été adoptées. L'une des dernières proposées fut la fondation de conférences Hibbert, sur un plan analogue à celui des conférences Bampton et des conférences de la Congrégation. Cette proposition, faite dans une lettre que nous reproduisons, venait de théologiens et de laïques éminents, appartenant à diverses Eglises, mais unis dans le désir commun de voir traiter avec compétence et conscience les problèmes religieux non résolus.

Après longue réflexion, les administrateurs pensèrent que s'ils pouvaient s'assurer le concours de savants compétents, ils répondraient au vœu du testateur, en établissant des cours sur l'histoire des diverses religions du globe. Ils eurent la bonne fortune d'obtenir le concours de M. Max Müller, qui consentit à ouvrir la série et à prendre pour sujet l'histoire des religions de l'Inde. Ils doivent aussi beaucoup au doyen de Westminster, qui obtint pour eux, du Comité des travaux publics, la disposition de la salle du Chapitre de l'Abbaye. Quand les conférences furent annoncée, une difficulté inattendue se présenta : le nombre des billets demandés dépassait de beaucoup le nombre des places disponibles ; cette difficulté ne fut surmontée que grâce à la complaisance de M. Max Müller, qui consentit à faire deux fois chaque conférence.

Encouragés par le succès de cette première série, les administrateurs en ont organisé une seconde : les conférences seront faites par M. le Page Renouf, inspecteur des écoles de Sa Majesté; le sujet sera l'histoire des religions de l'Egypte; elles se feront entre Pâques et la Pentecôte de 1879.

J. M.

Cranwells, Bath, 5 octobre 1878.

MÉMOIRE

Aux administrateurs du fonds Hibbert

MESSIEURS,

Les soussignés prennent la liberté d'appeler votre attention sur les considérations suivantes :

Les principales écoles de théologie, en Angleterre, étant encore sous le joug de la tradition, dont les autres branches de la science sont émancipées depuis lontemps, il en résulte que l'étude des questions religieuses est dominée, en général, par les intérêts d'église et les préjugés de parti, et ne reçoit point le respect intellectuel et la confiance que l'on est tout prêt à accorder aux recherches de l'érudition dans les autres domaines de la science. On ne voit pas pourquoi la science et l'esprit critique, appelés à la poursuite désintéressée de la vérité, produiraient moins sur le champ des sciences religieuses que sur celui des sciences sociales et naturelles ; et l'on ne peut douter qu'il existe un public prêt à accueillir avec faveur toute tentative, faite avec compétence et conscience, de traiter les problèmes religieux non résolus. L'heure est venue, croyons-nous, où l'affectation de ressources spéciales, permettant à des savants compétents de traiter librement ces problèmes devant le public, promet de donner d'importants résultats. Malgré les entraves traditionnelles qui ont arrêté, en Angleterre, l'étude sans préjugé de la religion, considérée soit au point de vue théorique, soit au point de vue historique, la riche littérature religieuse des écoles libérales d'Allemagne et de Hollande a pénétré parmi nous ; elle a plus ou moins préparé et éveillé les esprits de la génération présente, et les ouvriers capables ne manqueront pas dans cette réorganisation de la pensée religieuse, en voie de s'opérer parmi nous. On n'importe pas du dehors des sentiments nouveaux; tant qu'ils ne passeront pas en Angleterre par l'organe de savants anglais, ils ne prendront point la couleur locale, ils ne prendront point racine dans le sol : pour modifier la pensée et les institutions anglaises, il faut des savants anglais. Ce besoin, nous croyons que vos encouragements peuvent contribuer à le satisfaire. L'institution des Conférences Bampton à Oxford et, plus récemment, la fondation des Conférences de la Congrégation par une des branches des non-conformistes orthodoxes, ont dirigé l'esprit public sur certaines vues bien définies du christianisme. Une fondation analogue, destinée à faire connaître par des expositions claires, faites de temps à autre, les résultats les plus importants des dernières études dans les grands domaines de la philosophie, de la critique biblique et de la théologie comparée, rendrait de grands services, en apprenant à étudier les questions religieuses avec une indépendance de jugement qui ne coûte rien au respect.

Nous osons donc vous prier d'examiner s'il n'y aurait pas lieu de fonder des conférences, sous le nom de Conférences Hibbert, ou tout autre nom que vous jugerez convenable. Un cours de six conférences, au moins, serait fait, tous les deux ou tous les trois ans, à Londres ou dans les principales villes de la Grande-Bretagne. Le cours serait ensuite publié sous la direction des organisateurs, et les conclusions de la libre recherche viendraient ainsi, peu à peu, sous une forme condensée, sous les yeux du public éclairé.

(*Signé*) : James MARTINEAU, Arthur P. STANLEY, John H. THOM, Charles WICKSTEED, William B. CARPENTER, F. Max MÜLLER, Georges W. COX, J. MUIR, John TULLOCH, Robert WALLACE, Lewis CAMPBELL, John CAIRD, William GASKELL, Charles BEARD, T. K. CHEYNE, A. H. SAYCE, Russell MARTINEAU, James DRUMMOND.

TABLE DES MATIÈRES.

ORIGINE ET DÉVELOPPEMENT
DE LA RELIGION

PREMIÈRE LEÇON.

ORIGINE DE LA RELIGION ET PERCEPTION DE L'INFINI.

I

Origine de la religion. — Avons-nous encore une religion ?
Depuis quand avons-nous une religion ?

D'où vient que nous avons une religion ?

C'est là une question que l'on n'a pas posée hier pour la
première fois, et qui pourtant fait toujours tressaillir nos
oreilles, si aguerries qu'elles soient par le bruit de tant de
batailles livrées pour la conquête de la vérité. Comment il
se fait que nous existons, que nous percevons, que nous
formons des concepts, que nous comparons ces perceptions et ces concepts, ce sont là toutes questions qui sont
plus ou moins familières à chacun de nous, du jour où
nous avons ouvert Platon ou Aristote, Hume ou Kant :
sensation, perception, imagination, raisonnement, toutes
celles de nos puissances dont l'action tombe sous la prise
de la conscience, ont eu à défendre leur droit et leur
raison d'être. Mais cette question : Pourquoi croyons-
nous ? Pourquoi avons-nous ou croyons-nous avoir
conscience de choses que nous ne pouvons ni percevoir
par les sens, ni concevoir par la raison ? Cette question,
qu'il était pourtant si naturel de se poser, a rarement

reçu, même des plus grands philosophes, toute l'attention dont elle semble si digne.

Dernièrement, la question a été portée avec éclat devant la foule, mais d'une façon aussi peu satisfaisante que possible, par un écrivain qui s'est montré pourtant, à bien des égards, un logicien pénétrant.

« Avons-nous encore une religion? » demandait Strauss dans son dernier ouvrage [1]. A une question posée dans ces termes, il n'y aurait à répondre que par un appel à la statistique : elle nous dira que sur cent mille personnes, il y en a une à peine qui se déclare sans religion. Pour avoir une autre réponse, il fallait poser la question sous une autre forme. Il fallait commencer par nous dire clairement ce que l'on entendait par ce mot, et il fallait définir la religion prise et dans son développement psychologique et dans son développement historique. Au lieu de cela, Strauss a tout simplement pris l'ancienne définition de Schleiermacher : « La religion consiste en un sentiment d'absolue dépendance, » en la complétant par celle de Feuerbach : « L'essence de toute religion est un sentiment de convoitise qui se manifeste par la prière, le sacrifice et la foi. » Or, comme on prie moins, comme on se signe moins, comme on va moins à la messe aujourd'hui qu'au moyen âge, il conclut qu'il reste peu de piété réelle et peu de religion. J'ai conservé, autant que possible, les expressions de Strauss.

Mais où donc Strauss ou tout autre ont-ils prouvé que la vraie religion ne se manifeste que par des prières, par des signes de croix et par l'assiduité à la messe, et que ceux qui ne prient point, ne se signent point, ne vont pas à la messe, n'ont plus de religion et ne croient plus en Dieu? Continuons la lecture de Strauss, et nous serons presque tentés de croire que M. Renan avait raison de

[1] *La Foi ancienne et la nouvelle*, traduction française de L. Narval. Paris, C. Reinwald.

dire que ces pauvres Allemands se donnent bien de la peine pour devenir irréligieux et athées, sans jamais y réussir. « L'Univers, dit Strauss, est pour nous l'atelier de la Raison et de la Bonté. Cette puissance, dans la dépendance absolue de qui nous nous sentons, n'est nullement une puissance brute, devant laquelle il faille nous courber dans une résignation muette. C'est une puissance d'ordre et de loi, de raison et de bonté, à qui nous nous abandonnons dans la confiance de l'amour. Au cœur de notre nature, nous nous sentons une parenté secrète avec ce pouvoir dont nous dépendons. Nous sommes libres dans notre dépendance, et notre sentiment en face de l'univers est un mélange d'orgueil et d'humilité, de joie et de résignation. »

Si ce n'est pas là de la religion, de quel nom l'appeler? Voici en somme à quoi aboutit toute l'argumentation de Strauss : il retient la religion, entendue à la façon de Schleiermacher, comme un sentiment de dépendance, mais il rejette l'élément ajouté par Feuerbach, le motif égoïste ; il le rejette au nom de la vérité des faits et de la dignité de la religion. Strauss lui-même est si loin de voir clair dans l'essence vraie de la religion, qu'à la fin de son second chapitre, quand il se demande si lui-même il en a encore une, il ne trouve d'autre réponse que celle-ci : « Oui ou non, selon la façon dont vous la comprenez. »

Oui certes, mais c'est précisément là le point qu'il fallait éclaircir d'abord : que faut-il entendre par ce mot de *religion?* Mais pour comprendre ce que la religion est, il faut tout d'abord voir ce qu'elle a été et comment elle est arrivée à être ce qu'elle est.

La religion n'est pas une invention nouvelle. Elle est sinon aussi vieille que le monde, du moins aussi vieille que le monde tel que nous le connaissons. Aussitôt que nous voyons quelque chose des pensées et des sentiments de l'homme, nous le trouvons possédant une religion, ou, pour mieux dire, possédé d'une religion. Les plus anciens documents littéraires sont partout des documents religieux. « La terre que nous habitons, dit Herder, doit les germes de toute haute culture à une tradition religieuse, soit écrite, soit orale[1] ». Remontons au-delà des âges littéraires, explorons les couches les plus profondes de la pensée humaine ; jusque dans le minerai brut où elle a trouvé les matériaux de ses plus anciennes créations, nous constaterons déjà la présence d'éléments religieux. Les langues aryennes, avant leur séparation, — et qui dira de combien de milliers d'années cette séparation a précédé le premier hymne védique et le premier vers d'Homère ? — possédaient une racine pour exprimer l'idée de lumière, la racine *div*, « briller », et de cette racine s'était formé l'adjectif *deva* qui signifiait primitivement « brillant ». Plus tard, ce mot *deva* devint l'expression générale qui désigna toutes les puissances brillantes du matin et du printemps, dans leur opposition aux puissances sombres de la nuit et de l'hiver ; mais la première fois que nous le rencontrons, et dans les plus anciens documents littéraires, il est déjà si loin de son sens originaire, de son sens étymologique, que c'est à peine s'il y a quelques passages dans le Véda où l'on puisse le traduire par « brillant ». Le Véda invoque *devî ushas*, littéralement « la brillante Aurore » ; mais l'on ne sait si le vieux poète sentait encore dans cette invocation le sens étymologique du mot, ou s'il ne faut pas plutôt traduire *deva* dans le Véda, comme on traduit *deus* en latin, *dieu*, quelque difficulté que l'on puisse éprouver d'ailleurs à attacher à cette traduction une idée définie. Quoi qu'il en soit, une chose certaine, c'est que

---

[1] Herder, *Ideen zur Geschichte der Menschheit*, IX, p. 130 (éd. Brockhaus).

deva en est venu à signifier *dieu*, parce qu'il signifiait primitivement lumineux et brillant, et nous ne pouvons douter qu'il s'était attaché au mot une idée qui va bien au-delà de la simple idée d' « être brillant », bien avant que les ancêtres des Indiens et des Italiens se fussent levés de leur foyer commun.

Ainsi, soit que nous descendions aux plus antiques et aux plus profondes racines de notre développement intellectuel ou que nous montions aux cimes les plus hautes de la spéculation moderne, partout nous retrouvons la religion et sa puissance, soit qu'elle triomphe de l'homme ou qu'il cherche à triompher d'elle.

II

La science de la religion chez les anciens.

L'existence d'une pareille puissance ne pouvait échapper à l'œil pénétrant des philosophes grecs. Ces hommes pour qui le monde de la pensée semble avoir été aussi pur et aussi transparent que l'atmosphère qui leur découvrait la mer, le rivage et le ciel d'Athènes, éprouvèrent de bonne heure un sentiment de surprise à la vue de la religion, science qui ne date point, comme on l'a dit si souvent, d'aujourd'hui ni d'hier. Feuerbach, dans cette théorie sur l'origine des religions[1], où nous croyons entendre la dernière note de la désespérance moderne, avait été devancé, il y a plus de deux mille ans, par les philosophes de la Grèce. Chez Feuerbach, la religion est un mal radical, inhérent à l'espèce humaine : c'est le cœur malade de l'homme qui est la source de toute religion et de toute misère. Chez Héraclite, au sixième siècle avant le Christ, la religion est une maladie, quoique maladie sacrée[2]. Quoi que nous puissions penser de

---

[1] Exposée dans l'*Essence du christianisme*.
[2] Voir *Heracliti Ephesii Reliquiæ* (éd. Bywater, p. 57, l. 18) :

la vérité de ce mot, il nous montre en tout cas que la religion et l'origine de la religion avaient fait le sujet de réflexions profondes et inquiètes dès les premiers instants de ce que nous appelons l'histoire de la philosophie.

Je ne sais s'il y avait dans le mot d'Héraclite ce sentiment d'hostilité contre toute religion qui pénètre les écrits de Feuerbach. L'idée que la foi est méritoire n'est pas une idée ancienne en Grèce, et par suite le doute n'était pas encore tenu pour crime, tant qu'il ne menaçait pas les institutions publiques. Il y avait sans doute un parti orthodoxe, mais l'on ne peut dire qu'il ait été fanatique[1] et il est même très difficile de voir quand il a pris sa force et où il a pris sa consistance[2].

Héraclite, sans doute, blâme ceux qui suivent les *chanteurs*, les aèdes[3], ceux qui prennent les leçons de la foule et qui prient à des idoles, comme s'ils allaient causer avec les murs, sans savoir ce que sont au juste dieux et héros. Epicure en fait autant; mais, à l'inverse d'Epi-

---

Τήν τε οἴησιν ἱερὰν νόσον ἔλεγε ; le mot est cité dans la *Vie d'Héraclite*, de Diogène de Laërte, IX, 1. M. Bywater le met parmi les apocryphes, p. 51. Pour moi, je crois y reconnaître le puissant et noble accent d'Héraclite. Il est vrai que le mot οἴησις signifie plutôt *opinion* et *préjugé* que *croyance religieuse* ; mais pour l'esprit philosophique d'Héraclite la religion n'est qu'une subdivision de l'opinion. On peut dire que l'opinion est une maladie, on ne peut guère dire que c'est une maladie sacrée ; et ἱερὰ νόσος ne peut se prendre ici ni comme signifiant métaphoriquement grande et terrible maladie, ni comme ayant le sens technique d'épilepsie. Si je me trompe, c'est en compagnie de l'un des meilleurs juges en fait d'antiquités et de théologie grecques, Welcker. — Le mot est quelquefois prêté à Epicure; en tout cas, il appartient à la sagesse antique de la Grèce.

[1] Lange, *Histoire du matérialisme*, I (p. 4 de la traduction française. Paris, C. Reinwald).

[2] Voir E. Curtius, *Du rôle de Delphes dans la civilisation grecque* (Ueber die Bedeutung von Delphi für die Griechische Cultur, Festrede am 22 Februar 1878).

[3] *Heracliti Reliquiæ*, CXI, CXXVI.

cure, nulle part Héraclite ne nie l'existence de dieux invisibles ou d'un Etre divin. Seulement, quand il voyait la crédulité du peuple à tout ce que les chanteurs, comme Homère et Hésiode, lui contaient de Zeus et de Héra, de Hermès et d'Aphrodite, l'étonnement le prenait, et la seule explication qu'il pût trouver à un phénomène si étrange, c'est qu'il devait avoir sa source dans une affection de l'esprit, que la science pouvait essayer de guérir quand elle apparaissait, mais sans nulle espérance de pouvoir l'extirper.

Donc, dans un certain sens, la science de la religion, pas plus que la religion elle-même, n'est une invention nouvelle. Partout où il y a vie humaine, il y a religion, et partout où il y a religion, on ne peut tarder à se demander d'où elle vient. Quand les enfants commencent à faire leurs questions, ils demandent le pourquoi de chaque chose et la religion n'est pas exceptée ; bien plus, je crois que c'est la religion qui a suggéré ses premiers problèmes à ce que nous appelons la philosophie.

On a demandé quelquefois pourquoi l'on donnait à Thalès le titre de philosophe, et pourquoi il avait la place d'honneur à la première page de toute histoire de la philosophie. Maint écolier a dû se demander ce qu'il y avait de si philosophique à dire que l'eau est le principe de toute chose. Et pourtant, si puérile que cette formule nous paraisse, elle n'était rien moins que cela au temps de Thalès. C'était la première négation hardie de la création : c'était la première protestation ouverte contre la religion de la foule, protestation qu'il fallut répéter bien des fois, avant que la Grèce arrivât à se convaincre, que des penseurs comme Héraclite[1] et Xénophane avaient au moins autant de droit à parler des dieux et de Dieu qu'Homère et les chanteurs ambulants.

[1] *Reliquiæ*, XX.

Sans doute, à cette époque primitive, il était plus important de montrer que les croyances de la foule étaient fausses, que de rechercher l'origine de ces croyances fausses. Cependant ce problème même, qui nous semble appartenir à une période beaucoup plus récente de la pensée, n'était pas absolument étranger à l'esprit des premiers penseurs de la Grèce. Pour donner une réponse comme celle que l'on attribue à Héraclite, il fallait s'être posé la question qu'aujourd'hui nous nous posons à nous-mêmes : « Quelle est donc l'origine de la religion ? » ou, en langage plus moderne : « Comment se fait-il que nous acceptons des croyances qui, de l'aveu d'ami et d'ennemi, ne peuvent, ni nous être fournies par les sens, ni être établies par la raison ? »

L'on peut objecter qu'Héraclite, quand il méditait sur la οἴησις, sur la croyance, avait en vue quelque chose de différent de ce que nous entendons par religion. Oui, sans doute, car s'il est un mot qui ait changé de sens, de siècle en siècle, qui change d'aspect d'un pays à l'autre, bien plus, qui prenne des nuances différentes aux lèvres de chaque individu, homme, femme, enfant, c'est bien ce mot de *religion*. Dans le langage ordinaire, nous l'employons au moins dans trois sens différents : il désigne d'abord l'objet de la croyance, ensuite la faculté de croire, enfin la manifestation de la croyance, soit en actes de culte, soit en actes de piété réelle.

Même incertitude dans les autres langues. Il serait difficile de traduire le mot en grec ou en sanscrit ; bien plus, en latin même, *religio* n'embrasse pas tout ce qu'embrasse notre mot *religion*. Nous ne devons donc pas être surpris de voir s'élever tant de malentendus, et à leur suite tant de querelles, entre gens qui écrivent sur la religion sans avoir résolu avec eux-mêmes et avec les autres si par ce mot ils entendent le dogme, la foi ou l'acte.

III

Nécessité et difficulté de définir la religion. — Définition de Kant et de
Fichte. — La religion peut-elle être définie par le culte? — Définitions
de Schleiermacher et de Hegel ; d'Auguste Comte et de Feuerbach.

C'était une bonne coutume dans le vieux temps de ne jamais s'engager dans la discussion d'un problème scientifique sans définir d'abord les principaux termes que l'on devait employer. Une logique ou une grammaire s'ouvrait généralement par la question : Qu'est-ce que la logique? Qu'est-ce que la grammaire? On n'écrivait pas sur les minéraux sans expliquer d'abord ce qu'on entendait par un minéral, ni sur l'art sans définir, aussi bien qu'on pouvait, la conception qu'on se faisait de l'art. Souvent sans doute l'auteur était aussi embarrassé à donner ces définitions préliminaires que le lecteur pouvait l'être à en apercevoir l'utilité, étant généralement hors d'état d'en apprécier dès le début toute la portée. L'usage prit ainsi peu à peu l'air d'une mode surannée et sans utilité ; quelques auteurs en profitèrent pour s'affranchir de ce joug, et il fut bientôt de style de dire que la seule définition exacte et complète de ce qu'on entendait par *logique* ou *grammaire*, *droit* ou *religion*, c'était, en somme, le livre même qui traitait de ces sujets.

Mais qu'en est-il résulté ? Des malentendus et des disputes sans nombre, que l'on aurait pu éviter dans bien des cas, si des deux parts l'on avait clairement défini le sens que l'on attachait à certains mots et le sens qu'on leur refusait.

Quant à la religion, il est bien difficile sans doute d'en donner une définition. Il y a des milliers d'années que le mot est monté à la surface de la langue ; il a demeuré, tandis que la chose qu'il désignait allait changeant de siècle en siècle, et à présent on l'emploie souvent à marquer tout le contraire de ce qu'il devait exprimer à l'origine.

Avec des mots de ce genre, il est inutile de faire appel au sens étymologique. Certes, le sens étymologique d'un mot est toujours important à connaître et pour le psychologue et pour l'historien, parce qu'il indique le point de départ précis de certaines idées. Mais connaître l'humble source d'un fleuve, ce n'est point en connaître tout le cours, et pour connaître la source d'un mot, on n'est pas en état pour cela d'en suivre le cours à travers toutes les barres et tous les brisants qui, de chute en chute, l'ont amené où il est à présent.

D'ailleurs, pour les mots comme pour les fleuves, il n'est pas toujours facile de mettre le doigt sur le point précis d'où ils jaillissent. Les Romains eux-mêmes n'étaient pas fixés sur le sens primitif de *religio*. Cicéron, comme on sait, le dérivait de *re-legere*, « ramasser, considérer, examiner avec soin », l'opposant à *nec-ligere* « négliger, laisser de côté » ; d'autres le faisaient venir de *re-ligare* « fixer, retenir ». Je crois, pour ma part, que l'étymologie de Cicéron est la bonne ; mais si *religio* signifiait primitivement « attention, respect »[1], il est

[1] *Religio*, s'il vient de *re-legere*, aura signifié d'abord « recueillir, ramasser, considérer avec soin » ; cf. *diligo*, primitivement « recueillir, ramasser entre plusieurs objets », « d'où « estimer, aimer » ; *negligo* (nec-lego), « ne pas ramasser, laisser sans y faire attention, négliger » ; *intelligo*, « recueillir un objet avec d'autres, réunir, arranger, classer, comprendre ».
On trouve *relego* au sens de ramasser (Ovide, *Metam.*, VIII, 173 : Janua difficilis filo est inventa relecto : « La porte difficile à trouver fut trouvée grâce au fil d'Ariane ramassé ». On le trouve souvent au sens de parcourir à nouveau le même terrain : « Egressi relegunt campos. » (Val. Fl. ; VIII, 121.) C'est dans ce sens qu'il s'employait en parlant de la religion, selon Cicéron : « Qui omnia quæ ad cultum deorum pertinerent diligenter retractarent et tanquam relegerent, sunt dicti religiosi ex relegendo, ut eleganter ex eligendo, tanquam

clair que le mot ne s'est pas longtemps arrêté à ce sens simple.

Il faut bien comprendre que quand nous avons à faire usage de mots qui ont un long passé historique, nous ne pouvons ni les employer dans leur sens étymologique primitif, ni en faire usage à la fois dans tous les sens par lesquels ils ont passé tour à tour. Il est absolument oiseux de dire, par exemple, que *religion* a eu tel ou tel sens, foi ou culte, moralité ou extase, et d'écarter tel ou tel autre sens, terreur, espérance, crainte des dieux. Le mot *religion* peut avoir tous ces sens ; peut-être a-t-il eu chacun d'eux tour à tour, à telle ou telle époque ; mais qui a le droit de le limiter dans le présent et dans l'avenir à un de ces sens et à un seul ? Peut-être le sauvage n'a-t-il pas même un mot pour l'idée de religion ; et pourtant, quand le Papou s'accroupit devant son *karwar* et, les mains

a diligendo diligenter, ex intelligendo intelligenter : his enim in verbis omnibus inest vis legendi eadem quæ in religioso. » (Cic., *de Nat. Deor.*, 2, 28, 72). *Religiosus* de *religere*, parce que l'homme religieux vient et revient sur tout ce qui a rapport au culte des dieux.

L'histoire de *religere* aurait donc été à peu près la même que celle de *respicere, revereri*, qui, du sens de « regarder en arrière, regarder à nouveau », ont passé au sens de « respecter ».

Un ancien auteur cité par A. Gelle (IV, 9) distingue entre *religiosus* et *religens,* l'un signifiant superstitieux, l'autre religieux : « Religentem esse oportet, religiosum nefas » : il faut être *religens* (religieux), il ne faut pas être *religiosus* (superstitieux). — Cicéron ne parle même pas de la difficulté que présente la quantité de l'*e* dans *religio* (écrit quelquefois *rel-ligio* pour *red-ligio*) ; l'on sait que Lucrèce présente *reduco* et *relatum* avec l'*e* long.

Religio, au sens subjectif, signifiait conscience, respect, crainte religieuse ; dans l'emploi primitif, il ne désignait pas exclusivement le respect des dieux : « Religione jurisjurandi ac metu deorum in testimonii dicendis commoveri » : être inspiré dans ses dépositions par la religion du serment et par la crainte des dieux (Cic., *Pro Font.*, 12). Mais le mot commença de bonne heure à se restreindre de plus en plus au respect des dieux et des choses divines. On commença à dire « la religion d'un homme » pour dire « sa piété, sa foi dans les dieux, son soin à remplir les cérémonies », et enfin le mot *religio*, *reli-*

jointes au-dessus de la tête, se demande si ce qu'il est près de faire est bon ou non, c'est là de la religion, c'est sa religion à lui. Chez certaines tribus, chez qui il n'y avait pas trace de la connaissance d'un être divin, les missionnaires ont reconnu, dans le culte qu'elles rendaient aux âmes des morts, les premières lueurs de la religion naissante : nous n'hésitons pas, nous, à reconnaître les dernières lueurs de la religion mourante dans ce philosophe contemporain, qui, après avoir déclaré Dieu et les dieux des choses usées, tombe à genoux devant une mémoire adorée et consacre toutes ses facultés au service de l'humanité. Quand le publicain, à l'écart, sans seulement lever les yeux au ciel, se frappe la poitrine en disant : « Dieu ! prends pitié de moi, pécheur ! » c'est là encore

giones en vint à désigner tout un système de croyance religieuse.

L'autre étymologie a pour elle l'autorité de Festus, de Lactance, de saint Augustin, qui font venir *religio* de *religare,* lier, attacher, amarrer : *religio* aurait été d'abord ce qui lie, ce qui retient. Je ne crois pas qu'on ait le droit de dire avec Pott (*Recherches étymologiques*, I, 201) que cette étymologie est impossible. Sans doute une formation comme *religio* ne peut venir d'un verbe de la première déclinaison comme *religare : religare* donnerait *religatio*, comme *obligare* donne *obligatio*. Mais les verbes de la première conjugaison sont eux-mêmes des verbes dérivés, et souvent à côté d'eux coexistent des mots dérivés de la racine simple : c'est ainsi qu'on a *opinio* et *necopinus* à côté de *opinari* ; *rebellis* et *rebellio* à côté de *rebellari*. Ebel (*Journal de Kuhn*, IV, 144) signale *lictor* à côté de *ligare* et conclut qu'au point de vue grammatical l'étymologie de *religio* par *religare* est parfaitement possible. Je le crois ; mais la vraie difficulté, c'est qu'on ne voit pas que les Romains aient employé *religare* au sens de *retenir*, encore moins au sens de *respecter* ou de *craindre*, et ce sont là après tout les premiers sens de *religio* en latin. Ebel pense que *lex, legis* vient également de *ligare*, et compare *jus* venant du sanscrit *yu*, joindre. L'osque *tig-ud, lege*, semblerait confirmer cette étymologie ; mais le rapprochement proposé par Lottner de *lex* avec le vieux norois *lœg*, anglais *law*, ce qui est posé, établi (et l'allemand *gesetzt*), mérite considération (voir Curtius, *Etymologie grecque*, I, p. 367), quoiqu'il faille, il est vrai, se rappeler que le changement de *h, χ* en *g* est anormal.

de la religion, c'est sa religion à lui. Thalès déclarant que tout est plein des dieux, Buddha déclarant qu'il n'y a point de *devas*, point de dieux, expriment tous deux à leur façon une conviction religieuse qui est en eux. Quand le jeune Brahmane, sur son simple autel, allume le feu au lever du soleil, et lui dit, dans la prière la plus ancienne du monde : « Eclaire notre esprit ! » ou quand, plus avancé dans la vie, il écarte toute prière et tout sacrifice comme inutiles, comme nuisibles, et ensevelit silencieusement sa personnalité au sein de la personne éternelle, tout cela encore, c'est de la religion. Schiller déclarait qu'il ne professait point de religion, — par religion. Comment donc trouverons-nous une définition assez large pour embrasser toutes ces phases de la pensée ?

Cependant, il ne sera pas inutile d'examiner au moins quelques-unes des définitions les plus récentes, ne fût-ce que pour se convaincre qu'il n'est peut-être pas une seule définition de ce que la religion est ou doit être, à laquelle ne s'en oppose une autre qui en est tout le contre-pied. Selon Kant, la religion, c'est la moralité : c'est « la reconnaissance de nos devoirs comme ordres de Dieu »[1]. Et il ne faut pas oublier que pour Kant ce n'est pas parce qu'il repose sur un commandement divin que le devoir s'impose à notre conscience (cela serait retomber dans la religion révélée) ; mais c'est parce que nous avons directement conscience du devoir comme tel que nous le regardons comme commandement divin. Toute autorité divine purement extérieure est, aux yeux de Kant, pur *phénomène*, ou, comme nous dirions, pure concession à la faiblesse humaine. Toute religion établie, toute foi

---

[1] « Religion ist (subjectif betrachtet) das Erkentniss aller unserer Pflichten als gœttlicher Gebote. » (*La Religion dans les limites de la raison*, IV, 1.)

qui sort de l'Eglise, quoiqu'elle ne puisse dispenser au début des lois positives qui l'organisent et qui sont étrangères à la moralité pure, doit cependant, dans la pensée de Kant, contenir en elle un principe, qui, se développant avec le temps, fera du devoir son seul et réel objet et nous permettra à la fin de sortir de la foi préparatoire de l'Eglise[1].

Fichte, successeur immédiat de Kant, prend une vue tout inverse. La religion n'est jamais pratique et n'a jamais eu pour objet de gouverner notre vie. A cela, la simple moralité suffit, et il n'y a qu'une société corrompue pour faire de la religion un mobile au bien. La religion, c'est la science ; c'est la puissance qui donne à l'homme la vue claire de lui-même, qui répond aux questions les plus hautes, nous met ainsi en pleine harmonie avec nous-mêmes et sanctifie l'âme.

Maintenant, il est possible que Kant ait parfaitement raison de dire que la religion *devrait être* moralité, et Fichte de dire qu'elle *devrait être* science. Mais je conteste qu'il y ait, ni ici ni là, une définition satisfaisante de ce que la religion est, et de ce que l'on entend universellement par ce mot.

Dans une autre conception, la religion consiste dans le culte d'êtres divins, et nombre d'écrivains ont tenu pour impossible qu'il puisse exister une religion sans certaines formes extérieures, sans ce qu'on appelle le *culte*.

[1] *L. c.*, p. 183 : « Weil indess jede auf statutarischen Gesetzen errichtete Kirche nur in so ferne die wahre sein kann, als sie in sich ein Princip enthælt, sich dem reinen Vernunftglauben (als demjenigen, der, wenn er practisch ist, in jedem Glauben eigentlich die Religion ausmacht) bestændig zu næhern, und den Kirchenglauben (nachdem was an ihm historisch ist) mit der Zeit entbehren zu kœnnen, so werden wir in diesen Gesetzen und an den Beamten der darauf gegründeten Kirche doch einen Dienst (cultus) der Kirche so ferne setzen kœnnen, als diese ihre Lehren und Anordnung jederzeit auf jenen tlezten Zweck (einen œffentlichen Religionsglauben) richten. »

Libre à un réformateur religieux de parler ainsi ; mais l'historien de la religion peut aisément montrer qu'il y a eu des religions et qu'il y en a encore, sans signe aucun de culte extérieur.

Un des derniers numéros du *Journal of the Anthropological Society* (février 1878) contient un compte rendu intéressant d'une mission établie par les moines bénédictins, à New Nursia, dans l'Australie occidentale, au nord du Swan River, dans le diocèse assigné en 1845 à l'évèque romain catholique de Perth [1]. Ces bénédictins se sont donné beaucoup de peine pour découvrir les sentiments religieux des indigènes, et pendant longtemps, semble-t-il, il leur a été impossible de découvrir la plus faible trace de rien qui méritât le nom de religion. Après trois ans de missions, Mgr Salvado nous déclare que les indigènes n'adorent aucune divinité, vraie ni fausse. Néanmoins, il nous dit ensuite qu'ils croient à un être tout-puissant, créateur du ciel et de la terre, qu'ils appellent Motogon et qu'ils se représentent comme un homme de leur pays et de leur couleur, très grand, très fort et très sage. Il créa le monde de son souffle. Pour créer la terre, il dit : « Que la terre naisse ! » il souffla, et la terre fut créée. Ainsi du soleil, des arbres, du kangouroo, etc. Motogon, l'auteur du bien, a un adversaire, Cienga, l'auteur du mal. C'est Cienga qui déchaîne les tourbillons et les tempêtes ; c'est le meurtrier invisible qui fait périr leurs enfants, ce qui fait que les indigènes le redoutent extrêmement. De plus, comme il y a longtemps que Motogon est mort ou en décrépitude, ils ne lui rendent plus aucun culte ; et d'autre part, quoiqu'ils voient en Cienga l'auteur de leurs calamités, ils n'ont au-

---

[1] « Memorie storiche dell' Australia, particolarmente della Missione Benedettina di Nuova Norcia, e degli usi e costumi degli Australiani », par Mgr D. Rudesindo Salvado, O. S. B., Vescovo di Porto Vittoria. Roma, Tip. S. Cong. de Prop. Fide, 1851.

cune cérémonie pour se le rendre propice. « Jamais, conclut l'évêque, je n'ai observé aucun acte culte extérieur, ni découvert aucun indice d'un culte intérieur. »

Passons à des sauvages d'une autre race : les Hidatsa ou Indiens Gros-Ventre du Missouri nous offriront l'état tout opposé. M. Matthews, qui a donné une excellente étude sur cette tribu[1], nous dit (p. 48) :

« Si nous employons le mot *culte* dans son sens le plus étendu, on peut dire qu'outre le « Vieillard Immortel », le « Grand Esprit », le « Grand Mystère », ils adorent tout dans la nature. Non seulement l'homme, mais le soleil, la lune, les étoiles, les animaux inférieurs, les arbres et les plantes, les fleuves et les lacs, des murs en galets et autres rochers isolés, même certaines collines et certaines buttes solitaires ; bref, tout ce qui n'est pas fait de main humaine, tout ce qui a une existence indépendante, tout ce qui peut être individualisé, a un esprit ou, plus exactement, une ombre. Ces ombres ont toutes un certain droit, quoique non pas un droit égal, au respect et à la considération... Le soleil est tenu en grande vénération et reçoit des sacrifices répétés et considérables. » .

Ainsi donc, parmi les races les plus dégradées de l'espèce humaine, nous voyons l'une tout adorer, l'autre ne rien adorer : qui dira laquelle des deux est la plus vraiment religieuse ?

Regardons maintenant la conception que se font de la religion les races les plus cultivées de l'Europe, et nous retrouverons la même divergence. Kant déclare qu'essayer de plaire à la Divinité par des actes qui n'ont pas en eux une valeur morale, par des actes de *culte*, ce n'est point religion, mais superstition pure[2]. Je n'ai point be-

---

[1] *Ethnographie et philologie des Indiens Hidatsa,* par Washington Matthews. Washington, 1877.

[2] « Alles, was, ausser dem guten Lebenswandel, der Mensch noch

soin de citer les autorités de l'autre parti, pour qui la religion muette du cœur, ou même la religion agissante
de la vie pratique, ne sont rien sans le culte extérieur,
sans un sacerdoce, sans un rituel.

Nous pourrions examiner bien d'autres définitions
encore : jamais nous n'y retrouverons exprimé que
l'idéal religieux de ceux qui les formulent ; jamais elles
ne sont assez larges pour embrasser tout ce qu'on a appelé du nom de *religion.* Aussi, quand on a une fois donné
sa définition, la première chose qu'on fait en général,
c'est de déclarer que tout ce qui sort du cercle qu'elle limite, ne mérite pas le nom de religion, mais celui de
droit ou philosophie, de superstition, d'idolâtrie, ou
quelque autre nom plus ou moins flatteur. Ce qui pour
d'autres est religion, pour Kant est hallucination ; la religion de Kant lui-même n'est pour Fichte que l'esprit
du droit. Bien des gens qualifient de pure superstition
les brillants offices qui se célèbrent dans les pagodes
chinoises et dans les cathédrales des catholiques romains, tandis que d'autres classeront ensemble dans les
parages de l'athéisme la foi muette de l'Australien et
la conviction à demi exprimée d'un Kant.

Je ne citerai plus qu'une définition, celle qu'a popula-
risée Schleiermacher. Pour lui, la religion consiste

thun zu kœnnen vermeint, um Gott wohlgefællig zu werden, ist blosser
Religionswahn und Afterdienst Gottes (*l. c.*, IV, 2, p. 205).— Ob der
Andæchtler seinen statutenmæssigen Gang zur Kirche, oder ob er
eine Wallfahrt nach den Heiligthümern in Loretto oder Palæstina
anstellt, ob er seine Gebetsformeln mit den Lippen, oder wie der
Tibetaner (welcher glaubt, dass diese Wünsche, auch schriftlich
aufgesetzt, wenn sie nur durch irgend Etwas, z. B. auf Flaggen ge-
schrieben, durch den Wind, oder in einer Büchse eingeschlossen, als
eine Schwungmaschine mit der Hand bewegt werden, ihren Zweck
ebenso gut erreichen) es durch ein Gebetrad an die himmlische
Behœrde bringt, oder was für ein Surrogat des moralischen Dienstes
Gottes es auch immer sein mag, das ist Alles einerlei und von gleichem
Werth. » (P. 208.)

dans la conscience de notre absolue dépendance de quelque chose qui nous détermine, et que nous ne pouvons déterminer en retour [1]. Mais ici réclame une autre école, pour qui ce sentiment de dépendance est tout l'opposé de la religion. On connaît le mot, d'ailleurs assez sot, de Hegel : « Si c'est le sentiment de dépendance qui fait la religion, le chien est l'être religieux par excellence. » Au contraire de Schleiermacher, pour Hegel, la religion c'est la liberté parfaite ; car ce n'est rien moins que la conscience que l'Esprit divin prend de lui-même par l'intermédiaire de l'Esprit fini.

Arrivé là, il ne fallait qu'un pas pour faire de l'homme lui-même, non seulement le sujet, mais l'objet même de la religion et du culte ; ce pas fut franchi par Auguste Comte en France, par Feuerbach en Allemagne. On nous dit que l'homme ne peut rien connaître de plus haut que l'homme ; que l'homme est donc le seul objet véritable de la connaissance religieuse et du culte ; seulement, il s'agit non de l'individu, mais de l'espèce. Il faut incarner la conception générale de l'homme, le génie de l'Humanité, et l'humanité devient à la fois son propre Dieu et son propre prêtre.

Rien de plus éloquent et parfois rien de plus réellement solennel et sublime que cette religion de l'humanité, telle qu'elle a été prêchée par Comte et ses disciples. Feuerbach, néanmoins, renverse enfin cette idole. Il dissipe ce dernier nuage de mysticisme que Comte avait laissé : « l'amour de soi-même, voilà la loi, le principe nécessaire, indestructible, universel, inséparable de toute sorte d'amour. La religion doit le confirmer et le confirme à chaque page de son histoire. Toutes les

---

[1] Ce n'est là naturellement qu'un exposé bien imparfait de sa conception religieuse, qui devint de plus en plus parfaite à mesure qu'il avançait dans la vie. Voir sur ce point l'excellente *Vie de Schleiermacher*, par W. Dilthey, 1870.

fois que l'homme essaye de résister à cet égoïsme humain, tel que nous l'avons défini, que ce soit en religion, en philosophie ou en politique, il plonge dans l'absurde et la folie. Car le sentiment qui est à la base de tous les instincts, de tous les désirs, de toutes les actions de l'homme, c'est la satisfaction de l'être humain, la satisfaction de l'égoïsme humain [1]».

IV

La religion est la perception de l'Infini. — Objections contre cette définition.

Nous voyons donc que nulle définition de la religion ne peut se montrer, sans provoquer aussitôt une définition contraire, qui lui donne un démenti. Il y a, semble-t-il, presque autant de définitions de la religion qu'il y a de religions dans le monde, et il y a presque la même hostilité entre les partisans de ces définitions différentes qu'entre les croyants de ces religions. Que faire donc? Est-il réellement impossible de donner une définition de la religion qui puisse s'appliquer à tout ce qui a été appelé de ce nom ou de quelque nom analogue? Oui, la chose est impossible, et le lecteur a deviné pourquoi. La religion est une chose en mouvement, qui a passé et passe encore par l'évolution historique, et tout ce que nous pouvons faire, c'est d'en remonter le cours jusqu'à ses origines, et là, d'essayer d'embrasser la suite de ses développements postérieurs.

Mais s'il est impossible de donner une définition adéquate, ou une description complète de tout ce qu'on a appelé du nom de *religion*, il est possible de donner un caractère spécifique qui distingue de tous autres objets les objets de la conscience religieuse, et qui, en même

[1] Feuerbach, *Wesen der Religion*, p. 100.

temps, distingue notre conscience en face des objets religieux de ce qu'elle est en face des objets fournis par les sens ou la raison.

Que l'on ne suppose pas néanmoins qu'il y a une conscience distincte pour la religion. Il n'existe qu'une seule et même conscience, quoiqu'elle varie avec les objets auxquels elle s'applique. Nous distinguons entre les sens et la raison, quoique ce ne soient que deux fonctions différentes de la même personne consciente. De même, quand nous parlons de la foi comme d'une faculté religieuse de l'homme, nous n'entendons par là que notre conscience ordinaire, développée et modifiée de façon à nous mettre en état de percevoir des objets religieux. Nous n'entendons pas un nouveau sens à côté des autres, une nouvelle raison à côté de la raison ordinaire, une nouvelle âme dans l'autre. C'est toujours l'ancienne conscience, mais appliquée à de nouveaux objets, et en recevant la réaction. Admettre une faculté religieuse distincte, un instinct du divin, afin d'expliquer le fait universel de la religion, c'est faire comme le physiologiste qui admettrait encore une force vitale pour expliquer la vie ; c'est jouer avec les mots et jongler avec la vérité. Des explications de ce genre pouvaient suffire autrefois, mais à présent on est trop avant dans la bataille pour que la paix puisse se conclure sur de pareils termes.

Dans des lectures faites à l'Institution Royale et destinées à servir d'introduction à la Science du Langage, voici comment j'essayais de définir le côté subjectif de la religion, ou ce que l'on appelle vulgairement la *foi:*

« La religion est une faculté de l'esprit qui, indépendamment, je dirai plus, en dépit des sens et de la raison, rend l'homme capable de saisir l'infini sous des noms différents et des déguisements changeants. Sans cette faculté, nulle religion ne serait possible, pas même le

culte le plus dégradé d'idoles et de fétiches, et pour peu
que nous prêtions l'oreille, nous pouvons entendre dans
toute religion un gémissement de l'esprit, le bruit d'un
effort pour concevoir l'inconcevable, pour exprimer
l'inexprimable, une aspiration après l'Infini, un amour
de Dieu [1]. »

Si je cite ces mots, ce n'est point que je les approuve
sans réserve à présent ; il est rare que jamais j'approuve
sans réserve ce que j'ai écrit à quelques années de
distance. Je reconnais parfaitement la force de plusieurs
des objections qu'on a élevées contre cette définition ;
mais je crois encore que le noyau en est solide. Je
ne dirais plus que c'est une définition complète de la
religion, mais je crois qu'elle nous fournit une caractéristique qui nous permettra de distinguer entre la
connaissance ou conscience religieuse d'un côté et
la connaissance des sens et de la raison de l'autre.

Le principal reproche que l'on a fait à ma définition,
c'est de présenter la religion comme une faculté de l'esprit. Le mot *faculté* est un mot qui a le privilège de
mettre certains philosophes de mauvaise humeur. Il
semblerait que le mot désignât quelque chose de sub-
stantiel, une sorte de ressort qui met une machine en
mouvement, une semence ou une graine qui lèvera
quand elle sera plantée en sol convenable. Je n'ai jamais
pu comprendre que l'on pût entendre le mot dans ce
sens. Faculté signifie mode d'action et non pas substance. La faculté n'est point un dieu ni un esprit, ce
n'est point une puissance ni une principauté ; elle est
inhérente à la substance, au même titre que la force :
c'est la force dans la substance consciente. Point de force
sans substance, ni de substance sans force ; les deux
choses sont inséparables parce qu'elles ne font qu'un.

---

[1] *Introduction à la Science de la Religion*, 1873, p. 17.

Donc, parler d'une faculté comme d'une chose en soi, c'est parler de la gravitation comme d'une chose en soi : pure mythologie dans les deux cas. Si la loi de Newton avait été découverte à Rome, je ne doute pas qu'on n'eût érigé un temple en l'honneur de la déesse Gravitation. Nous n'érigeons plus de temples : mais il n'y a pas moins de mythologie pour cela dans la façon dont certains physiciens parlent de la gravitation. Je suis le premier à reconnaître que la façon dont certains philosophes parlent de nos facultés n'est pas moins dangereuse et nous savons qu'il n'y a pas bien longtemps encore, une de nos facultés, la raison, s'est vu ériger des autels. Si donc le mot *faculté* est équivoque ou dangereux, s'il a mauvaise réputation, écartons-le ; disons, si l'on veut, *puissance*, *virtualité*, et définissons le côté subjectif de la religion « la puissance qui met l'homme en état de saisir l'infini ». Si la langue permettait cette expression barbare, je proposerais même de remplacer le mot *faculté* par le mot *pas-encore*, et au lieu de dire : « la faculté, la virtualité du langage ou de la religion », je dirais : « le *pas-encore* de la langue ou de la religion » [1].

[1] Au lieu de refaire une démonstration vingt fois faite, je citerai les mots de Locke : « S'il est raisonnable de regarder les facultés comme autant d'êtres distincts, capables d'agir, et d'en parler dans ce sens (par exemple, quand nous disons que la volonté ordonne, que la volonté est libre), il faudra aussi parler d'une faculté parlante, d'une faculté marchante, d'une faculté dansante, chargées de produire la parole, la marche, la danse, toutes actions qui ne sont que différents modes du mouvement. Cela du même droit que nous faisons de la volonté et de l'entendement des facultés chargées de produire la volition et la perception, lesquelles ne sont que différents modes de la pensée. Il est aussi raisonnable de dire que c'est la faculté chantante qui chante et la faculté dansante qui danse que de dire que la volonté choisit et que l'entendement conçoit, ou comme l'on dit si souvent, que la volonté dirige l'entendement et que l'entendement obéit ou désobéit à la volonté ; il sera tout aussi légitime et tout aussi intelligible de dire que le pouvoir de parler dirige le

M. Pfleiderer, un savant qui a rendu de grands services à la science de la religion, reproche à ma définition d'admettre une *faculté occulte*. Dans un sens, j'accepte le mot : oui, il y a dans l'homme, dans l'individu et dans l'espèce, quelque chose qui se développe obscurément en perception, conception et foi (je prends ce dernier mot pour marquer l'appréhension de l'Infini); si le développement de cette faculté est encore occulte, il faut essayer de l'éclairer ; mais cela est aussi vrai des deux autres facultés, sens et raison, que de la faculté de la foi.

En second lieu, on a reproché à cette conception de la religion d'être quelque peu mystérieuse. Quant à moi, je ne vois point quel élément mystérieux on introduit dans la psychologie, en admettant dans la personne consciente, à côté des sens et de la raison, une troisième fonction pour saisir l'infini. L'un des traits essentiels de toute connaissance religieuse, c'est d'admettre l'existence d'êtres que les sens ne peuvent saisir ni la raison comprendre. Les sens et la raison, dans l'acception ordinaire des termes, ne suffisent donc pas pour rendre compte des faits dont il s'agit. Si nous admettons nettement une troisième fonction, chargée de saisir l'infini, cette fonction ne sera pas plus mystérieuse que les deux autres. Rien, en réalité, qui soit plus mystérieux que la perception des sens : c'est le mystère des mystères. Nous nous sommes pourtant habitués à la regarder comme la plus naturelle des choses. Et la raison non plus ne manque-

pouvoir de chanter, et que le pouvoir de chanter obéit ou désobéit au pouvoir de parler. Cette façon de parler a néanmoins prévalu, et a produit, il me semble, beaucoup de confusion. » (*Essai sur l'entendement*, I, 21, 17.)

« Il y aurait un dialogue à faire pour persiffler une bonne fois la façon dont les gens parlent des différentes facultés; par exemple Kant : la raison pure se flatte ! » (*Schleiermacher*, par Dilthey, I, p. 122.)

rait pas de paraître une faculté bien mystérieuse à un être qui serait réduit à la seule perception des sens, et il y a des philosophes qui l'ont représentée comme un phénomène incompréhensible ; nous savons pourtant que la raison n'est qu'un développement de la perception des sens, qui se produit dans certaines conditions, conditions qui constituent ce que nous appelons la virtualité ou faculté de la raison. Sens et raison appartiennent à un seul et même moi conscient, et quoique la raison agisse d'une façon autre que les sens, cependant, si elle est gouvernée comme elle doit, elle agit en parfaite harmonie avec eux. Il en est de même de la religion, entendue au sens subjectif, c'est-à-dire de la foi. *La religion*, j'essayerai de le montrer, *n'est, elle aussi, qu'un développement de la perception des sens, au même titre que la raison*, développement possible dans certaines conditions qui répondent à ce que nous appelons la virtualité de la foi. Sans cette troisième virtualité, il est impossible d'expliquer, je crois, les faits que nous présente la religion, soit dans son côté subjectif, soit dans son côté objectif. Si l'on peut les expliquer par un simple appel aux sens et à la raison, entendus au sens ordinaire de ces mots, qu'on le fasse ; nous aurons alors une foi rationnelle ou une foi intuitive ; mais aucun de mes critiques ne l'a fait jusqu'ici, et peu d'entre eux, je crois, seraient tentés de le faire.

Quand je disais que nous saisissons l'infini, indépendamment, bien plus, en dépit des sens et de la raison, je prenais ces mots dans leur acception ordinaire. S'il est vrai que les sens ne nous fournissent que des objets finis et si la raison ne peut travailler que sur ces objets finis, cette appréhension de quelque chose d'infini doit nécessairement se faire indépendamment, bien plus, en dépit des sens. Ces prémisses sont-elles exactes ? c'est une autre question que nous discuterons dans un moment.

Enfin l'on a élevé quelques objections contre l'emploi que je fais du mot *infini*, pour désigner l'objet de la conscience religieuse. Je l'ai choisi comme étant la désignation qui prête le moins à la critique de tout ce qui est au-delà de la prise de nos sens et de notre raison. On admet universellement que toute connaissance des sens, quelle qu'elle soit, est finie, finie dans le temps et dans l'espace, finie en quantité et en qualité, et comme notre connaissance rationnelle repose entièrement sur la connaissance par les sens, elle non plus n'est en rapport qu'avec des objets finis. Quand il m'a donc fallu chercher un terme qui caractérisât les objets de cette grande branche de la connaissance qui constitue la religion, j'ai pensé que le mot *infini* valait mieux que les mots *invisible, suprasensible, surnaturel, absolu* ou *divin*, parce que le caractère de *fini* est la qualité la plus générale de la connaissance dite positive. Le mot *infini* me semblait le terme le plus large, la généralisation la plus haute ; si l'on trouve qu'un autre terme est préférable, je le répète, je suis prêt à l'adopter. Seulement, essayons maintenant de comprendre clairement ce que nous entendons par ce mot *infini* ou tout autre terme meilleur, s'il y en a.

Si l'infini n'était, comme certains philosophes le supposent, qu'une simple abstraction négative, la raison, sans aucun doute, suffirait à expliquer comment nous sommes venus en possession de l'idée. Mais l'abstraction ne nous donnera jamais rien de plus que l'objet sur lequel elle opère. D'un nombre donné de perceptions nous pouvons abstraire l'idée d'un nombre donné : mais l'infini n'est pas donné par le fini, et par suite, nous aurons beau faire, nous ne pourrons jamais l'en tirer par abstraction. Dire, comme on le fait souvent, que l'infini est un concept abstrait négatif, c'est jouer sur les mots. Nous pouvons former un concept de ce genre, quand il s'agit d'objets qui font partie d'une série ou qui sont en corrélation. Soit le concept d'un objet qui fait partie d'une série, *bleu,* par exemple : *non bleu* signifiera vert, jaune, rouge, toute couleur quelconque, sauf *bleu :* le *non bleu* désignera le concept entier de la couleur, moins le bleu.

De même, si nous prenons des concepts corrélatifs, par exemple : *droit* et *courbe,* l'on peut appeler le concept *non droit* un concept négatif ; mais, en réalité, il est tout aussi positif que le concept *courbe, non droit* signifiant *courbe, non courbe* signifiant *droit.*

Appliquons ces principes au fini. Le fini, nous dit-on, comprend tout ce qui peut être perçu par les sens, ou analysé par la raison. Si donc nous ne nous contentons pas de former un mot au hasard, en ajoutant la particule négative au mot *fini,* si nous essayons de former un concept réellement négatif, le concept de l'infini sera en dehors du concept de fini, et comme en dehors de ce dernier concept nous ne connaissons rien, le concept d'infini ne comprendra que le néant. On ne peut donc considérer l'infini comme un simple concept négatif ; s'il n'était rien de plus, ce ne serait qu'un mot formé par fausse analogie et qui signifierait *néant.*

V

Toutes les objections examinées jusqu'ici viennent d'amis. Elles ne font qu'amender notre définition de la religion, sans aller jusqu'à proposer la question préalable. Mais ailleurs on l'a fait.

Il y a toute une classe de personnes, non seulement parmi les philosophes de profession, mais parmi les penseurs indépendants de toutes les classes de la société, qui considèrent comme absolument inutile toute

tentative de définir la religion, qui s'embarrassent peu
des discussions sur la fausseté ou la vérité de telle ou
telle religion, et qui nient purement et simplement la
possibilité de toute religion quelconque, par la raison
que l'homme ne peut saisir l'infini, tandis que toutes les
religions, si fort qu'elles diffèrent sur d'autres points,
concordent toutes sur ce point que leur objet, en partie
ou en tout, dépasse la portée de nos facultés de perception et de conception. Tel est le terrain où se tient la
philosophie dite positive et d'où, niant la possibilité de
toute religion, elle met au défi de produire leurs titres
tous ceux qui admettent d'autre source de connaissance
que les sens et la raison. Le défi n'est pas nouveau, ni
le champ de bataille. C'est le terrain mesuré autrefois
par Kant, seulement la seule issue qui était restée ouverte alors, à savoir: l'absolue certitude de la vérité
morale, et par là de l'existence de Dieu, cette dernière
issue est fermée à présent. Nulle ouverture pour échapper dans ce sens[1]. La bataille livrée entre ceux qui

---

[1] **Wyttenbach est l'un des premiers qui aient signalé l'incertitude
des fondements sur lesquels Kant essayait de reconstruire la religion, au sens le plus large du mot :** « Non consentaneus sibi est
(Kantius) in eo, quod, quum categorias a priori intelligibiles et anti-
quiores esse experientia statuit, ab his nullum progressum ad nova in-
telligibilia concedit... Tum quod illa tria placita, Dei, immortalitatis,
libertatis, ex metaphysica ad ethicam, ex theoretica ratione ad
practicam relegat, non modo hæc ipsa placita labefactat, ex lucido fir-
moque intelligentiæ fastigio in lubricam et confusam interni sensus
latebram rejiciens, sed ἀφιλοσόφως agit et ipsum primum philosophiæ
officium negligit... Theoretica dogmata ex practico ducuntur contra
naturam philosophiæ, cujus est practica ex theoretico ducere... Illa
tria theoretica dogmata longe dilucidiora et minus incerta sunt, quam
ille sensus moralis dubius et controversus... novo habitu impera-
torio, inaudito nomine imperativi categorici in scenam revocatus et
productus. Nonne hoc est Deum ex machina inducere? » (*Opus-
cules*, l, p. 190.) — Voir Prantl dans les *Comptes rendus de l'Académie
des sciences de Berlin*, classe de philosophie et d'histoire, 1877, p. 284.

croient en quelque chose qui dépasse les sens et la raison et qui revendiquent pour l'homme la possession d'une faculté capable de saisir l'infini et entre ceux qui le nient sur des principes purement psychologiques, cette bataille doit finir par la victoire de l'un des deux partis et la capitulation de l'autre.

Avant de nous engager dans cette lutte décisive, examinons encore une fois le champ de la lutte, tel qu'on nous l'a choisi, et voyons le terrain commun sur lequel les deux partis sont convenus de vider la querelle. Une première chose qui nous est accordée, c'est que toute conscience commence par la perception des sens, par ce que nous touchons, entendons, voyons : ceci nous donne la connaissance sensible. Seconde chose accordée : c'est que de ces matériaux nous construisons la connaissance rationnelle, qui consiste en concepts collectifs et en concepts abstraits. Ce que l'on appelle *penser*, c'est additionner et soustraire des perceptions. La connaissance par concepts diffère de la connaissance par les sens pour la forme seulement et non pour le fond. Quant aux matériaux dont elle est faite, il n'y a rien dans l'intelligence qui n'ait d'abord été dans les sens. L'organe de la connaissance est le même chez tous les êtres vivants, sauf qu'il est plus développé chez les animaux qui ont cinq sens que chez ceux qui n'en ont qu'un, et plus développé chez l'homme qui compte et qui forme des concepts que chez les autres animaux qui ne le font pas.

Tel est le terrain de la lutte, telles sont les armes qu'on nous donne. C'est avec ces armes, nous dit-on, que toute connaissance a été obtenue, que le monde a été conquis. Si, avec elles, vous pensez vous frayer un chemin vers un monde au-delà de celui-ci, c'est bien ; au cas contraire, avouez que tout ce qui est connu sous le nom de *religion*, depuis le fétichisme le plus grossier jusqu'à la foi la plus idéale et la plus exaltée, n'est qu'une illusion, que le grand triomphe de notre siècle est d'avoir reconnue.

J'accepte la lutte dans ces termes, et je maintiens que la religion, bien loin d'être une chose impossible, est une chose nécessaire, si seulement on nous laisse en possession de nos sens tels que la nature nous les donne réellement, non tels que des philosophes nous les définissent. Ainsi la question en litige est claire. Nous ne faisons pas appel à un don spécial, à une révélation spéciale : le seul don que nous réclamons, c'est la perception ; la seule révélation à qui nous en appelons, c'est l'évolution historique.

Car il ne faudrait pas supposer que nous trouvons l'idée de l'infini toute faite, dans l'esprit humain, dès le début de notre histoire. Il y a maintenant encore des millions d'êtres humains pour qui ce seul mot serait inintelligible. Tout ce que nous prétendons, c'est que le germe, la possibilité, le *peut-être* de cette idée, gît caché dans les premières perceptions des sens et que, de même que la raison est un développement de ce qu'il y a de fini en elles, de même la foi est un développement de ce qu'il y a, dès le premier instant, d'infini en elles.

La philosophie positive imagine que tout ce qui nous est fourni par les sens est de sa nature fini, et que tout ce qui dépasse le fini est pure illusion ; le mot même d'*infini* n'est qu'un assemblage de syllabes, formé par la jonction matérielle de la particule négative avec l'adjectif *fini :* or, cette particule, parfaitement à sa place avec un concept d'objets qui font série ou qui sont en corrélation, est absolument hors de saison avec un concept exclusif et absolu, comme celui de fini. Si les sens nous disent que *tout* est fini, et si la raison tire tout son capital des sens, qui a le droit de parler d'infini ? Il peut être vrai que c'est un élément essentiel de toute connaissance religieuse d'admettre l'existence d'êtres qui ne peuvent être perçus par les sens ni par la raison, d'êtres qui sont en fait infinis, et non finis. Mais, au lieu d'admettre une troisième faculté pour rendre compte de ces faits de religion, la philosophie positive renverse ce raisonnement et établit, par cette raison même, que la religion n'a point de racines réelles dans notre conscience, que c'est un pur mirage, qui attire par de brillantes visions le voyageur fatigué dans le désert, et qui l'abandonne ensuite désespéré, quand il s'est assez approché de la place d'où semblait jaillir la source d'eau vive.

Quelques philosophes ont pensé qu'un simple appel à l'histoire suffit pour répondre à ce système désespérant. C'est sans doute un fait important qu'aussi loin que nous trouvons l'homme en possession des sens et de la raison, nous le trouvons aussi en possession de la religion ; mais l'éloquence même d'un Cicéron n'a pas suffi pour élever ce fait à la dignité d'un argument invincible. C'est encore une vérité importante que cette aspiration de tous les hommes après la divinité ; mais le génie même d'un Homère n'a pu mettre cette vérité hors des atteintes du doute. Qui n'a admiré ces simples mots du poète : Πάντες δὲ θεῶν χατέουσ' ἄνθρωποι [1] « tous les hommes ont le désir des dieux », ou, pour rendre le mot dans toute sa force littérale : « tels que les petits des oiseaux ouvrant la bouche pour recevoir la nourriture, les hommes ont le désir des dieux. » Car le verbe χατεῖν, de la même racine que χαίνειν, signifie primitivement *bâiller, ouvrir la bouche*, de là, *demander, désirer*.

Mais il n'est point jusqu'à cette simple affirmation qui ne rencontre un démenti formel. Il y a eu des hommes dans les temps anciens, nous dit-on, et il y en a encore de nos temps, qui ne connaissent pas ce besoin. Il ne

[1] *Odyssée*, III, 48.

suffit donc pas de prouver que l'homme a toujours franchi les limites où semblaient l'emprisonner les sens et la raison. Il ne suffit pas de montrer que, même dans le fétichisme le plus bas, le fétiche n'est pas seulement l'objet que nous voyons, que nous entendons, que nous touchons, mais quelque chose d'autre que nous ne pouvons voir, entendre, ni toucher. Il ne suffit pas de montrer que dans le culte rendu aux objets de la nature, les montagnes, les arbres, les fleuves ne sont pas seulement ce que nous voyons, mais quelque chose d'autre que nous ne pouvons voir; que, dans les invocations au ciel et aux corps célestes, ce qui sert d'objet à la croyance religieuse, ce n'est point le soleil, ni la lune, ni les étoiles, tels que les voit l'œil matériel, mais quelque chose d'autre qui est invisible. L'œil voit la pluie, mais non celui qui l'envoie; l'on entend le tonnerre, l'on sent passer l'orage, mais celui qui tonne, celui qui chevauche sur le tourbillon, nul œil humain ne l'a jamais vu. Si les dieux grecs se laissent voir quelquefois, le père des dieux et des hommes reste invisible, et celui que la plus ancienne langue aryenne appelait le Ciel-Père, *Dyaus Pitar*, celui que le Grec appelait Ζεὺς πατήρ, le Latin *Juppiter*, ne tombait pas plus sous la perception des sens que celui que nous appelons « Notre Père qui est dans les cieux ».

Tout cela est vrai, et ce sera l'objet des leçons suivantes d'étudier cet important développement de la pensée religieuse, de ses origines jusqu'au bout, dans une de ses branches, la branche indienne. Mais avant de le faire, il faut répondre à une question préliminaire et plus abstraite : D'où vient ce quelque chose d'autre que ne peuvent nous fournir ni les sens ni la raison? Où trouve-t-il un point d'appui, celui qui, tout en refusant de se reposer sur autre chose que le témoignage des sens, et de se fier à autre chose qu'aux déductions légitimes que la raison tire de ce témoignage, maintient cependant sa croyance en quelque chose qui est au-delà et des sens et de la raison ?

VI

Toute perception sensible contient en soi la perception de l'Infini.

Nous avons accordé que toute notre connaissance commence avec les sens et que c'est des matériaux par eux fournis que la raison élève ses merveilleuses constructions, et nous admettons également que, tous les matériaux que la raison met en œuvre étant finis, la raison, si elle est maintenue dans ses bornes propres, ne peut jamais nous fournir l'idée de l'infini.

La première question que nous poserons, et c'est sur cette question que roule tout le reste de notre argumentation, est celle-ci : « Tous les matériaux que les sens nous fournissent sont-ils finis et rien que finis ? » Il est bien vrai que tout ce que nous pouvons toucher, voir, entendre, a un commencement et a une fin, et ce n'est que par la perception de ce commencement et de cette fin que nous obtenons la connaissance du sensible. Nous percevons un corps par son contour ; nous percevons le vert dans les larges intervalles du bleu au jaune ; nous entendons le son musical *ré* entre la fin de *ut* et le commencement de *mi* ; et ainsi des autres perceptions des sens. Cela est vrai, vrai au moins en pratique. Mais regardons-y de plus près. Quand notre œil a saisi la distance la plus lointaine qu'il puisse atteindre, avec ou sans instruments, la limite à laquelle il s'attache est fixée d'un côté par le fini, mais, de l'autre côté, par quelque chose qui pour l'œil est infini.

Rappelons-nous que nous avons accepté les termes de nos adversaires, et que par suite nous prenons l'homme avec les sens et rien de plus. La plupart des philosophes trouveraient plus naturel, et sans doute plus décisif, de dériver l'idée d'infini d'une nécessité de notre raison humaine. En quelque lieu que nous essayions de fixer un point dans l'espace ou le temps, nous sommes toujours absolument incapables de le fixer de façon à ce qu'il ne soit plus possible d'en fixer un au delà. En fait, l'idée même de limite suppose l'idée d'un au-delà et par suite nous impose l'idée d'infini, que nous le voulions ou non.

Cela est parfaitement vrai ; mais c'est à nos adversaires qu'il faut songer, et non à nos amis, et nous savons que nos adversaires n'acceptent pas cette raison. Si, d'une part, disent-ils, notre idée de la Divinité suppose un au-delà et par suite implique l'infini, d'autre part, notre idée d'un tout exclut l'au-delà et implique le fini. Ce sont là de ces antinomies de la raison humaine que Kant a analysées tout au long, et les philosophes qui l'ont suivi y ont naturellement fait appel pour montrer que les prétendues nécessités de la raison pourraient bien n'être, après tout, que les faiblesses de la raison, et que par suite l'on ne doit admettre les idées de fini ou d'infini qu'aux mêmes conditions que les autres idées, c'est-à-dire si l'on montre qu'elles sont le fruit, non de la spéculation, mais de l'expérience, et de l'expérience sensible, parce que toute expérience commence par les sens. Voilà le raisonnement qu'il nous faut attaquer, et ici Hamilton n'a rien à faire.

Nous avons accepté le sauvage primitif n'ayant rien que ses cinq sens et rien de plus. Ces cinq sens lui fournissent la connaissance d'objets finis, et le problème c'est de savoir comment un pareil être peut jamais arriver à penser et à parler de quelque chose qui ne soit pas fini.

Je réponds, sans crainte d'être contredit, que ce sont

ses sens mêmes qui lui donnent la première impression
des choses non finies et qui lui donnent, en fin de
compte, le premier soupçon de l'infini. Pour le sauvage
primitif et pour tout homme dans l'enfance de l'activité
intellectuelle, tout objet auquel ses sens ne perçoivent
pas de limite est illimité ou infini. L'homme voit jusqu'à un certain point, et là son regard se brise. Mais,
précisément au point où son regard se brise, s'impose
à lui, qu'il le veuille ou non, la perception de l'illimité
ou de l'infini. On peut dire que ce n'est pas une perception au sens ordinaire du mot ; encore moins est-ce un
pur raisonnement. En percevant l'infini, nous ne comptons, ne mesurons, ne comparons ni ne nommons. Nous
ne savons ce que l'infini est, mais nous savons qu'il est,
parce que nous nous sentons en contact immédiat avec
lui. S'il semble trop hardi de dire que l'homme voit
réellement l'invisible, disons qu'il *souffre de l'invisible*,
et cet invisible n'est qu'un nom particulier de l'infini.
Ainsi donc, pour la distance ou l'étendue, il est difficile
de nier que l'œil, par le même acte qu'il saisit le fini,
saisit aussi l'infini. Plus nous avançons, plus sans doute
notre horizon s'élargit, mais il n'y a et il ne peut jamais
y avoir pour nos sens d'horizon qui ne se tienne entre
le visible et le fini d'une part, l'invisible et l'infini de
l'autre. La notion de l'infini, au lieu de n'être qu'une
abstraction tardive, est donc réellement enveloppée dans
les premières manifestations de la connaissance son
sible. La théologie commence avec l'anthropologie.
Prenons l'homme primitif vivant sur les hautes montagnes, ou dans la vaste plaine, ou sur l'île de corail
sans collines ni rivières, enveloppée de toutes parts par
l'immensité sans fin de l'Océan et par l'insondable azur,
et nous comprendrons alors comment, du milieu des
images que les sens lui jetaient, la conception de l'infini dut s'élever dans son esprit avant même celle du

fini et former le plan omniprésent du tableau pâle et sans relief de sa vie monotone.

Mais ce n'est pas tout. Nous saisissons l'infini, non seulement en dehors du fini, mais à l'intérieur du fini, non seulement comme grand au-delà de toute mesure, mais comme petit au-delà de toute mesure. Que nos sens contractent comme ils pourront l'extrémité de leurs antennes, jamais ils ne pourront saisir l'objet plus petit que tout objet. Il y a toujours un au-delà, toujours quelque chose de plus petit. Nous pouvons, si nous voulons, poser en postulat l'existence de l'atome, pris au sens primitif du mot, c'est-à-dire de quelque chose qui ne peut être coupé : nos sens, — et je ne parle que des sens, puisque c'est aux sens que nous réduisent nos adversaires, n'admettent pas d'atome réel, de substance impondérable, ou, comme Robert Mayer appelait le dernier dieu de la Grèce, de « matière immatérielle ». En saisissant la plus petite étendue, ils en saisissent une plus petite encore. Entre le centre et la circonférence que doit avoir tout objet pour devenir visible, il y a toujours un rayon, et ce rayon, partout présent et qu'il est impossible d'éliminer, nous donne de nouveau l'impression sensible de l'infini, de l'infiniment petit en regard de l'infiniment grand.

Ce que l'on vient de dire pour l'espace s'applique au temps, s'applique à la qualité et à la quantité.

Quand nous parlons des couleurs ou des sens, il semble, à s'en tenir à la pratique, que nous nous mouvions absolument dans le fini. Voici du rouge, voici du vert, voilà du violet. Ceci est un *ut*, ceci est un *ré*, ceci est un *mi*. Que peut-il y avoir de plus fini en apparence et de mieux défini ? Mais regardons de plus près. Prenons les sept couleurs de l'arc-en-ciel : où est l'œil assez délié pour se fixer sur le point exact où le bleu finit et où le vert commence, sur le point où le vert finit et où le jaune commence ? Autant essayer de mettre nos doigts massifs sur le point où un millimètre finit et où un autre commence. Nous divisons grossièrement la couleur en sept degrés et nous disons « les sept couleurs de l'arc-en-ciel ». Encore ces sept degrés sont-ils de date récente dans l'évolution de notre connaissance sensible. Xénophon dit que ce qu'on appelle vulgairement Iris est un nuage pourpre, rouge et jaune (πορφύρεον, φοινίκεον, χλωρόν) ; Aristote parle encore de l'arc tricolore, rouge, jaune et vert (φοινική, ξανθή, πράσινη) : dans l'Edda, l'arc-en ciel s'appelle le *pont tricolore*.

Le bleu, qui nous semble une couleur si bien définie, ne s'est dégagé du nombre infini des couleurs qu'à une époque relativement récente. Il y a aujourd'hui à peine un livre où l'on ne nous parle du ciel bleu : eh bien ! les hymnes antiques du *Véda*, où il y a tant d'aurore, de soleil et de ciel, ne nous parlent jamais du ciel bleu [1]; jamais le *Zend-Avesta*, jamais Homère, jamais l'Ancien, jamais le Nouveau Testament. On a demandé s'il fallait reconnaître là un développement physiologique de nos sens ou seulement un enrichissement graduel du langage permettant d'exprimer des nuances plus fines de la lumière. Personne, sans doute, ne s'avisera de prétendre que l'irritation des organes qui produit la sensation, en tant qu'elle se distingue de la perception, était différente il y a des milliers d'années de ce qu'elle est aujourd'hui. Elle est la même pour tous les hommes, la même pour certains animaux, car nous savons qu'il y a des insectes qui réagissent fortement aux différences de couleurs. Non, la sensation n'a pas changé, et ceci nous apprend

[1] Voir le remarquable Essai de L. Geiger sur « Le sens de la couleur dans les temps primitifs et le développement de ce sens » dans ses Vortraege zur Entwickelungsgeschichte der Menschheit, 1871, p. 45. Il traite encore le sujet dans son livre sur « L'origine et le développement de la langue et de la raison humaine ».

seulement, et d'une façon bien claire, que la perception
consciente est impossible sans langage. Qui prétendrait
que ces sauvages qui, dit-on, ne savent pas compter au-
delà de trois, c'est-à-dire qui n'ont pas de noms de nombre
au-delà de trois, ne reçoivent pas l'impression sensible
des quatre jambes d'une vache ? Cette évolution dans la
façon dont nous avons conscience de la couleur nous
montre une fois de plus comment la perception, en tant
qu'elle diffère de la sensation, marche pas à pas avec le
progrès du langage et avec quelle lenteur chaque conception définie se dégage d'une infinité de perceptions indis-
tinctes. Démocrite connaissait quatre couleurs : le noir
et le blanc, qu'il regardait comme des couleurs, le rouge
et le jaune. Dirons-nous qu'il ne voyait pas le bleu du
ciel, parce qu'il ne l'appelait jamais bleu, mais seulement
sombre ou brillant ? En Chine, le nombre des couleurs
était primitivement de cinq : ce nombre grandit avec la
faculté de distinguer et d'exprimer ces distinctions par
des mots. L'Arabe vulgaire, nous apprend Palgrave, confond constamment le vert, le noir et le brun. On sait que
les tribus sauvages ont rarement des mots distincts pour
bleu et *noir*[1] : sans aller si loin, nous trouverons même
vague d'expression dans le passé même des langues eu-
ropéennes. Si en anglais *blue* ne signifie plus *noir*, on voit
encore le lien étroit des deux couleurs dans des expressions comme *to beat black and blue*, et en français la trace
noire d'un coup est un *bleu.* En vieux norois *blár, blá,*
blátt signifie *bleu* et est distinct de *blakkr*, noir ; mais *blá-*
man, la couleur livide que laisse un corps, le *bleu,* nous
montre le sens encore flottant entre *bleu* et *noir,* et dans
le mot *blá-madhr,* un noir, un nègre, *blá* signifie décidément *noir.* L'étymologie de ces mots est obscure :

---

[1] Meyer, *De la langue des Mafoors et de quelques autres tribus pa-*
poues, p. 52 : « bleu, *prisim,* n'est pas distingué de noir. »

Grimm dérive le mot *bleu*, anglais *blue*, vieil haut allemand *pláo*, *plawes*, bas latin *blavus* et *blavius*, italien *biavo*, du gothique *bliggvan*, frapper, de sorte que le mot aurait d'abord indiqué la trace du coup, le *bleu*. Il appelle à l'appui de cette dérivation le latin *lividus*, qu'il fait venir de *fligvidus* et de *fligere*, et même *flavus*, qu'il propose d'expliquer par *flagvus*, *flagere*. Il invoque encore l'analogie de *cæsius*, qui viendrait de *cædere*. Tout cela est très douteux et il faudra que tout le sujet des noms de couleurs soit traité d'ensemble avant qu'on puisse attendre des résultats certains au lieu d'hypothèses plus ou moins ingénieuses. Il est probable que la racine *bhraj*, *bhrâj*, fulgere, a dû donner beaucoup de noms de couleur. On a ramené à cette racine l'anglais *bleak;* anglo-saxon, *blâc*, *blaec;* vieux norois, *bleikr;* vieil haut allemand, *pleik*, primitivement *brillant*, plus tard *pâle;* il faut sans doute rattacher à la même famille *black*, noir; anglo-saxon, *blac;* vieux norois, *blakkr;* vieil haut allemand, *plack*.

A mesure que les langues avancent, elles introduisent des distinctions nouvelles ; mais néanmoins la variété des couleurs se pose toujours devant nous comme un véritable infini, que l'on mesurera peut-être par les millions de vibrations de l'éther en une seconde, mais que ne pourra jamais mesurer ni diviser l'œil le plus perçant.

Ce qui s'applique aux couleurs s'applique aux sons. Notre oreille commence à saisir le son musical à trente vibrations à la seconde ; elle cesse de le saisir à quarante mille. C'est la faiblesse de notre oreille qui détermine ces limites ; mais, de même qu'au-delà du violet que nous pouvons saisir, il y a un ultra-violet qui pour notre œil n'est que ténèbres, mais que le spectroscope nous révèle dans des centaines de lignes, peut-être des êtres doués d'une ouïe plus parfaite percevraient-ils un son là où il n'y a plus pour nous qu'un bruit.

Bien que nous puissions distinguer des tons et des semi-tons, il y a une foule de divisions plus petites qui échappent à notre perception et nous font sentir, comme tant d'autres choses, le pouvoir limité de nos sens devant la richesse illimitée de l'univers, que, lentement, nous essayons de diviser, de fixer et de comprendre.

On ne se méprendra pas, je l'espère, ou plutôt on se méprendra, je le crains bien, sur le sens de mes paroles ; on croira que pour moi la religion des sauvages les plus dégradés commence, ni plus ni moins, par le concept de l'infini. Comme il n'y a pas de concept possible sans nom, on me demandera probablement de produire du dictionnaire veddah ou papou le mot qui exprime l'infini, et l'absence d'un mot de ce genre, même parmi des races d'une civilisation plus haute, sera considérée comme une réponse suffisante à ma théorie.

Je répéterai donc que je repousse absolument cette idée. Je me contente de me tenir sur la défensive et j'en suis encore aux objections préliminaires des philosophes qui regardent la religion comme étant en dehors de la philosophie et qui prétendent avoir prouvé, une fois pour toutes, que l'infini ne peut jamais devenir objet de la conscience, parce que les sens, seule avenue qui introduise dans ce domaine, n'entrent jamais en contact avec l'infini. C'est pour répondre à cette puissante école philosophique, qui, sur ce point, a fait des prosélytes même parmi les défenseurs les plus orthodoxes de la foi, que j'ai senti la nécessité de montrer, dès le début, que leurs prétendus faits ne sont pas des faits, mais que la perception de l'infini a de tout temps été présente dans toute perception finie, aussi présente que peut l'être pour le Veddah et le Papou la perception du bleu, quoique leur vocabulaire n'ait pas de mot pour l'exprimer. Le ciel était bleu au temps des poètes védiques, au temps de

Zoroastre, au temps du prophète hébreu, au temps du chantre homérique. On le voyait, mais on ne le connaissait pas ; on n'avait pas de nom pour la teinte particulière propre au ciel, pour le bleu-ciel. Nous le connaissons, car nous avons un nom pour lui ; nous le connaissons encore à un autre point de vue, parce que nous pouvons compter les millions de vibrations qui forment ce que nous appelons à présent le bleu du ciel, quoique d'ailleurs, pour la plupart d'entre nous, il ne soit et doive jamais n'être que la nuit visible, à moitié voilant, à moitié dévoilant l'infinie lumière qui rayonne par derrière elle.

Ainsi de l'infini. Il était là dès le premier jour ; seulement, il n'était pas encore défini ni nommé. Si l'infini n'avait été présent dès le début dans nos perceptions sensibles, ce mot même n'offrirait aucun sens : ce serait un son et rien de plus. C'est pour cela que je me suis cru obligé de montrer comment le *pressentiment* de l'infini repose sur la sensation du fini et a ses racines réelles dans la présence réelle, quoique imparfaitement saisie, de l'infini, au sein de toutes nos perceptions sensibles du fini. Ce pressentiment, ce commencement de perception de l'infini, passe par des phases sans fin et revêt des noms sans nombre. Je le reconnais dans l'émerveillement du marin polynésien voguant sur l'immensité sans bornes de la mer, dans l'éclat de joie dont le pasteur aryen salue l'apparition éblouissante de l'aurore, ou dans le silence de mort du voyageur solitaire dans le désert, à l'heure où le dernier rayon de soleil s'éloigne, fascinant ses yeux las et entraînant en rêve sa pensée vers un autre monde. A travers tous ces sentiments et tous ces pressentiments, c'est la même corde qui vibre toujours, tendue en mille façons, et pour peu que nous prêtions l'oreille, nous pouvons encore en reconnaître le vieux, le familier accent dans les profonds

accords d'un Wordsworth, dans « ces questions obs-
tinées — des sens et des choses du dehors, — chutes
de notre être hors de lui-même, évanouissements, —
vagues appréhensions d'une créature qui erre dans
des mondes irréalisés [1] ».

VII

Conclusion.

Ce que je crois donc, c'est qu'à chaque perception finie
est liée une perception, ou, si l'expression semble trop
forte, est lié un sentiment, un pressentiment de l'infini,
et que dès le premier acte du toucher, de la vue, de l'ouïe,
nous entrons en contact, non seulement avec un univers
visible, mais aussi, et en même temps, avec un univers
invisible. C'est donc ici, sur le terrain de leur choix, que
doivent nous attaquer ceux qui nient la possibilité ou la
légitimité du concept de l'infini. Toute notre connaissance, disent-ils, doit commencer avec les sens : oui,
répondons-nous, et ce sont les sons qui nous donnent le
premier soupçon de l'infini. Le développement qui sor-
tira de là intéresse à la fois et le psychologue et l'historien de la religion, et tous deux verront dans cet indéniable sentiment de l'infini le *primum movens* de toute
religion.

Je ne veux pas dire que cette première et obscure
pression de l'infini sur notre âme nous donne sur le
champ la pleine et claire notion de ce concept, le plus
haut de tous : tout au contraire. Je veux dire seulement

[1]   Obstinate questionings
     Of sense and outward things,
     Fallings from us, vanishings,
     Blank misgivings of a creature
     Moving about in worlds unrealised.

qu'elle dépose en nous un germe, un germe vivant, un germe sans lequel nulle religion n'aurait été possible, un germe qui est à la racine de tout le développement historique de la foi humaine.

Ne supposez pas que j'insiste sur cette perception réelle de l'infini, pour trouver prétexte à des métaphores poétiques. Je serai, je l'avoue, le dernier à nier qu'il n'y ait parfois bien de la vérité dans ces expressions poétiques, plus parfois que dans les filandreuses argumentations des logiciens. Je vous citerai seulement un de ces plaidoyers de poète en faveur de la réalité de l'infini : « Et qu'on ne dise pas que l'infini et l'éternel sont inintelligibles ; c'est le fini et le passager, qu'on serait souvent tenté de prendre pour un rêve ; car la pensée ne peut voir de terme à rien, et l'être ne saurait concevoir le néant. On ne peut approfondir les sciences exactes elles-mêmes, sans y rencontrer l'infini et l'éternel; et les choses les plus positives appartiennent autant, sous de certains rapports, à cet infini et à cet éternel, que le sentiment et l'imagination. »

Il y a beaucoup de vérité dans ces expressions passionnées ; mais nous devons aller à la base même de la vérité, pour qu'on ne nous accuse pas de faire intervenir les affirmations de la poésie ou du mysticisme là où la logique la plus sévère peut seule mener à quelque chose. En mettant le doigt sur le point où se produit le contact réel avec l'infini, je n'oublie ni ne viole aucune des lois rigoureuses établies par la critique de la raison pure. Rien de plus parfait que l'analyse de la connaissance humaine, telle que Kant l'a tracée. « Les objets sensibles ne nous peuvent être connus que tels qu'ils nous apparaissent, non tels qu'ils sont en eux-mêmes : les objets supra-sensibles ne sont point pour nous objets de la connaissance théorique. » Tout cela, je l'admets, mais si le supra-sensible ne peut être l'objet d'une connaissance théorique, n'est-il l'objet d'aucune connaissance ? N'est-ce rien savoir que de savoir qu'une chose est, quand nous ne saurions pas quelle elle est ? Kant nous permettrait-il de nier l'existence de la *chose en soi* parce que nous ne savons pas ce qu'elle est ? Il nous prévient avec soin contre cette erreur qui réduirait toute sa philosophie à l'idéalisme pur : « Il faut néanmoins observer, dit-il, que nous devons être capables, sinon d'avoir connaissance, du moins d'avoir conscience de ces objets mêmes en tant que choses en soi. Autrement nous arriverions à cette conclusion irrationnelle, qu'il y a une apparence sans objet apparent [1]. » Je ne me sépare de Kant que pour aller un pas plus loin. Pour lui, le supra-sensible ou l'infini n'est pas *Phénomène* et n'est que *Noumène ;* je reconnais qu'il n'est pas *Phénomène,* mais je soutiens qu'avant de devenir un *Noumène,* c'est un *Aistheton.* Je soutiens qu'en tant qu'êtres sensibles, nous sommes en contact constant avec l'infini et que ce contact constant est la seule base légitime sur laquelle l'infini puisse exister et existe pour nous, en tant que Noumène dont l'existence s'impose à la foi. Je soutiens qu'ici, comme partout, il n'y a point de concept légitime sans perception antérieure et que la réalité de cette perception antérieure est claire comme le jour à quiconque ne se laisse pas aveugler par la terminologie traditionnelle.

On nous a dit et répété que l'esprit fini ne peut saisir l'infini, et que le mieux que nous ayons à faire, c'est de prendre notre Bible et notre livre de prières, et là-dessus de nous tenir tranquilles et de dire merci ! Ce serait là, en vérité, prendre une vue désespérante et de nous-mêmes, et de notre Bible, et de notre livre de prières.

---

[1] *Critik der reinen Vernunft,* 2e éd., préf ; II, 676. Le langage de Kant dans la première édition (p. 288, 289) est moins net et prête aux malentendus.

Non! Essayons seulement de voir et de juger par nous-mêmes, et nous verrons que dès l'aube de l'histoire, dès que l'aube de la conscience a éclairé l'individu, nous nous sommes toujours trouvés face à face avec l'infini. Pourrons-nous jamais arriver à quelque chose de plus que ce sentiment de la présence réelle de l'infini ; serons-nous jamais capables, non seulement de le saisir, mais de le comprendre? c'est là une question dont la solution doit fermer et non ouvrir nos études. Pour l'instant, c'est l'histoire seule qui nous intéresse ; c'est dans ses annales sacrées que nous allons apprendre comment l'esprit fini a essayé de faire dans l'infini une percée de plus en plus profonde, d'en conquérir de nouveaux aspects, d'en ériger la perception obscure à la dignité d'une intuition plus lucide, d'un concept plus défini. Il y aura peut-être bien de l'erreur dans les noms que l'homme a donnés à l'infini ; mais l'histoire même de l'erreur est pleine d'enseignements utiles. Après avoir vu comment l'homme peut *pressentir* quelque chose au-delà du fini, nous le suivrons de l'œil cherchant l'infini dans la montagne, dans l'arbre, dans le fleuve, dans l'orage et dans l'éclair, dans le soleil et la lune, dans le ciel et dans ce qui est par-delà le ciel, essayant nom après nom pour l'embrasser, l'appelant celui qui lance le tonnerre, qui lance l'éclair, qui brandit la foudre, qui donne la pluie, qui distribue la nourriture et la vie ; et, plus tard, parlant de lui comme celui qui a créé, qui gouverne, qui conserve, le Roi et Père, le Seigneur des seigneurs, le Dieu des dieux, la Cause des causes, l'Eternel, l'Inconnu, l'Inconnaissable. Tout ce spectacle, nous le suivrons dans l'une au moins des grandes évolutions de la pensée religieuse, celle que nous retrouvons dans l'ancienne littérature de l'Inde.

Il y a eu bien d'autres évolutions historiques, dans d'autres pays, chacune conduisant à son but. Rien qui se ressemble moins que l'évolution de la conscience de l'infini ou du divin chez les races aryennes, sémitiques et touraniennes. Aux uns, l'infini s'est révélé tout d'abord dans certains spectacles de la nature : tels les poètes védiques ; d'autres l'ont senti tressaillir dans les profondeurs de leur cœur. Il y a des tribus entières à qui l'infini s'est révélé pour la première fois dans la naissance d'un enfant ou la mort d'un ami, et qui ont trouvé l'idée d'êtres plus qu'humains dans le souvenir de ceux qu'ils avaient aimés ou craints durant leur vie. Le sentiment du devoir, qui dans les temps anciens avait toujours un caractère religieux, semble être né quelquefois de ce sentiment de honte dévorante qui suivait la faute et qui, pour être inexplicable, n'en était pas moins réel ; ailleurs, l'idée de la loi est sortie du spectacle de cet ordre de la nature, que les dieux mêmes ne peuvent violer. Et l'amour, l'amour sans lequel une vraie religion ne peut vivre, tantôt il s'enflammait soudain dans les cœurs aux rayons de la lumière du matin ; tantôt il s'éveillait dans cette profonde sympathie de la nature, dans cette communion de la souffrance, qui, que nous le voulions ou non, fait frémir toutes nos fibres à la vue d'un enfant qui souffre ; ou bien c'était dans ce sentiment de solitude et de néant qui nous fait aspirer après quelque chose au-delà de notre être étroit et borné, soit que nous le trouvions dans d'autres êtres humains, ou bien dans cet être infini, en qui seul nous avons notre être, et dans le sein de qui nous retrouverons à la fin notre être véritable.

Chaque religion a son développement propre, et chaque nation s'est fait son chemin dans le désert. Si ces Lectures continuent, comme je l'espère, d'autres analystes de l'esprit humain, et plus habiles que moi, viendront démêler et mettre sous vos yeux les mille fils qui entrent dans la trame des premières pensées religieuses de

l'homme; d'autres guides, plus expérimentés, vous con-
duiront à travers les vallées et les déserts que traver-
sèrent les grandes nations de l'antiquité, les Egyptiens,
les Babyloniens, les Juifs, les Chinois, ou les Grecs et
les Romains, les Celtes, les Slaves et les Germains, ou
même des races sauvages et à peine humaines, dans
leur recherche après l'infini, après cet infini qui les
enveloppait, comme il nous enveloppe, de tout côté, et
qu'elles essayaient, qu'elles essayaient en vain, de saisir
et de comprendre.

Pour moi, je me confinerai dans l'étude d'une race,
les Aryens de l'Inde, la plus étonnante à bien des égards
qui ait jamais vécu sur la terre. Le développement de
leur religion est tout différent de celui des autres religions ; mais si chaque religion a son développement
propre, le germe d'où elles sortent toutes est partout le
même.

Ce germe, c'est cette perception de l'infini, à laquelle
nul n'échappe, à moins de fermer volontairement les
yeux. Cette perception de l'infini, elle se cache sous
toutes les autres perceptions de nos sens, sous toutes
nos imaginations, toutes nos conceptions, tous nos raisonnements, dès le premier frémissement de la conscience humaine. On peut l'ensevelir pour un temps
sous l'amas des connaissances finies ; mais elle est toujours là, et pour peu que nous creusions, nous la retrouvons toujours au fond du sol, la graine cachée qui a
fourni la sève vivante de toutes les fibres de toute foi
véritable.

J'aurais désiré, pour bien des raisons, que l'on eût
choisi, pour ouvrir ces conférences, parmi les savants
anglais, qui, à tant de points de vue, y avaient meilleur
titre que moi. Les hommes ne manquaient pas : il y
avait plutôt, comme on dit en France, «embarras de
richesse». Si l'on désirait une analyse psychologique de

la religion, où trouver une main plus expérimentée pour
la mener à bien que celle du docteur Martineau ou de
Caird ? Si l'on voulait ouvrir ces conférences avec
l'Egypte et son antique religion, l'on avait des hommes
comme Birch ou Le Page Renouf; pour Babylone et Ni-
nive, vous aviez Rawlinson ou Sayce ; pour la Palestine,
Stanley ou Cheyne ; pour la Chine, Legge ou Douglas ;
pour la Grèce, Gladstone, Jowett ou Mahaffy; pour Rome,
Munro ou Seely ; pour les races celtiques, Rhys ; pour
les Slaves, Ralston ; pour les races teutoniques, Sweet
ou Skeat ; pour les sauvages en général, Tylor ou Lub-
bock. Si, après de longues hésitations, je me suis décidé
à accepter l'offre qu'on m'a faite, c'est parce que je me
sentais convaincu de cette vérité que cette vieille littérature de l'Inde, qui ne nous a été conservée que par une
sorte de miracle, nous offre, pour étudier l'origine et le
développement de la religion, des avantages que nous
ne trouvons nulle part ailleurs [1] ; et c'est aussi, ajoute-
rai-je, parce que je connais, par mon expérience passée,
toute l'indulgence du public anglais envers un savant,
qui, si mal qu'il puisse le dire, dit du moins tout ce qu'il
a à dire, sans crainte, sans partialité, et, autant qu'il est
possible, sans blesser aucune conviction.

[1] « Die Inder bildeten ihre Religion zu einer Art von urweltlicher
Classicitæt aus, welche sie für alle Zeiten zum Schlüssel der Gœt-
terglaubens der ganzen Menschheit macht. » Geiger, « Ueber Ur-
sprung und Entwickelung der menschlicher Sprache und Vernunft »,
II, p. 339.

DEUXIÈME LEÇON.

LE FÉTICHISME EST-IL UNE FORME PRIMITIVE DE LA RELIGION ?

Dans ma première conférence, j'ai essayé de dégager les seules bases sur lesquelles une religion puisse s'élever. Si l'homme est incapable,—je ne dis pas de percevoir, mais d'apercevoir l'infini, sous sa forme la plus primitive et la plus rudimentaire, — il n'a point le droit de parler d'un monde au-delà de ce monde fini, d'un temps au-delà de ce temps fini ; cet être que quelques-uns appellent Zeus, Jupiter, Dyaus-pitar, ou Seigneur ! Seigneur ! et que d'autres, qui craindraient de lui donner un nom personnel, peuvent encore cependant sentir près d'eux, respecter, aimer même, sous les noms de l'Inconnu, l'Incompréhensible, l'Infini ; cet être, l'homme n'a plus le droit d'en parler. Si, au contraire, l'aperception de l'infini est chose possible et légitime, si j'ai réussi à montrer que cette aperception est au fond et au cœur de toutes nos perceptions finies, comme de tous les raisonnements qui en dérivent, alors nous nous trouvons sur un terrain solide, où nous pouvons en sûreté soit examiner les formes diverses que ce sentiment a revêtues chez les différents peuples de l'antiquité, soit sonder les fondements de notre propre foi dans ses dernières profondeurs.

Mais les raisons que j'ai mises sous vos yeux dans ma première leçon n'étaient que des raisons abstraites.

La seule chose que je voulusse établir, c'était la possibilité, non la réalité d'une perception de l'infini. Rien
n'était plus loin de ma pensée que de représenter l'idée
parfaite du fini comme le premier pas dans l'évolution
historique des idées religieuses. La religion ne commence pas plus par l'idée parfaite de l'infini que l'astronomie n'a commencé par l'idée de la gravitation, et,
sous sa forme la plus pure, c'est au terme, non au début de sa marche, que l'intelligence humaine la rencontre.

I

Le *Mana* ou l'Infini chez les Polynésiens.

Le Mana des Polynésiens va nous montrer comment,
sous une forme vague et brumeuse, l'idée de l'infini, de
l'invisible, ou, comme nous l'appelons plus tard, du divin,
peut paraître chez les races les plus humbles. M. H. Codrington, un missionnaire expérimenté et un théologien
qui pense, écrit de l'île Norfolk, à la date du 7 juillet 1877 : « La religion des Mélanésiens consiste en la
croyance qu'il y a de par le monde un pouvoir surnaturel, lequel appartient au monde de l'invisible ; et leur
culte est la mise en pratique des moyens qui peuvent
faire agir ce pouvoir à leur avantage. L'idée d'un être suprême, ou même la simple idée d'un être occupant une
place vraiment élevée dans le monde, est absolument
étrangère à leur pensée (p. 14). »

Et ailleurs : « Ils croient en l'existence d'une force
absolument distincte de toute force matérielle, qui agit
de toutes sortes de façons, pour le bien et pour le mal,
et qu'il est du plus grand avantage de mettre sous sa
main ou de dominer. C'est le *Mana*. Le mot appartient,
je crois, à tout le Pacifique, et l'on s'est donné beaucoup
de peine pour donner des définitions de ce qu'il est dans

les divers pays où il paraît. Je crois comprendre le sens qu'il a chez mes indigènes, et ce sens embrasse, il me semble, tous ceux que je lui vois attribués ailleurs. C'est une force, une influence d'ordre immatériel, et, en un certain sens, surnaturel ; mais c'est dans la force matérielle qu'elle se révèle et dans toute sorte de puissance ou de supériorité que l'homme possède. Le Mana n'est point fixé en un objet déterminé et il peut être amené presque sur tout objet ; mais ce sont les esprits, soit âmes séparées du corps, soit êtres surnaturels, qui le possèdent et peuvent le donner ; c'est essentiellement aux êtres personnels qu'il appartient de le produire, quoiqu'il puisse agir par l'intermédiaire de l'eau, d'une pierre, d'un os. En fait, toute la religion du Mélanésien consiste à s'emparer du Mana ou à le faire agir à son profit, j'entends toute la religion, en tant qu'elle est faite de pratiques religieuses, de prières, de sacrifices. »

Eh bien ! Ce Mana, c'est une de ces premières et gauches expressions de l'infini, telles que dut en créer la pensée naissante dans les premiers efforts de son impuissance, quoiqu'il y ait d'ailleurs déjà des traces visibles et de développement et de corruption jusque dans le Mana de ces Mélanésiens.

Ma première conférence n'était qu'une réponse préliminaire à une objection préliminaire. Une école nombreuse et puissante veut nous arrêter au seuil même de nos recherches, et nous dit que la terre n'a pas de porte ouverte sur l'infini, que Kant en a fermé l'accès à jamais ; nous devions lui répondre et lui prouver notre droit en produisant pour l'infini des lettres de créance dont le positiviste le plus résolu doit reconnaître l'autorité, puisqu'elles sont signées par les sens mêmes.

A présent, autre tâche. Il nous faut montrer comment les hommes, dans les divers coins du monde, se sont frayé leur voie, pas à pas, chacun dans sa direction, des perceptions les plus simples du monde qui les enveloppait aux conceptions les plus hautes de la religion et de la philosophie : il nous faut montrer comment, en fait, la conscience de l'infini, cachée dans chaque repli des impressions premières, se développa de mille façons, s'affranchit de plus en plus de ses éléments inférieurs, jusqu'à atteindre un point de pureté, le plus haut, nous imaginons-nous, que puisse atteindre la pensée humaine. L'histoire de ce développement n'est ni plus ni moins que l'histoire même de la religion, étroitement unie, comme elle l'a toujours été et doit toujours l'être, à l'histoire de la philosophie. C'est cette histoire que nous allons aborder ; car c'est le seul témoin fidèle de cette évolution de l'infini, le seul qui nous permette d'en suivre l'idée depuis ses humbles débuts jusqu'à ces hauteurs que bien peu peuvent atteindre, mais auxquelles du moins nous pouvons tous lever les yeux du pied de la colline.

II

La théorie du fétichisme. — De Brosses.

Consultez les ouvrages écrits dans les cent dernières années sur l'histoire de la religion ; il est un point au moins où vous trouverez presque entre tous un accord frappant : ce point, c'est que la forme la plus basse de la religion, c'est le *fétichisme*, qu'à descendre plus bas, il n'y a plus rien qu'on puisse appeler de ce nom, et que par suite l'on peut considérer le fétichisme comme le commencement même de la religion. Toutes les fois que je trouve un accord si frappant, une telle unanimité dans l'idée et jusque dans l'expression, je soupçonne quelque mystère et je pense qu'il faut remonter à la source et voir dans quelles circonstances et à quelle fin s'est produite la théorie, qui s'est imposée si universellement et si facilement.

Le mot *fétichisme* date de 1760. C'est en cette année que parut un livre anonyme, intitulé *Du Culte des dieux fétiches, ou Parallèle de l'ancienne religion de l'Egypte avec la religion actuelle de Nigritie*. Ce petit livre est, comme on sait, l'œuvre de De Brosses, le fameux président, le correspondant de Voltaire, un des hommes les plus remarquables du siècle de Voltaire (né en 1709, mort en 1777). C'est, semble-t-il, sous l'inspiration de son ami, le grand Buffon, que De Brosses s'adonna à l'étude des tribus sauvages et à l'étude de l'homme dans les temps historiques et préhistoriques. Il réunit dans ce but les meilleures descriptions qu'il pût trouver dans les livres des voyageurs, anciens ou modernes, des marins, des missionnaires, des commerçants, des explorateurs, et il publia en 1756 son «Histoire des navigations aux terres australes», deux gros in-quarto ; un livre bien vieilli et où pourtant se présentent pour la première fois, je crois, deux noms qui furent frappés, semble-t-il, par De Brosses lui-même, et qui survivront quand ses autres œuvres, sans excepter sa théorie du fétichisme, seront tombées dans l'oubli ; ce sont les noms de l'*Australie* et de la *Polynésie*.

Un autre ouvrage de De Brosses, plus souvent cité que lu, c'est son traité de la *Formation mécanique des langues*, publié en 1765. C'est un livre qui, avec ses théories surannées, mériterait cependant encore l'attention, même par ces temps de grammaire comparée, et qui en particulier, en ce qui touche la phonétique, était certainement bien en avance sur son temps.

Entre ses *Voyages aux terres australes* et son *Traité de la formation mécanique des langues*, se place son livre sur le culte des dieux fétiches, que l'on pourrait définir « Essai sur la formation mécanique des reli-

gions ». De Brosses n'était pas satisfait des opinions qui
couraient de son temps sur l'origine de la mythologie et
de la religion, et il croyait avoir trouvé une solution
plus naturelle de ce vieil et difficile problème en étudiant
les coutumes des tribus sauvages les plus basses, en
particulier celles des côtes occidentales de l'Afrique, décrites par les marins portugais :

« L'assemblage confus de l'ancienne mythologie n'a
été pour les modernes qu'un chaos indéchiffrable, ou
qu'une énigme purement arbitraire, tant qu'on a voulu
faire usage du figurisme[1] des derniers philosophes plato-
niciens, qui prêtait à des nations ignorantes et sauvages
une connaissance des causes les plus cachées de la
nature, et trouvait dans le ramas des pratiques triviales
d'une foule d'hommes stupides et grossiers les idées intellectuelles de la plus abstraite métaphysique. On n'a
guère mieux réussi, quand, par des rapports, la plupart
forcés et mal soutenus, on a voulu retrouver dans les
faits mythologiques de l'antiquité l'histoire détaillée,
mais défigurée, de tout ce qui est arrivé chez le peuple
hébreu, nation inconnue à presque toutes les autres, et
qui se faisait un point capital de ne pas communiquer sa
doctrine aux étrangers.

« L'allégorie est un instrument universel qui se prête
à tout. Le système du sens figuré une fois admis, on y
voit facilement tout ce que l'on veut comme dans les
nuages : la matière n'est jamais embarrassante ; il ne
faut plus que de l'esprit et de l'imagination ; c'est un
vaste champ, fertile en explications, quelles que soient
celles dont on peut avoir besoin...

« Quelques savants plus judicieux, bien instruits de
l'histoire des premiers peuples dont les colonies ont découvert l'Occident, et versés dans l'intelligence des

---

[1] Ce que nous appelons à présent le *symbolisme*.

langues orientales, après avoir débarrassé la mythologie du fatras mal assorti dont les Grecs l'ont surchargée, en ont enfin trouvé la vraie clef dans l'histoire réelle de tous ces premiers peuples, de leurs opinions et de leurs souverains ; dans les fausses traductions d'une quantité d'expressions simples, dont le sens n'était plus entendu de ceux qui continuaient de s'en servir ; dans les homonymies, qui ont fait autant d'êtres ou de personnes différentes d'un même objet désigné par différentes épithètes.

« Mais ces clefs, qui ouvrent très bien l'intelligence des fables historiques, ne suffisent pas toujours pour rendre raison de la singularité des opinions dogmatiques, et des rites pratiques des premiers peuples. Ces deux points de la théologie païenne roulent, ou sur le culte des astres, connu sous le nom de Sabéïsme, ou sur le culte non moins ancien peut-être de certains objets terrestres et matériels appelés *fétiches* chez les nègres africains, parmi lesquels ce culte subsiste, et que par cette raison j'appellerai *fétichisme*. Je demande que l'on me permette de me servir habituellement de cette expression ; et quoique, dans sa signification propre, elle se rapporte en particulier à la croyance des nègres de l'Afrique, j'avertis d'avance que je compte en faire également usage én parlant de toute autre nation quelconque, chez qui les objets du culte sont des animaux, ou des êtres inanimés que l'on divinise ; même en parlant quelquefois de certains peuples pour qui les objets de cette nature sont moins des dieux proprement dits, que des choses douées d'une vertu divine, des oracles, des amulettes et des talismans préservatifs ; car il est assez constant que toutes ces façons de parler n'ont au fond que la même source et que celle-ci n'est que l'accessoire d'une religion générale, répandue au loin sur toute la terre, qui doit être examinée à part, comme faisant une classe particulière parmi les diverses religions païennes[1]. »

De Brosses divise son livre en trois parties. Dans la première, il rassemble tout ce que l'on pouvait savoir de son temps sur le fétichisme, tel qu'il est encore pratiqué par les tribus sauvages de l'Afrique et des autres parties du monde. Dans la seconde, il le compare aux pratiques religieuses des principales nations de l'antiquité. Dans la troisième, il conclut de la ressemblance extérieure des pratiques chez les nègres d'aujourd'hui et chez les Egyptiens, les Grecs et les Romains, à l'identité de leur sens primitif. Toutes les nations, selon lui, débutent par le fétichisme, pour passer de là au polythéisme et au monothéisme.

Une seule nation fait exception, les Juifs, le peuple choisi de Dieu. Jamais, selon De Brosses, il n'ont adoré les fétiches, tandis que les autres nations oubliaient la révélation primitive et recommençaient par le commencement naturel, le fétichisme.

Il est curieux de voir l'influence que les idées théologiques du temps exerçaient jusque sur l'esprit d'un De Brosses. S'il avait osé chercher des traces de fétichisme dans l'Ancien Testament avec la même hardiesse qu'il en trouvait en Egypte, en Grèce, à Rome et partout ailleurs, il aurait certainement trouvé riche récolte dans les Teraphim, dans les Urim et les Thummim, et dans l'Ephod , sans parler des veaux d'or et des serpents d'airain (Genèse, xxviii, 18 ; Jérémie, ii, 27).

Sur ce point et quelques autres, les partisans modernes de la théorie de De Brosses ne le suivraient plus : néanmoins, pris dans son ensemble, son système s'est maintenu intact durant les cent dernières années. Il était si simple, si naturel, si plausible, qu'il entra dans les manuels et les livres de classe et je crois que

[1] *Du Culte des dieux fétiches,* 1760; p. 5 sq.

nous y avons tous fait notre éducation[1]. Pour moi, j'y
ai cru longtemps et sans éprouver le moindre doute ; c'est
au fur et à mesure de mes études que je me suis senti
de plus en plus frappé de ce fait, que l'on chercherait
en vain dans les monuments les plus primitifs, à nous
accessibles, de la pensée religieuse, des traces évidentes
de fétichisme, tandis qu'on les voit partout se multiplier
dans les périodes plus récentes du développement religieux et qu'en Inde, par exemple, elles sont certainement
plus visibles dans l'Atharvana et dans les corruptions
récentes de la religion que dans les hymnes primitifs du
Rig-Véda[2].

Pourquoi les navigateurs portugais, qui étaient chrétiens, mais chrétiens à la façon passablement païenne
des catholiques romains du siècle dernier, reconnurent-
ils aussitôt chez les nègres de la Côte d'Or la présence de *feitiços*, de fétiches? La réponse va de soi.
C'est qu'ils étaient eux-mêmes des plus familiers avec
le *feitiço*, avec l'amulette, le talisman ; et il est probable qu'ils avaient tous avec eux des chapelets, des
croix, des images bénis par leurs prêtres avant le
départ. Ils étaient, eux aussi, des adorateurs de fétiches. Quand donc ils voyaient un indigène serrer dans
ses bras quelque grossière œuvre d'art, garder avec un
soin jaloux une pierre brillante, ou peut-être même
se prosterner en prière devant des ossements reli-

---

[1] Meiners, dont l'Histoire critique générale des Religions (*Allge-
meine kritische Geschichte der Religionen*, 1806) a approvisionné des
années durant tous ceux qui s'occupaient de l'histoire des religions,
écrivait : « Il est indéniable que le fétichisme est non seulement le
culte le plus ancien, mais encore le plus universel. »

[2] « L'étranger qui arrive dans l'Inde, et moi-même je n'ai pas fait
exception à cette règle, ne découvre d'abord que des pratiques religieuses aussi dégradantes que dégradées, un vrai polythéisme,
presque du fétichisme. » (*De la supériorité du Brahmanisme sur le
Catholicisme*, conférence de M. Goblet d'Alviella.)

gieusement conservés dans sa hutte, quoi de plus naturel que de supposer qu'il y avait là plus que des porte-chance, mais des reliques sacrées, quelque chose de semblable à leurs propres *feitiços?* Ne découvrant point d'autre trace d'un culte religieux, ils concluaient très naturellement que ces témoignages extérieurs de respect marqués pour les *fétiches* constituaient toute la religion du nègre.

Supposez maintenant que ces nègres, à leur tour, après avoir observé la conduite de leurs visiteurs blancs, se fussent demandé de leur côté quelle pouvait bien être la religion de ces hommes : que devaient-ils se dire? Ils voyaient les matelots portugais jouer du rosaire, brûler de l'encens à des images barbouillées, faire le salut devant des autels, promener des drapeaux aux couleurs tapageuses, s'accroupir devant une croix de bois. Ils ne les voyaient jamais dire leurs prières, ils ne les avaient jamais vus offrir un sacrifice à leurs dieux, et leur conduite morale ne laissait pas voir qu'ils fussent jamais arrêtés sur la voie du crime par la crainte d'un dieu. Quoi de plus naturel que de dire que la religion de ces blancs consistait dans le culte des *gru-gru*, leur mot pour ce que les Portugais appelaient *feitiço*, et qu'ils n'avaient ni l'idée ni le culte d'un esprit supérieur, d'un roi du ciel.

Pour ce qui est du mot *feitiço*, on sait qu'il répond au latin *factitius. Factitius,* du sens de «fait à la main», passa au sens de «artificiel, surnaturel, magique, enchanté et qui enchante». Une fausse clef s'appelle en portugais *chave feitiça*, et le mot *feitiço* devint le terme technique pour les amulettes et autre bimbeloterie religieuse. Le commerce de cet article était parfaitement reconnu en Europe durant le moyen âge, comme il l'est encore à présent chez les nègres d'Afrique. Un fabricant ou un marchand dans la partie s'appelait un *feitiçero*, mot qui d'ailleurs s'employait aussi au sens de « magicien, sorcier ». On peut voir combien le mot était commun par l'emploi de son diminutif comme terme de caresse : *meu feitiçinho* signifie « mon petit fétiche, mon chéri ».

· Nous trouvons le même changement de sens dans le sanscrit *krityd*, et dans l'italien *fattura*, incantation, qui se rencontre dans le latin du moyen âge jusqu'en 1311[1] ; changement analogue dans le français *charme*, qui n'était d'abord rien de plus que *carmen*, et dans le grec ἐπωδή.

On voit par ces considérations que les marins portugais (car c'est à eux que nous devons l'introduction du terme) n'ont pu l'appliquer qu'à certains objets tangibles et inanimés, et que ce n'est qu'en prenant avec la langue une liberté inadmissible que De Brosses a pu l'étendre aux animaux et à des objets comme les montagnes, les arbres et les rivières. Il se figura que le mot avait quelque rapport avec le latin *fatum* et avec son dérivé moderne *fata*[2], fée ; et c'est là peut-être ce qui le rendit moins sensible à l'impropriété qu'il y avait à appliquer le terme non seulement à des objets artificiels, mais à des arbres, à des montagnes, à des rivières et même à des animaux. Ce fut la première erreur de De Brosses ; car il confondait ainsi trois phases religieuses bien distinctes : la *physiolâtrie* ou le culte rendu à des objets naturels qui inspirent à l'homme un sentiment d'admiration religieuse ou de gratitude, comme les montagnes, les arbres, les rivières ; la *zoolâtrie*, ou le culte rendu aux

---

[1] Synodus Pergam., ann. 1311, apud Muratorium, t. IX, col. 561; « incantationes, sacrilegia, auguria, vel maleficia, quæ facturæ sive præstigia vulgariter appellantur ».

[2] *Fata*, fée, est un nominatif pluriel neutre, pris plus tard pour un féminin singulier.

animaux, tel que celui que pratiquèrent les populations si civilisées de la vieille Egypte ; enfin, le *fétichisme* proprement dit, ou le respect superstitieux ressenti et témoigné pour de véritables brimborions, sans titre apparent à une telle distinction.

Ce ne fut pas tout. De Brosses ne distingue même pas le fétichisme de l'idolâtrie : il y a pourtant une différence bien considérable entre le fétiche et l'idole. Le fétiche est quelque chose de surnaturel : l'idole n'est à l'origine qu'une image, une reproduction, un symbole de quelque chose d'autre. L'idole sans doute risque de tourner au fétiche ; mais au début le culte du fétiche, au sens propre du mot, sort d'une source toute différente de celle qui produit l'idolâtrie.

Laissons De Brosses nous expliquer l'idée qu'il se fait du fétiche :

« Ces fétiches divins ne sont autre chose que le premier objet matériel qu'il plaît à chaque nation ou à chaque particulier de choisir et de faire consacrer en cérémonie par ses prêtres : c'est un arbre, une montagne, la mer, un morceau de bois, une queue de lion, un caillou, une coquille, du sel, un poisson, une plante, une fleur, un animal d'une certaine espèce, comme vache, chèvre, éléphant, mouton, enfin tout ce qu'on peut imaginer de pareil. Ce sont autant de dieux, de choses sacrées, et aussi de talismans pour les nègres, qui leur rendent un culte exact et respectueux, leur adressent leurs vœux, leur offrent des sacrifices, les promènent en procession, s'ils en sont susceptibles, ou les portent sur eux avec de grandes marques de vénération, et les consultent dans toutes les occasions intéressantes. Ils jurent par eux ; et c'est le seul serment que n'osent violer ces peuples perfides...

« Il y a dans chaque pays le fétiche général de la

nation, outre lequel chaque particulier a le sien qui lui est propre et *pénate*... Chaque ville est sous la protection de son propre fétiche qui est orné aux frais du public et qu'on invoque pour le bien commun.

« Si les nègres ont besoin de pluie, ils mettent devant l'autel des cruches vides ; s'ils sont en guerre, ils y mettent des sabres et des zagaies pour demander la victoire ; s'ils ont besoin de viande ou de poisson, ils y placent des os ou des arêtes ; pour obtenir du vin de palmier, ils laissent au pied de l'autel le petit ciseau servant aux incisions de l'arbre[1] ; avec ces marques de respect et de confiance, ils se croient sûrs d'obtenir ce qu'ils demandent ; mais, s'il leur arrive une disgrâce, ils l'attribuent à quelque juste ressentiment de leur fétiche, et tous leurs soins se tournent à chercher les moyens de l'apaiser[2] ».

Voilà, en résumé, ce que De Brosses entendait par fétichisme, ce qu'il considérait comme étant la religion du nègre, et comme ayant dû être celle de toutes les grandes nations de l'antiquité, avant qu'elles eussent atteint les étages plus élevés du polythéisme et du monothéisme.

III

Utilité de l'étude des sauvages. — Préjugés sur les sauvages.
La langue, la numération, l'histoire, la morale chez les sauvages.

C'était une idée juste et profonde que, pour comprendre ce que les peuples dits civilisés ont été avant l'épanouissement de leur civilisation, il faut étudier les tribus sauvages telles que nous les trouvons à présent. C'est la leçon de la géologie appliquée à l'étude des

[1] Waitz signale des usages analogues (*Anthropologie*, II, p. 177).
[2] De Brosses, *loc. cit.*, p. 18 sq.

strates humaines. Mais il y a plus de dangers en anthropologie qu'en géologie de prendre des roches métamorphiques pour des terrains ignés primitifs. Permettez-moi de citer sur ce point les excellentes observations de M. Herbert Spencer [1]. « Déterminer quelles sont les conceptions vraiment primitives serait chose facile, si nous connaissions des hommes vraiment primitifs. Mais il y a diverses raisons de soupçonner que les êtres humains qui nous présentent aujourd'hui le type le plus inférieur et qui forment les groupes sociaux de l'espèce la plus simple, ne nous rendent pas un spécimen de l'homme primitif. Leurs ancêtres, pour la plupart d'entre eux, sinon pour tous, ont vécu d'une vie plus haute, et parmi leurs croyances présentes il en reste quelques-unes qui se sont formées durant ces périodes plus nobles. Si la théorie de la dégradation, telle qu'on la présente d'ordinaire, est insoutenable, la théorie du progrès continu, présentée sans correctif, ne l'est pas moins. Si l'idée que le sauvage n'est que déchu de la civilisation est inconciliable avec le témoignage des faits, il n'y a pas plus de garantie pour la théorie qui veut que le sauvage du niveau inférieur le plus bas ait toujours été aussi bas qu'il l'est à présent. Il est fort possible, et la chose est, je crois, très probable, que le retour en arrière soit aussi fréquent que la marche en avant. »

Il y a dans ces lignes un avertissement utile pour les ethnologistes qui s'imaginent qu'ils n'ont qu'à passer quelques années parmi les Papous ou les insulaires des Andamans, pour se représenter ce qu'ont été les premiers ancêtres des Grecs et des Romains. On nous parle des sauvages d'aujourd'hui comme s'ils ve-

---

[1] *Sociologie*, p. 106. Voir aussi un article intitulé : « De quelques caractéristiques des Maléo-Polynésiens », dans le *Journal of the Anthropological Institute*, février 1878.

naient d'être envoyés à l'instant dans le monde, oubliant qu'en tant qu'espèce vivante, ils ne sont pas d'un jour plus jeunes que nous[1]. Le sauvage est peut-être plus stationnaire, mais il a pu aussi monter et descendre bien des fois, avant d'arriver au niveau actuel. En tous cas, quand on pourrait prouver qu'il y a eu progrès continu dans tous les autres ordres, personne ne peut affirmer qu'il en ait été de même dans l'ordre de la religion.

Que la religion est sujette à se corrompre, on l'a vu bien des fois dans l'histoire du monde, et, dans un sens, l'on peut dire que l'histoire de la plupart des religions n'est qu'une lente corruption de leur pureté première. En tous cas, personne ne se risquera à soutenir que la religion marche toujours du même pas que la civilisation. Admettons, si l'on veut, que, pour leurs outils, leurs costumes, leurs mœurs, leurs usages, les Grecs et les Romains, les Germains et les Celtes étaient, avant l'aube de leur histoire, dans le même état où nous trouvons à présent quelques-unes des races nègres de l'Afrique : il ne s'ensuivrait pas que leur religion aussi ait dû être la même, qu'ils aient dû adorer des fétiches, des troncs d'arbres, des pierres et rien d'autre.

Abraham, le pauvre nomade, est pénétré de la nécessité d'une divinité unique. Salomon, fameux parmi les rois du monde, élève des hauts lieux à Chemosh et à Moloch. Ephèse, au sixième siècle avant le Christ, écoute les paroles d'un des sages les plus profonds que la Grèce ait jamais produits, Héraclite; dix siècles plus tard, elle retentit des querelles niaises d'un saint Cyrille et des clameurs du concile d'Ephèse. Les Hindous, qui, il y a des milliers d'années, avaient atteint les cimes les

---

[1] « Les sauvages sont aussi vieux que les races civilisées et ont aussi peu droit au titre d'hommes primitifs. » A. M. Fairbairn, *Academy*, 20 juillet 1878.

plus hautes de la philosophie, sont maintenant, en maintes parties de l'Inde, enfoncés dans le culte de la vache et.du singe.

Mais il y a encore une autre difficulté, et plus grande. Avant de nous dire que les ancêtres des Grecs et des Romains ont eu la même religion que les nègres et les sauvages d'aujourd'hui, nous sommes-nous sérieusement demandé ce que nous savons réellement de la religion de ceux que nous appelons les sauvages.

Qu'au siècle dernier on parlât de la religion des sauvages en gros et sans distinction, il y avait à cela une excuse. Les sauvages étaient alors des bêtes curieuses, et tout ce qu'on en racontait était cru sur parole. On vous les jetait pêle-mêle tous ensemble, un peu à la façon de ce prédicateur qui citait ensemble Néander et Strauss comme deux représentants du rationalisme allemand, et l'on ne songeait pas à distinguer entre nègre et nègre, entre sauvage et sauvage.

A présent, un ethnologiste vraiment scientifique évite soigneusement l'emploi de tous ces termes généraux. Dans le langage journalier, nous pouvons encore employer le mot *nègre* pour désigner tous les noirs en général ; mais dans le langage scientifique, nous restreignons ce nom aux races qui occupent la côte ouest d'Afrique, entre le Sénégal et le Niger, en avançant dans les terres jusqu'au lac Tchad, ou au delà, à une distance indéterminée. Quand l'on cite le nègre comme offrant le type le plus bas de la race, c'est généralement du nègre de la côte occidentale que l'on parle, celui qui a donné aux Européens leur idée du fétichisme.

Ce n'est pas le lieu ici de discuter l'ethnographie de l'Afrique, telle que l'ont établie les derniers voyageurs. Donnons seulement la classification de Waitz, qui nous suffira pour distinguer les nègres du Sénégal et du Niger de leurs voisins les plus proches.

1° Les tribus berbères ou coptes, habitant le nord de l'Afrique. Au point de vue historique, on peut dire qu'elles appartiennent à l'Europe plutôt qu'à l'Afrique. Ces races furent soumises par les armées musulmanes et se fondirent rapidement avec leurs vainqueurs. On les appelle quelquefois *Maures*, jamais *Nègres*.

2° Les races qui habitent l'Afrique orientale, le bassin du Nil jusqu'à l'équateur. Ce sont les Abyssiniens ou Nubiens ; ils tiennent de loin, par la langue, au groupe sémitique.

3° Les Fulahs, qui sont répandus sur la plus grande partie de l'Afrique centrale et qui se considèrent eux-mêmes comme une race distincte des nègres.

4° De l'équateur au pays des Hottentots, les Cafres et les peuples du Congo ; ils sont en possession d'une langue propre parfaitement définie, d'idées religieuses très élevées, et ils diffèrent aussi considérablement par la constitution physique de ceux que l'on appelle communément *les nègres*.

Enfin les Hottentots, qui diffèrent des autres groupes et par la langue et par la constitution physique.

Ce ne sont là que les divisions les plus générales des races qui peuplent à présent l'Afrique. Quand donc nous les englobons sous le nom de *nègres*, nous parlons un langage juste aussi précis que les Grecs parlant des Scythes, ou les Romains d'avant César parlant des Celtes. La langue scientifique doit, ou bien éviter le terme, ou bien le restreindre aux populations dispersées, sur une étendue d'environ 12 degrés de latitude, du Sénégal au Niger, et qui s'étendent à l'intérieur des terres jusqu'aux régions encore mal déterminées où elles rencontrent les tribus berbères, nubiennes et cafres.

Mais si l'ethnologiste n'englobe plus tous les habitants de l'Afrique sous le nom de *nègres*, il est plus difficile de faire comprendre à l'historien qu'il ne doit pas les englober sous le nom de *sauvages,* et que, là encore, il faut distinguer avant de comparer. Ceux qui nous parlent si aisément de sauvages d'Afrique, d'Amérique et d'Australie, seraient bien en peine de donner une définition du terme, sauf celle-ci peut-être, c'est que les sauvages sont des gens qui ne nous ressemblent pas. Sauvage est pour nous, peu s'en faut, ce que barbare était pour le Grec.

Mais avec le temps les Grecs purent apprendre que ces prétendus barbares possédaient des vertus qu'ils auraient pu leur envier eux-mêmes; et nous aussi nous aurons à reconnaître que certains de ces sauvages ont une religion et une philosophie de la vie qui pourraient supporter la comparaison avec la religion et la philosophie de ce que nous appelons les races civilisées et civilisatrices de l'antiquité. En tout cas, l'idée générale du sauvage demande bien des modifications et bien des distinctions, et il n'est peut-être pas une branche dans l'anthropologie qui soit entourée de plus de difficultés que l'étude des races dites *sauvages.*

Examinons quelques-uns des préjugés courants sur leur compte. On suppose que leurs langues sont inférieures aux nôtres. Ici, par bonheur, la linguistique a fait bonne besogne. Tout d'abord elle a montré qu'il n'y a pas d'être humain sans langage, et nous savons ce que cela implique. Toutes ces histoires de tribus sans langue, ou de tribus dont la langue ressemblerait au gazouillement des oiseaux plus qu'aux sons articulés de l'homme, appartiennent à la mythologie ethnographique.

Un fait encore plus important, c'est que beaucoup de ces langues de sauvages ont révélé une grammaire parfaite, parfois trop parfaite, c'est-à-dire trop artificielle, et que leur dictionnaire possède une richesse de mots à faire envie à un poète[1]. Il est vrai qu'à un autre point de vue, cette exubérance grammaticale [2] et cette richesse de termes accusent la faiblesse des facultés d'abstraction et de généralisation. On peut appeler riche, si l'on veut, une langue qui a des cas pour exprimer la proximité d'un objet, l'action de longer un objet, d'approcher d'un objet, d'entrer dans un objet, et qui n'a point de cas régime, point d'accusatif : mais c'est là une richesse qui n'est que pauvreté. De même pour le dictionnaire. Il aura des noms différents pour chaque espèce d'animal; il aura des noms pour le même animal selon qu'il est vieux ou jeune, mâle ou femelle : il aura des mots différents pour le pied de l'homme, du cheval, du lion, du lièvre, et il lui manquera peut-être le terme pour l'idée d'animal, ou même pour l'idée de membre ou de corps. Ici, comme partout, il y a perte et gain. Mais si imparfaite qu'une langue puisse être sur un point ou sur un autre, toute langue, fût-ce celle des Papous et des Veddas, est un chef-d'œuvre d'abstraction, au-dessus du génie de vingt philosophes. Dans plusieurs cas, la grammaire des langues dites *sauvages* témoigne d'un ancien état de culture plus élevé. Et il ne faut pas oublier que chaque langue a des ressources qui n'attendent qu'un appel, et l'on n'en a pas encore trouvé qui se refusât à traduire le *Pater Noster*.

Pendant longtemps on a donné comme la preuve la plus forte de la faiblesse mentale de certains sauvages, leur prétendue incapacité à compter au-delà de trois, quatre ou cinq. Pour accepter la réalité de tels faits, je voudrais d'abord la garantie de quelque observateur

---

[1] A.-B. Meyer, *le Mafour et autres langues papoues de la Nouvelle-Guinée (On the Mafoor and other Papua Languages of New Guinea)*, p. 11.

[2] Voir Taplin, *Des Narrinyeri, aborigènes de l'Australie du Sud (The Narrinyeri, South Australian aborigines)*, p. 77.

sérieux [1]; mais, supposant même cette réalité établie, il y a, je crois, des distinctions à faire. Je veux bien qu'il y ait des tribus chez qui toutes les quantités au-delà de cinq, le nombre des doigts d'une main, ne signifient plus qu'une chose, *beaucoup;* quoique je doute fort, je l'avoue, qu'à moins d'idiotisme pur et simple, l'on puisse trouver des êtres humains incapables de distinguer entre cinq vaches et six vaches. Mais examinons de plus près ce qu'on nous dit des sauvages dont la numération s'arrêterait à deux ou à trois.

On a dit, par exemple, que les Abipons n'ont pas de nombre au-delà de *trois* [2]. Quel est le fait réel? C'est qu'ils expriment *quatre* par « *trois* plus *un* ». Loin d'accuser aucune faiblesse intellectuelle, cela prouve un esprit d'analyse plus développé que s'ils exprimaient le nombre quatre, par exemple, par un mot signifiant « mains et pieds », ou « yeux et oreilles ». Un sauvage qui, pour « quatre », dirait « deux et deux » ne courrait jamais le danger de prendre « deux et deux font quatre » pour un jugement synthétique *à priori;* il reconnaîtrait sur-le-champ qu'en disant « deux et deux font quatre » il exprime un simple jugement analytique.

Il ne faut pas trop nous presser d'exalter la supériorité intellectuelle de la race à laquelle nous appartenons. Des savants de premier ordre ont dérivé le mot aryen pour *quatre* (à raison ou à tort, peu importe), sanscrit *catur,* latin *quatuor,* de *tar* signifiant « trois », précédé de *ca,* le latin *que,* de sorte que *quatre* aurait été chez les Aryens aussi « *un* plus *trois* ». Si des tribus africaines

---

[1] Parlant des sauvages du Dahomey, M. Burton dit : « A force de manier des cauris, ils deviennent des calculateurs de première force. Chez une peuplade voisine, dire : « Tu ne sais pas multiplier 9 par 9, » signifie : « Tu es un idiot. » *Memoirs of the Anthropological Society,* I, 314.

[2] Dobrizhofer, *Historia de Abiponibus,* 1784.

rendent *sept* par « *cinq* plus *deux* » ou par « *six* plus *un*[1] », sont-elles pour cela au dernier échelon intellectuel ? Reproche-t-on au Français, qui marche à la tête de la civilisation européenne, de dire *quatre-vingt-dix* au lieu de *nonante*, ou aux Romains d'avoir dit *undeviginti* pour dix-neuf[2] ?

Non : apprenons ici encore à appliquer aux autres la mesure dont nous voudrions qu'on se servît à notre égard, et essayons de comprendre avant de nous ériger en juges.

Autre grief contre les sauvages : ils n'ont pas d'histoire. Ils comptent à peine les jours de l'année, moins encore les années de la vie. Chez quelques tribus nègres, c'est un péché; c'est manque de confiance en Dieu[3]. Ne connaissant pas l'écriture, il n'y a pas trace chez eux de ce que nous appelons l'*histoire*. Je ne veux pas contester que l'insouciance du passé et de l'avenir ne soit le signe d'une civilisation bien inférieure; mais c'est là un grief qu'on ne peut élever contre tous les sauvages. Beaucoup parmi eux se rappellent les noms et les faits de leurs pères et de leurs grands pères, et la merveille c'est que, sans l'écriture, ils aient pu conserver leurs traditions souvent durant des générations.

[1] Winterbottom, *Account of the Native Africans in the Neighbourhood of Sierra Leone* (*Notice sur les indigènes dans le voisinage de la Sierra Leone*), Londres, 1863, p. 230.

[2] On trouvera des exemples nombreux d'une formation analogue (dix moins un, moins deux, pour huit et neuf) dans la table comparative des noms de nombre à la fin de mon Essai sur les langues touraniennes. Voir aussi Moseley, *On the Inhabitants of the Admiralty Island* (*les Habitants des îles de l'Amirauté*), p. 13 ; et Matthews, *Grammaire Hidatsa*, p. 118.

[3] « Les choses passent vite dans un pays où tout ce qui est construction tombe vite en ruine, où la vie est courte et où les saisons n'ont pas de changements marqués, pour apprendre aux hommes à compter par plus longues périodes que le mois. » R.-H. Codrington, écrit de l'île Norfolk, 3 juillet 1877.

Voici des remarques du révérend S.-J. Whitmee, qui jettent une lumière curieuse sur le sujet. « Les dépositaires de ces traditions nationales (chez les Polynésiens bruns) appartenaient ordinairement à certaines familles choisies, et c'était leur office de retenir intacts et de transmettre, de génération en génération, les mythes et les chants confiés à leur garde. L'honneur de la famille y était engagé. C'était le devoir héréditaire de l'aîné de les apprendre, de les retenir et de les transmettre mot pour mot. En même temps qu'un devoir sacré, c'était un privilège précieux et glorieux, et que l'on conservait avec un soin jaloux. De là, pour les Européens, la difficulté d'en prendre copie. On avait grand soin de ne pas les réciter trop souvent, ni de les réciter tout entiers en une seule fois. Quelquefois on les altérait à dessein pour égarer l'auditeur. Les missionnaires et autres étrangers qui s'intéressaient à ces mythes ont souvent été trompés de cette façon. Il n'était possible de s'en assurer une version fidèle qu'à une personne absolument familière avec leur langue et leurs habitudes et jouissant de leur confiance. Et encore ne l'obtenait-on en général que sur promesse faite de ne pas les divulguer dans les îles.

« Mais, malgré ces difficultés, quelques missionnaires et d'autres voyageurs ont réussi à former de vastes collections de mythes et de chants, et je ne désespère pas qu'avant peu nous ne puissions, de leur réunion, former une mythologie comparée de la Polynésie.

« La plupart de ces légendes et de ces chants contiennent des formes archaïques, expressions et mots, inconnues à la plus grande partie de la génération actuelle.

« La façon dont on a assuré la fidélité verbale de la transmission mérite d'être signalée. Dans quelques îles, les principales histoires, toutes celles qui ont de la valeur, existent sous deux formes, prose et vers. La version en prose donne l'histoire dans la langue commune. La version poétique la donne sous forme rythmée, parfois rimée. La version poétique cherche à arrêter dans ses changements la version en prose, plus simple et plus prompte à s'altérer. Comme il est facile de faire des changements et des additions au récit en prose, il n'est reconnu comme pur et authentique que si chaque détail a sa contre-partie exacte dans le récit en vers. On découvrirait sans peine, il n'est besoin de le dire, une omission ou une interpolation dans la version poétique. On a donc reconnu que la forme poétique se retient plus aisément que la forme en prose et qu'elle assure plus fidèlement l'exacte transmission des mythes historiques [1]. »

Notre idée de l'histoire, je l'avoue, est toute différente, et savoir sur le bout des doigts la vie des rois d'Egypte et de Babylone, connaître par cœur les dates de leurs batailles et les noms de leurs ministres, de leurs femmes et de leurs concubines, c'est une bonne note dans un examen pour le *Civil Service ;* et pourtant, que cela soit un signe de véritable culture, c'est une idée dont je ne puis arriver à me convaincre. Socrate n'était pas un sauvage, et je doute cependant qu'il eût pu réciter les noms et les dates de ses archontes, encore moins des rois d'Egypte et de Babylone.

Et si nous regardons comment de nos jours même se fait l'histoire, nous serons mieux à même de comprendre le sentiment des peuples qui n'ont pas pensé qu'il importât au bonheur des générations futures de rappeler chaque massacre de tribus à tribus, ou chaque

---

[1] Ceci jette un jour curieux sur la formation de la littérature bouddhique, où nous trouvons aussi le même récit raconté deux fois, une fois en vers (Gâthâ), une autre fois en prose.

tirade de diplomate, chaque fête de mariage royal.
Plus on voit le train dont se fait l'histoire, moins on est
tenté de lui attribuer toute la valeur qu'on lui prêtait
autrefois. Supposez que lord Beaconsfield, M. Gladstone et le prince Gortchakoff prennent la plume pour
écrire l'histoire des deux dernières années : que croira
la pauvre postérité? Et des trois historiens eux-mêmes
que pensera-t-elle, quand elle les verra représentés par
les observateurs qui les ont vus le mieux et de plus près,
soit comme des patriotes d'un esprit élevé, soit comme
des hommes de parti égoïstes. Des faits même, des faits
comme les massacres de Bulgarie, deux témoins ocu-
laires ne peuvent les décrire de la même façon. Faut-il
s'étonner alors de voir un peuple entier, les vieux Hindous, tout bonnement dédaigner l'histoire, au sens vulgaire du mot, et au lieu de se surcharger la mémoire
des noms et des dates des rois, des reines et des batailles, ne donner place dans son souvenir qu'aux vrais
rois, ceux de la pensée, et à ces batailles décisives livrées pour la conquête de la vérité.

Enfin, l'on suppose que les sauvages n'ont pas de
principes moraux. Je ne veux pas donner du sauvage un
portrait à la Rousseau, ni nier que notre vie politique et
sociale ne soit un progrès sur la vie d'ermite ou de nomade du sauvage d'Afrique ou d'Amérique. Mais je
soutiens que toute phase de la vie doit se juger en elle-
même. Les sauvages ont leurs vices, mais ils ont leurs
vertus. Si le noir écrivait son réquisitoire contre le
blanc, y manquerait-il un seul des traits dont nous
chargeons le sauvage? La vérité est qu'on ne peut comparer la moralité du nègre et celle du blanc, parce que
leur conception de la vie diffère du tout au tout. Ce qui
est mal à nos yeux, ne l'est pas aux leurs. Nous con-
damnons la polygamie : la Bible et le Coran la tolèrent,
les sauvages l'honorent, et je ne doute pas que dans

leur état de société ils n'aient raison. Le sauvage ne regarde pas le colon européen comme l'idéal de la vertu
et il trouve très difficile d'entrer dans sa conception de
la vie.

Rien qui renverse le vrai sauvage comme notre activité inquiète, notre anxiété d'acquérir et de posséder,
au lieu de nous reposer et de jouir. « Frère ! disait un
chef Indien à un Européen, vous ne connaîtrez jamais
la félicité qu'il y a à ne rien faire et à ne pas penser,
c'est le plaisir le plus délicieux, — après le sommeil.
Ainsi nous étions avant de naître, ainsi serons-nous
après la mort. » Les jeunes Tahitiennes à qui l'on
apprenait à tisser laissaient là bien vite le métier,
disant : « A quoi bon peiner? N'avons-nous pas, à notre
faim, les fruits de l'arbre à pain et du cocotier? Il faut
bien que vous travailliez, vous, puisqu'il vous faut de
beaux vêtements ; mais nous, nous sommes contentes
de ce que nous avons. »

Ces sentiments sont anti-européens, mais ils n'en contiennent pas moins une *philosophie* de la vie, juste
ou fausse, il n'importe, et il ne suffit point de dire en
haussant les épaules : philosophie de sauvages !

Une des différences essentielles entre les sauvages et
nous, c'est le peu de prix qu'ils attachent à la vie.
Peut-être n'y a-t-il pas à cela grande merveille. Ils n'ont
pas grand'chose qui puisse les attacher à cette vie.
En bien des parties de l'Afrique et de l'Australie, pour
la femme et l'esclave la mort ne doit être qu'un heureux
asile, dès l'instant qu'ils ont la certitude que la vie à suivre ne sera pas une simple répétition de celle-ci. Ce sont
des enfants pour qui la vie et la mort sont les paysages
changeants du voyage, et quant aux vieillards qui ont
plus d'amis de l'autre côté de la tombe qu'en deçà, ils
sont tout prêts à partir d'un pied allègre : ils considèrent même comme un devoir de piété filiale que

leurs enfants les tuent quand la vie devient un fardeau pour eux. Si dénaturée que nous semble la coutume, elle ne l'est plus tant, quand on considère que chez des nomades celui qui ne peut plus voyager est la victime marquée des bêtes fauves ou de la faim. Si nous ne tenons pas compte de toutes ces considérations, nous ne pouvons apprécier d'une façon juste la moralité et la religion des tribus sauvages.

Au temps où De Brosses écrivait, la chose qui semblait étonnante, c'était que le nègre possédât quelque chose qui pût s'appeler moralité ou religion, ne fût-ce qu'un culte de troncs d'arbres et de pierres. Nous avons appris à en juger autrement, grâce surtout aux travaux de missionnaires qui ont passé leur vie au milieu des sauvages, ont appris leur langue, gagné leur confiance, et qui, malgré bon nombre de préjugés, ont rendu pleine justice aux bons côtés de leur caractère. Nous pouvons dire sans risque d'erreur qu'en dépit de toutes les recherches, on n'a nulle part encore trouvé d'être humain qui ne soit en possession de quelque chose qui lui sert de religion, ou pour prendre l'expression la plus générale, qui ne croie en quelque chose au-delà de ce qu'il peut voir de ses yeux.

Ne pouvant entrer dans le détail des divers témoignages qui prouvent ce fait, l'on me permettra de citer les conclusions auxquelles est arrivé sur ce point un autre mythologue, M. Tiele, d'autant plus que sur maintes questions ses vues diffèrent grandement des miennes :

« L'assertion qu'il y a des nations ou des tribus sans religion repose sur une observation inexacte ou sur une confusion d'idées. On n'a pas encore trouvé de nation ou de tribu dépourvue de la croyance en des êtres supérieurs, et les voyageurs qui affirmaient qu'il en existe ont été plus tard réfutés par les faits. Il est donc légitime de dire que la religion, au sens le plus général du mot, est un phénomène universel dans l'humanité [1] ».

IV

Difficultés de l'étude des religions en général, de la religion des sauvages en particulier. — Causes d'erreur.

Néanmoins, quand, ces vieux préjugés une fois écartés, on eut reconnu qu'il n'était plus possible d'englober les différentes races de l'Afrique, de l'Amérique et de l'Australie en un seul tout sous le nom commun de sauvages, on commença à sentir les difficultés qu'il y avait à étudier ces races, particulièrement en ce qui touche leurs opinions religieuses. Il est déjà difficile de donner un tableau exact et scientifique de la religion des Juifs, des Grecs, des Romains, des Hindous et des Perses ; mais cette difficulté n'est rien en comparaison de celle qu'il y a à comprendre et à expliquer les croyances et les cérémonies de ces races illettrées. Quiconque s'est occupé de l'histoire des religions sait combien il est difficile de se faire une idée claire de ce que pensaient les Grecs et les Romains, les Hindous et les Perses sur un quelconque des grands problèmes de la vie. Nous avons là toute une littérature devant nous, sacrée et profane ; nous pouvons confronter les témoins et écouter ce que l'on peut dire dans un sens ou dans l'autre. Et pourtant, si l'on nous demandait si la race grecque en général, ou si une branche de la race grecque en particulier, ou si cette branche même à un moment donné de son histoire croyait à la vie future, à un système de punitions et de récompenses après la mort, à la suprématie des

____
[1] *Esquisse*, p. 106.

dieux personnels ou à un destin impersonnel, à la nécessité de la prière et du sacrifice, au caractère sacré
du prêtre et du temple, à l'inspiration des prophètes
et des législateurs, nous nous trouverions souvent
bien en peine de donner une réponse définitive. Il y a
toute une littérature sur la théologie d'Homère; mais
on est loin de l'unanimité entre les savants les plus
sérieux qui ont traité le sujet dans ces deux siècles.

C'est encore mieux le cas avec la religion des Hindous et des Perses. Nous avons leurs livres sacrés,
nous avons leurs commentaires autorisés ; eh bien !
la solution de cette question : les anciens poètes du Rig
Véda croyaient-ils à l'immortalité de l'âme? dépend
parfois de l'interprétation exacte d'un seul mot ; et la
question de savoir si l'auteur de l'Avesta admettait un
dualisme originel et l'égalité des deux principes du
bien et du mal[1], doit parfois se résoudre d'après des considérations purement grammaticales !

Je ne vous citerai qu'un exemple. Dans l'hymne du
Rig Véda qui est récité pendant la crémation du mort,
se rencontre le passage suivant (X, 16, 3) :

Que l'œil aille au soleil, que le souffle aille au vent ! — aille au
ciel, aille à la terre, ce qu'il faut ! — Va aux eaux si tu y as place,—
repose tes membres au sein des herbes !

La partie qui n'a pas de naissance, réchauffe-la de ta chaleur, —
que ta chaude, ta brillante flamme la réchauffe. — O feu ! de tes
formes les plus caressantes, — porte-la au séjour des bienheureux ! [2]

---

[1] Max Müller, *Rognures d'un établi allemand*, I, p. 140. (Chips from
a German Workshop.)

[2]   Sûryam cakshur gachatu, vâtam àtmâ,
      Dyâm ca gacha prithivîmca dharmanâ ;
      Apo vâ gacha, yadi tatra te hitam ;
      Oshadhîshu prati tishthâ çarirais.
       Ajo bhâgas tapasâ tam tapasva,
      Tam te çocis tapatu, tam te arcis ;
      Yâs te çivâs tanvo, jâtavedas,
      Tâbhir vahainam sukritàm u lokam.

Ce passage a souvent été discuté et l'exacte interprétation de ces vers est certainement de grande importance. Le mot *aja* signifie « non né », sens qui se
confond aisément avec ceux d'impérissable, immortel,
éternel. Je traduis *ajo bhâgas* « la partie qui n'a pas de
naissance, la partie éternelle », ce qui me force de supposer une pause après le mot, pour trouver une construction grammaticale plausible. D'autres interprètes font
observer que *aja* signifie aussi « bouc » et ils traduisent :
« le bouc est ta portion », en supposant également
cette pause, qui, il faut le dire, est assez rare en sanscrit. Il est parfaitement vrai, comme on peut le voir par
les kalpa-sûtras, que souvent un animal femelle était
conduit au bûcher après le cadavre et brûlé avec lui :
on l'appelait pour cette raison l'*Anustarani* « la cou-
verture ». Mais tout d'abord cette coutume n'est pas
générale, comme elle devrait l'être si elle était fondée
sur un passage védique. En second lieu, il existe en fait
un Sûtra qui condamne cette coutume, parce que,
comme observe Kâtyâyana, si le corps et l'animal sont
brûlés ensemble, on pourrait en ramassant les cendres
confondre les os du mort et ceux de l'animal. En troisième lieu, il est expressément ordonné de prendre une
femelle, quel que soit l'animal, vache ou chèvre. En
traduisant « le bouc est ta part », nous mettons donc
notre hymne en contradiction directe avec la tradition
des Sûtras. Dernière difficulté et plus grande encore :
si le poète avait voulu dire : « le bouc est *ta* part », aurait-il omis précisément le mot important ? Il ne dit pas :
hœdus tua pars; il dit : *hœdus pars.*

Même avec la première traduction, les difficultés ne
manquent pas : néanmoins l'ensemble prend un sens
cohérent. Le poète commence par dire que l'œil va au
soleil, le souffle au vent, que le mort revient au ciel et à
la terre, que ses membres reposent parmi les herbes.

Tout ce qui est né retourne donc à l'élément d'où il est venu. Quoi de plus naturel dès lors que de demander ce que deviendra la partie sans naissance, la partie éternelle de l'homme? Quoi de plus naturel qu'un silence après cette question, suivi de cette reprise : « Réchauffe-le de ta chaleur ! Que ta chaude, ta brillante flamme le réchauffe ! Revêts tes formes les plus douces, ô feu, et emporte-le au monde des bienheureux ! » Qui? Le bouc? Non, sans doute, ni même le corps ; mais ce qui, dans l'homme, est incréé et éternel.

Il est possible, il est même probable que c'est ce passage mal interprété qui a donné naissance à l'idée qu'avec. le corps il fallait brûler un bouc (*aja*). Nous voyons dans l'Atharvana comme les prêtres se sont avidement emparés de l'idée. C'est un contre-sens du même genre qui fait brûler les veuves sur le corps de leur mari, et qui, de Yama, le vieux dieu du soleil couchant, fit le roi des morts, et enfin le premier mort parmi les mortels. L'espace s'étend à perte de vue par-delà les Védas, et maintes choses dans les hymnes les plus anciens ne s'expliquent que si on les considère, non comme venant de naître, mais comme le dernier terme d'une série de métamorphoses.

Ce n'est là qu'un exemple des mille difficultés que soulève l'intelligence exacte d'une religion, même quand cette religion possède une vaste littérature.

L'existence d'un tel désaccord entre savants n'entache pas le caractère scientifique de leurs recherches. Les deux partis ont dû produire les raisons de leur opinion, et d'autres là dessus peuvent former leur propre jugement. Nous sommes là sur terre ferme.

Où le mal commence, c'est quand des philosophes qui ne sont pas des savants de profession, s'emparent pour leurs propres constructions des travaux des philologues sur le sanscrit, le zend ou les langues classiques. Là est le vrai danger. Les écrivains qui, sans citer leurs autorités, et peut-être même sans s'être enquis du degré de confiance qu'elles méritent, nous disent exactement ce que les Cafres, les Boshimans et les Hottentots croient de l'àme, de la mort, de Dieu et du monde, avancent rarement, quand il s'agit des religions de la Grèce, de Rome, de la Perse ou de l'Inde, une seule opinion que le spécialiste ne se voie aussitôt forcé de démentir. J'en donnerai quelques exemples, non par malignité critique, mais pour signaler un danger réel contre lequel nous devons tous nous prémunir soigneusement dans nos recherches sur l'histoire de la religion.

Il est peu de mots qui soient plus souvent dans la bouche des Brahmanes que le mot *Om*. *Om* est probablement une contraction de *avam*, « cela »; il était identique au français *oui*, pour le sens et pour la formation (*oui* étant pour *hoc illud*), mais il prit bientôt un caractère solennel, quelque chose comme notre *amen*. On le prononçait au début et à la fin de chaque lecture, et il est peu de manuscrits qui ne l'aient en tête. Il est même de rigueur dans certaines formes de salut [1] : en fait, il n'est guère de mots plus souvent entendus dans l'Inde ancienne ou moderne. Eh bien ! M. Spencer nous dit que les Hindous évitent de prononcer le nom sacré *Om* [2], ce qui prouve que chez des races à moitié civilisées il est interdit de prononcer le nom de la divinité. Il est fort possible que dans une vaste collection, comme l'excellent recueil des « Textes sanscrits » de M. Muir, il se trouve un passage à l'appui de cette assertion. Dans la philosophie mystique des Upanishads, *om* est devenu l'un des noms du Brahma suprême, et certainement il était interdit de divulguer la connaissance de ce Brahma.

____

[1] *Apastamba-Sûtras,* I, 4, 13, 6. — *Prâtisâkhya,* 832, 838.
[2] *Sociology,* I, p. 298.

Mais il y a bien loin de là à dire que chez diverses races de demi-civilisation il était interdit ou considéré comme malséant d'appeler les dieux par leurs noms et à invoquer comme exemples les Hindous, qui éviteraient de prononcer le nom sacré *om ;* les Hébreux, qui, pour la même raison, ne nous auraient pas transmis la prononciation du mot *Jehovah ;* Hérodote, qui éviterait soigneusement de nommer *Osiris.* Cette dernière affirmation, en particulier, surprendra étrangement ceux qui se rappellent que c'est Hérodote qui nous dit que, bien que les Egyptiens n'adorent pas tous les mêmes dieux, ils adorent tous Isis et Osiris, et qu'ils identifient ce dernier avec Dionysos[1].

M. Muir a sans doute raison de dire que dans plusieurs passages des Védas « certains dieux sont reconnus pour de simples créatures »[2], et que, comme les hommes, ils sont devenus immortels en buvant le *soma.* Mais ceci nous montre combien des compilations, même faites avec autant de soin que celle de M. Muir, peuvent devenir dangereuses dans des mains étrangères. Les dieux sont appelés dans les Védas *ajara,* ou *mrityu-bandhu,* ou *amartya* « immortels », par opposition aux hommes qui sont « mortels » *martya,* et ce n'est que pour exalter le pouvoir de *Soma* qu'on lui attribue, comme à l'ambroisie des Grecs, d'avoir donné l'immortalité aux dieux. Et pour parler de l'aurore comme de la fille du ciel, pour montrer Indra sortant du ciel et de la terre, les poètes védiques ne regardaient pas les dieux comme des êtres créés au sens où nous entendons le mot. Nous pourrions aussi bien dire, et avec plus d'exactitude, que les Grecs regardaient Zeus comme une simple créature, puisqu'il était fils de Kronos.

[1] *Hérod.,* II, 42, 144 ; 156.
[2] *Sanscrit Texts,* V, p. 12.

Quoi encore de plus erroné que de prouver que tous les dieux étaient primitivement mortels par le mot du Buddha : « Dieux et hommes, riches et pauvres, tous doivent mourir? » Au temps du Buddha, et avant même, les vieux Devas, que nous sommes convenus d'appeler *dieux*, étaient usés depuis longtemps. Buddha ne croyait pas aux Devas, ni peut-être à aucun dieu. Il les laissait subsister comme de purs êtres mythiques [1] et, comme d'autres êtres mythiques de bien plus haute portée, ils partageaient le sort commun et inévitable de tout ce qui existe, l'éternel voyage de mort en mort et de naissance en naissance.

Pour juger de l'intelligence d'un peuple, il est sans doute bon d'examiner sa langue. Mais c'est un examen qui veut beaucoup de soin et de circonspection. « Quand nous lisons, dit M. Spencer [2], que dans une tribu de l'Amérique du Sud, les Abipones, cette proposition : « Je suis un Abipone » ne peut s'exprimer que de cette façon vague : « Moi Abipone », nous sommes forcés d'inférer qu'une construction grammaticale si peu développée ne peut porter que les idées les plus simples. » Parmi les langues les plus parfaites du monde, n'en est-il pas qui tomberaient sous la même condamnation?

Si de tels malentendus se produisent là où ils pourraient si aisément s'éviter, que penserons-nous de ces affirmations tranchantes sur les opinions religieuses de nations et de tribus entières qui n'ont pas de littérature, dont la langue même n'est souvent qu'imparfaitement comprise, et qui n'ont été visitées peut-être que par un ou deux voyageurs, quelques années, quelques semaines, quelques jours?

Un exemple. On nous dit que les peuples des îles

---

[1] Max Müller, *Buddhistischer Nihilismus (le **Nihilisme bouddhique**)*.
[2] *Sociologie*, I, p. 149.

Fidji nous offrent un état très primitif de la religion. Les étoiles filantes sont des dieux et les plus petites d'entre elles sont les âmes des morts. Avant de faire aucun usage de cette donnée, ne faut-il pas d'abord connaître et le nom exact et l'idée exacte de Dieu chez les habitants des Fidji, et, en second lieu, savoir quels sont les objets, autres que les étoiles filantes, auxquels le mot est appliqué. Faut-il supposer que toute l'idée du Divin que le Fidjien a pu se former est concentrée dans l'étoile filante ? Ou bien le fait cité signifie-t-il seulement qu'ils regardent l'étoile filante comme *une* des diverses manifestations d'un pouvoir divin, qui leur est connu par d'autres sources ? En ce cas, tout dépend évidemment de la nature de ces sources et de la façon dont en est sorti et le nom et l'idée du divin.

Quand on nous dit que les poètes védiques représentent le soleil comme un dieu, nous demandons aussitôt quel est chez eux le mot qui signifie Dieu, et l'on nous répond *deva ;* sens primitif : *brillant.* L'histoire de ce seul mot *deva* remplirait un volume, et tant que nous ne connaissons pas son histoire, de sa première heure à sa dernière, cette proposition que l'Hindou considère le soleil comme un *deva*, sera pour nous dépourvue de toute signification.

Il en est de même quand on nous dit que les Fidjiens ou d'autres voient dans l'étoile filante l'âme du mourant qui s'en va. L'étoile filante est-elle l'âme, ou l'âme est-elle l'étoile filante ? Tout dépend certainement du sens prêté au mot *âme*. Comment sont-ils venus en possession de ce mot ? Quel en était le sens primitif ? Ce sont là des questions que la psychologie ethnologique doit poser et résoudre avant de pouvoir tirer aucun parti de ces innombrables anecdotes que nous trouvons rassemblées dans les livres qui touchent à l'étude de l'homme.

C'est un fait bien connu que beaucoup des mots qui signifient *âme* signifiaient primitivement *ombre*. Mais quand on vient nous dire : les nègres du Bénin regardent leur ombre comme leur âme, quel sens faut-il attacher à cette proposition? Si âme est pris au sens européen du mot, le nègre n'a jamais pu croire que son âme (au sens européen) n'est rien de plus que son ombre (au sens africain). Toute la question est de savoir ce qu'il entend par âme. Il est vrai que nous non plus nous ne savons pas toujours bien ce que nous entendons par âme ; mais, en tous cas, ce n'a jamais pu être ce que nous entendons par ombre. Aussi, tant qu'on ne nous aura pas dit si les nègres du Bénin entendent par âme l'*anima*, le souffle, le signe de la vie ; l'*animus*, l'intelligence, le signe de la pensée, ou l'*âme* en tant que siége des désirs et des passions ; tant que nous ne saurons pas si leur âme est matérielle ou immatérielle, visible ou invisible, mortelle ou immortelle, nous apprendre que telle ou telle tribu sauvage regarde l'âme comme l'ombre, comme un oiseau ou comme une étoile filante, c'est ne nous apprendre absolument rien.

Ces lignes étaient écrites quand mon attention fut attirée par un passage d'une lettre du révérend H. Codrington (3 juillet 1877), où l'ingénieux missionnaire s'exprimait à peu près dans le même sens : « A supposer qu'il y ait des peuples qui appellent l'âme une ombre, je ne crois pas le moins du monde qu'ils pensent que l'ombre est une âme ou que l'âme est une ombre : ils prennent le mot *ombre* dans un sens figuré pour désigner ce quelque chose qui appartient à l'homme, qui est comme son ombre, qui a une individualité parfaitement définie, qui est inséparable de lui, mais immatériel. Le mot qui en mota signifie *âme*, signifie *ombre* en maori, mais nul Mota ne lui connaît ce sens. Pour moi, je crois que primitivement le mot ne signifiait précisément ni *ombre* ni *âme*, il avait un sens indécis, plus facile à concevoir qu'à exprimer et qui a abouti dans une langue au sens d'ombre, et dans l'autre à un sens voisin du sens d'âme, celui d'un second nous-même. »

C'est précisément ce passage du sens qu'il nous faut essayer de comprendre : comment de l'observation de l'ombre qui nous accompagne le jour et semble nous quitter la nuit naquit l'idée d'un second nous-même ; comment cette idée se combina avec une autre, celle du souffle, qui reste avec nous durant la vie et semble nous quitter au moment de la mort ; comment enfin de ces deux idées combinées se dégagea par un long travail le concept de quelque chose qui est distinct du corps et qui est pourtant vivant. Ici nous pouvons observer un passage réel du visible à l'invisible, du matériel à l'immatériel ; mais au lieu de dire qu'il y a des peuples encore arrêtés à une des périodes primitives de la pensée et qui croient que leur âme est une ombre, tout ce que nous avons le droit de dire c'est qu'ils croient qu'après la mort leur souffle, ayant déserté leur corps, habitera quelque chose qui ressemble à l'ombre qui les suivait dans leur vie. La croyance que les morts ne font pas d'ombre découle tout naturellement de celle-ci.

Il est bien difficile, quand on croit trouver une confirmation inattendue d'une théorie personnelle dans les récits des missionnaires ou des voyageurs, de résister à la tentation. Dieu, dans toute la Polynésie orientale, se dit *Atua* ou *Akua*. Or, *ata*, dans la langue de ces îles, signifie *ombre :* quoi de plus naturel dès lors que de voir là une confirmation d'une théorie favorite, à savoir que partout l'idée de dieu sortit de l'idée d'esprit et celle-ci de l'idée d'ombre ? Il faudrait bien aimer la chicane pour ne pas l'admettre et pour prêcher la défiance quand tout semble si clair. Heureusement, les langues de la Polynésie ont été çà et là étudiées dans un esprit plus scientifique et nos théories doivent se résigner à céder aux faits. M. Gill[1], qui a vécu vingt ans à Mangaia, prouve que *atua* ne peut dériver du mot *ata*, ombre, qu'il appartient à la famille de *fatu* en tahitien et en samoen, et de *aitu*, et qu'il signifiait primitivement le cœur, la moelle de l'arbre. De ce sens, *atu* passa à celui de « la meilleure partie, la force d'une chose » et s'employa au sens de maître, seigneur. La finale *a*, dans *atua*, est intensive, de sorte que *atua* signifie, pour un indigène, le cœur, la force même. C'est ainsi qu'a commencé la conception de la divinité exprimée par le mot *atua*.

Devant le témoignage d'un savant tel que M. Gill, qui a passé presque toute sa vie dans une seule et même tribu, une certaine confiance est permise. Mais M. Gill lui-même ne peut prétendre à la même autorité qu'Homère, parlant de sa propre religion, ou que saint Augustin, faisant le tableau des croyances de l'ancienne Rome. Et pourtant, qui ne sait quelle incertitude reste dans nos esprits, après avoir lu tout ce qu'a pu dire un Homère ou un saint Augustin, l'un de la religion qu'il suivait, l'autre de la religion en présence de laquelle s'est écoulée toute son existence.

Les difficultés qui assiègent le missionnaire et le voyageur décrivant la vie intellectuelle ou religieuse du sauvage sont beaucoup plus sérieuses qu'on ne l'imagine communément, et il en est quelques-unes qui méritent que nous nous y arrêtions avant d'aller plus loin.

Tout d'abord, il est bien peu d'hommes qui soient absolument à l'abri des fluctuations de l'opinion publique. Il y a eu un temps où beaucoup de voyageurs étaient atteints des idées de Rousseau et voyaient dans tout sauvage ce que Tacite voyait dans les Germains. Puis,

---

[1] *Mythes et Chants du Pacifique,* p. 33. (*Myths and Songs from the South Pacific*).

vint·la réaction. Sous l'influence des ethnologistes d'Amérique, en quête d'excuse pour l'esclavage, plus tard, sous l'influence des transformistes à la recherche du *missing link*[1], vinrent, de tout côté, des descriptions à nous faire douter si le nègre méritait réellement le nom d'homme et s'il n'était pas d'un cran au-dessous du gorille.

Quand la question à l'ordre du jour était de savoir si la religion est, ou non, un des caractères essentiels de l'être humain, il se trouvait toujours des voyageurs pour trouver des tribus n'ayant ni le nom ni l'idée de dieu[2], et d'autres en revanche pour trouver partout des idées religieuses de toute élévation. Mon ami M. Tylor a fait une collection bien utile en réunissant les témoignages contradictoires, portés par différents observateurs, sur les facultés religieuses des mêmes tribus. L'exemple le plus ancien connu est peut-être celui que nous donnent César et Tacite dans leur description de la religion des Germains. D'après César, ils ne tiennent pour dieux que ceux qu'ils peuvent percevoir et dont ils reçoivent des bienfaits sensibles, tels que le Soleil, le Feu, la Lune[3]. D'après Tacite, ils appellent du nom de Dieu cette puissance cachée que le sentiment religieux seul leur rend visible[4].

On pourra dire naturellement qu'entre César et Tacite la religion des Germains avait changé du tout au tout, ou que le hasard avait mis Tacite en rapport avec une tribu plus avancée. Soit, accordons-le ; mais demandons-

---

[1] L'intermédiaire entre l'homme et le singe anthropoïde.

[2] Max Müller, *Histoire de l'ancienne littérature sanscrite*, p. 538.

[3] *De Bello Gall.*, VI, 21 : « Deorum numero eos solos ducunt quos cernunt, et quorum aperte opibus juvantur, Solem et Vulcanum, et Lunam. »

[4] Tac., *Germ.*, 9 : « Deorumque nominibus appellant secretum illud quod sola reverentia vident. »

nous si nous tenons compte de la possibilité d'influénces du même ordre quand nous puisons dans les récits des voyageurs anciens ou modernes.

Et quand par hasard il se trouve un voyageur sans prévention scientifique, sans arrière-pensée de propagande en faveur de telle ou telle doctrine philosophique ou théologique, dès qu'il essaye de décrire le sauvage et sa religion, le voilà en face d'une dernière et immense difficulté : c'est que nulle de ces religions ne reconnaît une autorité religieuse, c'est que la religion est presque entièrement chose personnelle, qu'elle peut changer d'une génération à l'autre et que dans la même génération, sur les questions de foi les plus graves, peut régner la plus grande variété dans les opinions individuelles. Il est vrai qu'il y a des prêtres ; il peut y avoir des chants et des coutumes ; il y a toujours quelque enseignement de la mère à ses enfants. Mais il n'y a point de Bible, point de rituel, point de catéchisme. La religion flotte dans l'air et chacun en prend juste ce qu'il lui plaît.

Nous comprenons maintenant comment les rapports des différents voyageurs sur la religion d'une seule et même tribu peuvent différer du blanc au noir. Le voyageur peut rencontrer dans la même tribu un ange de lumière ou un gredin vulgaire ; l'un et l'autre seront aux yeux des voyageurs européens des autorités infaillibles en ce qui touche leur religion.

Qu'il existe des différences dans les croyances religieuses du peuple, les nègres eux-mêmes le savent et le disent [1]. Ceux de Widah dirent en propres termes à Des Marchais que les nobles seuls connaissent un dieu suprême, tout-puissant, omniprésent, récompensant le bien et punissant le mal, et qu'ils l'abordent la prière à la bouche quand tous les autres recours ont échoué.

[1] Waitz, *Anthropologie*, II, 171.

Mais il y a aussi chez toutes les nations, sauvages ou civilisées, une autre noblesse, la divine noblesse de la bonté et du génie, qui souvent met un homme des siècles en avance sur la foule qui l'entoure. Demandez-vous seulement ce qui arriverait si, dans notre pays même, l'on venait demander au misérable ivrogne et à la sœur de charité qui vient le visiter dans son bouge d'exposer l'un et l'autre leur commune religion et vous serez moins surpris, je pense, de voir une même tribu africaine prendre des credo si différents sous la plume des différents voyageurs.

Il semblerait que le prêtre, consulté sur la religion de sa tribu, dût être une autorité irrécusable. Il n'en est rien. Chez nous même, n'avons-nous pas entendu, il y a quelques années, un des plus éminents théologiens de notre temps déclarer que lui et un homme dont le buste se dresse à présent entre ceux de Keble et de Kingsley, dans la même chapelle de Westminster Abbey, ne croyaient pas au même Dieu? Quoi d'étonnant dès lors que des prêtres ashantis ne soient pas d'accord sur le sens de leurs fétiches et que les voyageurs qui les ont consultés diffèrent entre eux dans leurs relations? Dans certaines parties de l'Afrique, en particulier là où se fait sentir l'influence de l'islamisme, les fétiches et les marchands de fétiches sont également méprisés : ceux qui croient en eux sont des *thiedos*, des infidèles[1]. Ailleurs le culte des fétiches est seul dominant, et les prêtres qui les fabriquent et vivent du produit de leur vente de crier à pleins poumons : « Vive la grande Diane d'Éphèse! »

Enfin, considérez bien que, pour comprendre réellement une religion, il faut qu'il y ait bonne volonté des deux parts. Il y a beaucoup de sauvages qui n'aiment

---

[1] Waitz, II, 200. *Les Différentes classes de prêtres*, ibid., II, 199.

pas répondre aux questions qu'on leur fait sur leur religion, peut-être par crainte superstitieuse, peut-être par impuissance à exprimer en langage précis des idées et des sentiments mal définis. Il y a des races décidément taciturnes : parler est un effort ; après dix minutes de conversation vient le mal de tête[1]. D'autres, au contraire, bavardes à l'excès ; réponse à tout, vraie ou fausse, peu leur importe[2].

Cette difficulté est admirablement mise en lumière par le révérand H. Codrington, dans une lettre de l'île Norfolk (3 juillet 1877) : « En ces matières la confusion n'est pas en général dans l'esprit de l'indigène : elle vient de l'absence d'un moyen clair de communication entre l'indigène et l'Européen. L'indigène qui connaît un peu d'anglais, ou qui essaye de communiquer avec l'Anglais dans sa propre langue, trouve beaucoup plus facile de dire oui à toutes les suggestions de l'Européen, ou d'employer les mots qu'il connaît, sans peut-être en comprendre le sens, que de peiner à chercher l'expression exacte de la vérité. Voilà comment les voyageurs reçoivent des informations qu'ils croient dignes de confiance et s'en vont imprimer des récits qui font bien rire ceux qui connaissent le fond des choses. Nous avons eu aujourd'hui un divertissement de ce genre. J'ai dit à un enfant merlav qu'il y avait des idoles dans son village, que je venais de le lire dans un livre d'un homme qui les avait vues (le livre du capitaine Moresby sur la Nouvelle-Guinée) et que j'espérais bien qu'il saurait apprendre aux indigènes à rejeter ce culte. Il y avait mis la main et ce sont des idoles juste comme les gargouilles de votre

[1] Burchell, *Voyages dans l'intérieur de l'Afrique du Sud* (*Reisen in das Innere von Südafrika*), 1823, p. 71, 281. Schultze, *Fétischismus*, p. 36. H. Spencer, *Sociologie*, I, p. 94.

[2] Mayer, *les Langues papoues* (*Papua-Sprachen*), p. 19.

église ; un officier de marine aura dit à un indigène :
N'est-ce pas que ce sont des idoles, des diables, etc.?
Oui, répond l'indigène, qui y gagne aussitôt une répu-
tation de grand savant en fait d'anglais. »

Je citais dans ma première conférence un rapport de
ces excellents missionnaires bénédictins qui, après trois
années passées à leur poste en Australie, étaient arrivés
à la conclusion que les indigènes n'adoraient aucune
divinité ni vraie ni fausse [1]. Pourtant ils reconnurent
plus tard que ces indigènes croyaient en un être tout-
puissant qui a créé le monde. Supposez qu'ils eussent
quitté leur poste avant d'avoir fait la découverte, qui eût
osé contredire leur relation ?

De Brosses, en donnant le premier tableau du fétichisme, ne vit aucune de ces difficultés. Tout ce qu'il
trouvait dans les récits des voyageurs et des commerçants était le bienvenu ; il avait une théorie à soutenir :
tout ce qui semblait fait pour l'appuyer devait être vrai.

V

Le fétichisme n'est jamais primitif; ses divers antécédents.

Si je suis entré avec tant de détails dans le tableau
des difficultés inhérentes à l'étude des religions sauvages, c'est pour vous montrer que de précautions il faut
prendre avant d'accepter des descriptions trop exclusi-
ves, et surtout avant de construire, d'après les documents
à présent accessibles, de vastes théories sur la nature et
l'origine de la religion en général. Il sera sans doute
difficile d'extirper des manuels l'idée d'un fétichisme

---

[1] *Relation d'un missionnaire bénédictin sur les indigènes d'Australie et d'Océanie*, traduit de l'italien de Don Rudesindo Salvado
(Rome, 1851), par C.-H.-S. Carmichael, dans le *Journal of the Anthropological Institute*, février 1871.

universel primitif. Cette théorie même est devenue une sorte de fétiche scientifique qui, comme la plupart des fétiches, ne doit l'existence qu'à l'ignorance et à la superstition.

Que l'on ne se méprenne pas sur ma pensée. Je ne veux pas contester le fait que le culte des fétiches est dominant chez les nègres de l'Afrique occidentale et d'autres races sauvages. Mais ce que je ne puis reconnaître, c'est qu'aucun des écrivains qui ont écrit sur la matière, à commencer par De Brosses, ait prouvé ou même essayé de prouver que ce qu'ils appellent *le féti-chisme* est une forme primitive de la religion. Une de ses formes les plus humbles, soit! mais de là à dire forme primitive, il y a loin, surtout en religion.

Une des plus grandes difficultés que l'on rencontre, quand on veut traiter le problème du fétichisme dans un esprit vraiment scientifique, vient de l'immense extension que l'on a donnée au sens du mot.

De Brosses connaît déjà des fétiches non seulement en Afrique, mais chez les Peaux-Rouges, chez les Polynésiens, parmi les tribus de l'Asie du Nord ; et après lui il n'est guère un coin du monde où les voyageurs n'aient découvert des traces de fétichisme. Je serai le dernier à contester la valeur scientifique et la légitimité de l'esprit de comparaison qui voit partout des ressemblances. C'est cet esprit qui à présent est partout à l'œuvre et à qui la science moderne doit ses plus beaux triomphes. Mais il ne faut pas oublier que la comparaison, pour être féconde, doit marcher de pair avec la dissimilation ; faute de quoi, nous courrons risque de voir des cromlechs partout où nous rencontrons une pierre debout avec une pierre en travers, et de voir des dolmens dans toute pierre trouée.

On a aussi beaucoup parlé dans les derniers temps, en Allemagne et en Angleterre, du culte de l'arbre et du culte du serpent. Rien de plus utile que de vastes collections de faits analogues ; mais l'intérêt scientifique ne commence que de l'instant où nous commençons à reconnaître l'immense diversité d'origine qui se cache sous l'identité apparente.

Il en est là comme en grammaire comparée. Sans doute il y a partout une grammaire, même dans les langues des races les plus basses ; mais si nous voulons faire entrer de force chaque langue dans les cadres de notre terminologie grammaticale, avec ses nominatifs et ses accusatifs, ses actifs et ses passifs, nous perdons la principale leçon que la grammaire comparée doit nous apprendre et nous perdons l'occasion de voir comment cent langues différentes ont atteint le même but, chacune par un chemin différent. Là, mieux que partout ailleurs, s'applique le vieil adage : *Si duo dicunt idem, non est idem*.

Si le culte du fétiche se trouve partout, c'est un fait curieux sans doute ; mais le fait n'acquiert une véritable valeur scientifique que si nous pouvons en rendre compte. Comment le fétiche est devenu fétiche, voilà le problème qu'il faut résoudre, et aussitôt que nous attaquerons le fétichisme dans cette direction nous reconnaîtrons que, s'il semble en tout lieu le même, ses antécédents ne sont pas les mêmes en tout lieu. Tout fétiche a ses antécédents et c'est par ces antécédents seulement qu'il offre un intérêt à la science.

Considérons seulement quelques-unes des formes les plus communes du fétichisme, et nous verrons bien vite qu'il jaillit de bien des sources et à des niveaux bien différents.

Des ossements, des cendres, des cheveux d'un ami perdu, sont conservés comme reliques, déposés en lieu sûr ou dans des places sacrées, et la douleur solitaire vient de temps en temps les contempler ou leur adresser la parole : on peut donner, on a donné à ce culte le nom de fétichisme.

Des soldats, marchant à la bataille, saluent avec respect ou enthousiasme une épée maniée jadis par un vaillant guerrier, une bannière qui a conduit leurs aïeux à la victoire, un bâton ou, si vous aimez mieux, un sceptre, une calebasse ou, si vous préférez, un tambour : c'est là encore, si l'on veut, du fétichisme. Des prêtres ont béni cette épée et ces bannières, on a invoqué les esprits de ceux qui les ont portées dans les temps passés : encore du fétichisme. Le soldat vaincu brise son épée contre son genou, déchire ses drapeaux, jette à terre ses aigles : on dira, si l'on veut, qu'il punit ses fétiches. Napoléon sera un adorateur de fétiches, quand, le doigt sur les pyramides, il dit à ses soldats : « Soldats, du haut de ces pyramides, quarante siècles vous contemplent. »

Ce sont là des comparaisons à outrance où l'on efface les différences sous les similitudes. Mais nous ne pouvons faire trop de distinctions, si nous voulons non seulement connaître, mais comprendre les anciennes coutumes des peuples sauvages. Souvent ce qu'on a adoré dans une pierre ou un tronc d'arbre, c'est un autel oublié, un ancien lieu de justice[1], ou bien la marque du lieu qui a vu une bataille ou un meurtre[2], ou bien où un roi a été enseveli ; ou la borne protectrice du clan ou de la famille. Il y a la pierre dont on fait les armes ; il y a la pierre dont on les aiguise ; il y a la pierre apportée du lointain comme un héritage de famille, comme le jade trouvé dans les lacs de Suisse ; il y a la pierre tombée du ciel. Faudra-t-il toutes les baptiser fétiches, parce que les anciens et même les modernes les ont traitées avec

---

[1] Pausan., I, 28, 5.
[2] Ibid., VIII, 13, 3 ; X, 5, 4.

une sorte de respect, pour des raisons qui n'étaient
pas sans valeur et qui d'ailleurs diffèrent pour chacune?

Il y a des cas où le culte rendu à une pierre brute,
comme représentant un dieu, révèle une force d'abstraction plus haute que le culte rendu aux chefs-d'œuvre
d'un Phidias, comme il y a des cas où le culte rendu à
une pierre qui a à peu près la forme humaine marque un
des degrés les plus infimes du sentiment religieux. Si
nous croyons que le mot *fétichisme* suffit à tout cela, on
nous dira un de ces jours que la pierre sur laquelle on
couronne les rois d'Angleterre est un ancien fétiche et
que le couronnement de la reine Victoria nous a montré un reste du fétichisme anglo-saxon.

Les choses en sont allées si loin, que des voyageurs,
en Afrique, s'en vont demander aux indigènes s'ils
croient aux fétiches, comme si le pauvre nègre, le Hot-
tentot ou le Papou pouvaient avoir une idée de ce que l'on
entend par ce mot. Les noms africains du fétiche sont
gri-gri, *gru-gru*, *ju-ju*, tous mots peut-être identiques [1].
Je ne citerai qu'une anecdote, mais qui montre de
combien le juge instructeur est parfois au-dessous de
celui qu'il interroge : « Un nègre faisait à un arbre, que
l'on supposait son fétiche, une offrande de nourriture ;
un Européen lui demanda s'il pensait que l'arbre pût
manger : « Oh ! répondit le nègre, ce n'est pas l'arbre
« qui est le fétiche ; le fétiche est un esprit, il est invi-
« sible ; mais il est descendu dans cet arbre. Sans doute,
« il ne peut consommer notre nourriture matérielle ;
« mais il prend la partie immatérielle et laisse derrière
« lui la partie matérielle, celle que nous voyons. » On
serait tenté de dire que l'histoire est trop jolie pour être

---

[1] Waitz, II, p. 175. Selon F. Schultze, les nègres auraient pris le
mot du portugais. Bastian donne le mot *enquizi* comme nom du
fétiche sur la côte ouest d'Afrique ; il donne encore *mokisso* (Bastian, *San-Salvador*, p. 254, 81).

vraie ; mais elle repose sur l'autorité de Halleur [1] et peut servir au moins d'avertissement à notre adresse. Cessons d'interpréter d'après un seul et même principe tous les actes de culte du sauvage et d'employer des termes techniques aussi mal choisis et aussi imparfaitement définis que ce mot de *fétichisme*.

Où la confusion passe toutes les bornes, c'est quand des voyageurs, habitués à une acception tout récente du mot *fétiche* et l'employant en fait au sens de dieu, écrivent dans la phraséologie positiviste leurs relations des races sauvages qu'ils ont vues : « Les indigènes disent, écrit l'un d'eux, que le *grand fétiche* de Bamba vit dans le buisson où nul ne le voit et ne peut le voir. Quand il meurt, le prêtre du fétiche recueille avec soin ses ossements, pour les ranimer et les nourrir jusqu'à ce qu'ils reprennent la chair et le sang. » Le *grand fétiche* est ici employé au sens de Comte : ce n'est pas le fétiche, c'est la divinité. Un fétiche invisible, qui vit dans le buisson, est précisément l'antipode du *fétiche*, du *gru-gru*, ou, quelque nom que vous lui donniez, de l'objet inanimé et visible qui aurait été adoré par l'homme non seulement en Afrique, mais dans tout l'univers, durant une certaine phase de son développement religieux.

Une fois dans cette voie, nous ne devons pas nous étonner de trouver partout des fétiches, chez les anciens et chez les modernes, chez les peuples civilisés comme chez les autres. Le palladium de Troie, tombé du ciel et qui rendait la ville imprenable, a droit au titre de fétiche, et, à ce titre, il fallait, pour que Troie tombât, qu'il fût dérobé par Ulysse et Diomède. Pausanias [2] nous apprend que dans les temps anciens les images des dieux,

---

[1] *La Vie des nègres de l'Afrique occidentale (Das Leben der Neger West-Africa's)*, p. 40. Cf. Waitz, II, p. 188 ; Tylor, *Civilisation primitive (Primitive Cultur)*, II, 197.

[2] Pausan., VII, 22, 4.

en Grèce, étaient des pierres brutes, et il y en avait encore de son temps, au second siècle de notre ère. Il nous parle de trente pierres carrées (des *hermès* ?) qui se trouvaient à Phères, près de la statue d'Hermès, et que le peuple adorait, en donnant à chacune d'elles le nom d'un dieu. Les Thespiens, qui adoraient Eros comme le premier des dieux, avaient une image de lui : une pierre brute[1]. Telle était aussi la statue d'Héraclès à Hyettos, « suivant la mode antique », observe Pausanias[2]. Il mentionne à Sicyone une image de Zeus Meilichios et une autre d'Artemis Patroa, toutes deux faites sans art : la première une simple pyramide, la seconde une colonne[3].

A Orchomènes, il décrit un temple des Grâces, qui y étaient adorées sous la forme de pierres brutes, tombées du ciel au temps d'Etéocle. C'est du temps même de Pausanias qu'on y mit de véritables statues des Grâces[4].

De même à Rome. Pour réussir dans les expéditions militaires, on invoquait des pierres que l'on croyait tombées du ciel[5]. Mars était représenté par une lance. Auguste, ayant perdu deux batailles navales, punit Neptune, en fétiche, en excluant son image de la procession des dieux[6]. Néron, grand contempteur de toute religion, avait été pour un temps fidèle fervent de la déesse syrienne ; il s'en lassa à la fin et traita son image d'une outrageuse façon ; c'est qu'un inconnu lui avait donné une image de jeune fille qui devait le garantir des complots : or, ayant aussitôt après découvert

---

[1] Pausan., IX, 27, 1.

[2] Ibid., 18, 24, 3 (ὄντες οὐχὶ ἀγάλματος σὺν τέχνη, λίθου δὲ ἀργοῦ κατα τὸ ἀρχαῖον).

[3] Ibid., II, 9, 6.

[4] Ibid., IX, 38, 1.

[5] Pline, *Hist. nat.*, 37, 9.

[6] Suét., *Aug.*

une conjuration, il se mit à l'adorer comme la plus haute des divinités, lui sacrifiant trois fois par jour et déclarant qu'elle lui révélait l'avenir [1].

Supposez ces scènes à Tombouktou, au lieu de Rome, ne crierions-nous pas au fétichisme?

Passons aux peuples chrétiens. On sait ce que les images des saints ont à souffrir des basses classes dans certains pays catholiques. Della Valle raconte que les marins portugais attachaient l'image de saint Antoine au beaupré, et, à genoux, s'adressaient à elle en ces termes : « O saint Antoine ! ayez la bonté de rester là-haut jusqu'à ce que vous nous ayez donné un vent favorable pour notre voyage [2] ! » Frezier parle d'un capitaine espagnol qui attachait au mât une petite image de la vierge Marie, déclarant qu'elle resterait pendue là tant qu'elle ne lui aurait pas accordé un vent favorable [3]. Kotzebue assure que les Napolitains fouettent leurs saints, s'ils sont récalcitrants à leurs prières [4]. Les paysans russes voilent, dit-on, la face de leurs images, quand elles auraient à rougir de ce qu'elles voient ; et ils empruntent les saints de leurs voisins quand ils ont fait leurs preuves [5]. Tout cela, vu par un étranger, sera du fétichisme ; et pourtant, quelle vue s'ouvre devant nous quand nous nous demandons comment ce culte de l'image de la Vierge ou des saints est devenu possible en Europe ! Pourquoi en aurait-il été autrement chez les nègres d'Afrique? Pourquoi le fétichisme serait-il tout leur passé? Si le féti-

---

[1] Suét., *Néron*, c. 56.

[2] *Voyage*, VII, 409 ; Meiners, 1, 181 ; Schultze, **Fétichisme**, 175.

[3] *Relation du voyage de la mer du Sud*, p. 248 ; F. Schultze, *loc. cit.*

[4] *Voyage à Rome (Reise nach Rom)*, 1, p. 327.

[5] Ainsi dans le Rig-Véda : « Qui veut m'acheter pour dix vaches ce mien Indra , il me le rendra quand il aura tué ses ennemis (Ka imam daçabhir mama indram krînâti dhenubhis yadâ vritrâni janghanad athainam me punar dadat, IV, 24, 10).

chisme, dans les religions dont nous connaissons l'histoire, n'est qu'un développement secondaire, pourquoi serait-il primitif dans les religions de l'Afrique, dont le passé nous est inconnu ? Si partout ailleurs il a ses antécédents, si partout ailleurs il est accompagné d'idées religieuses assez développées, pourquoi voulons-nous absolument qu'il soit en Afrique le commencement même de toute religion ? Au lieu d'expliquer le fétichisme des autres religions par le fétichisme africain, ne vaudrait-il pas mieux essayer d'expliquer le fétichisme africain par les faits analogues que nous rencontrons dans les religions dont l'histoire nous est connue ?

VI

Le fétichisme ne constitue nulle part *toute* la religion. — Eléments supérieurs de la religion du nègre.

Si l'on n'a pas prouvé, et peut-être faut-il dire s'il est impossible de prouver que le fétichisme ait jamais été, en Afrique ou ailleurs, la forme primitive de la religion, on n'a pas mieux montré qu'elle ait jamais constitué, en Afrique ni ailleurs, *toute* la religion d'un peuple. Bien que nous ne connaissions que très imparfaitement la religion des nègres, je crois pouvoir dire que partout où l'on a pu, par une longue et patiente familiarité, reconnaître l'état réel des sentiments religieux des sauvages, fût-ce des tribus les plus dégradées, on a trouvé quelque chose au-delà de ce culte du fétiche. Le culte des objets matériels visibles est très-répandu parmi les tribus africaines, plus que partout ailleurs, je l'accorde ; les tendances intellectuelles et affectives du nègre peuvent le prédisposer particulièrement à cette forme inférieure du culte : d'accord. Mais je soutiens que le fétichisme est en Afrique, comme partout ailleurs, une corruption de

7

la religion ; que le nègre est capable d'idées religieuses plus hautes que le culte d'un tronc d'arbre ou d'une pierre, et que mainte tribu qui croit aux fétiches entretient en même temps des idées très pures, très hautes, très justes de la divinité. Il faut seulement des yeux pour voir, des yeux capables de voir le parfait, sans s'arrêter trop longtemps sur l'imparfait. Plus j'étudie les religions païennes, plus je sens profondément que, pour les juger en toute justice, il faut les mesurer, comme nous mesurons les Alpes, par leurs cimes les plus hautes. La religion est partout une aspiration plutôt qu'une réalisation, et je ne réclame rien de plus pour la religion du nègre que pour nos religions à nous-mêmes, quand je demande qu'on la juge, non par ce qu'elle semble, mais par ce qu'elle est, non par ce qu'elle est, mais par ce qu'elle peut être, par ce qu'elle a été dans le cœur des mieux doués de ses fidèles.

Tout ce que l'on peut faire, dans l'état présent, pour obtenir une idée à peu près exacte de la religion réelle des nègres d'Afrique, Waitz l'a fait dans son livre classique sur l'anthropologie [1]. L'éditeur de l'*Organon* d'Aristote a abordé son sujet dans un esprit vraiment scientifique. Impartial lui-même, il a soigneusement vérifié l'impartialité des auteurs qu'il invoque. Son livre est bien connu en Angleterre, où beaucoup des faits qu'il a produits et des opinions qu'il a émises ont trouvé un si ingénieux interprète dans la personne de M. Tylor. Voici les conclusions auxquelles il est arrivé, sur le véritable caractère de la religion du nègre :

« On considère généralement la religion du nègre comme une forme particulière et mal dégrossie du polythéisme, et on lui donne le nom de *fétichisme*. A l'examiner de plus près, on voit clairement que, déduction

---

[1] *Anthropologie,* II, p. 167.

faite de certains traits extravagants et fantasques, qui
tiennent au caractère du nègre et dominent toutes ses
démarches, sa religion, comparée à celles des autres peuples non civilisés, n'offre rien d'exceptionnel ni rien de
particulièrement grossier. On n'a pu la juger ainsi qu'en
la regardant par ses dehors ou en essayant de l'expliquer
par des antécédents purement gratuits. Les recherches
plus profondes, dirigées dans les derniers temps avec
tant de succès par des savants de premier ordre, ont
conduit à ce résultat surprenant que plusieurs tribus nègres, en dehors de toute influence visible de peuples plus
civilisés, ont avancé, dans l'élaboration de leurs idées
religieuses, bien plus loin que presque toutes les autres
races non civilisées ; elles ont avancé si loin que, si nous
hésitons à les appeler monothéistes, nous pouvons dire,
du moins, qu'elles ont approché aussi près que possible du vrai monothéisme, bien que leur religion
soit mêlée d'un fort alliage de ces superstitions grossières qui, chez d'autres peuples, semblent avoir étouffé
toute idée religieuse. »

Waitz lui-même regarde le livre de Wilson sur
l'Afrique occidentale, son histoire, son état, son avenir
(1856), comme l'un des meilleurs du genre ; mais il a
puisé ses matériaux dans bien d'autres sources encore,
en particulier dans les relations des missionnaires. Wilson fut le premier à faire remarquer que ce que nous
sommes convenus d'appeler fétichisme est quelque chose
d'absolument différent de la religion réelle du nègre. Les
preuves abondent que les mêmes tribus, qu'on représente comme livrées au culte des fétiches, croient soit
en des dieux, soit en un Dieu suprême, créateur du
monde, et qu'elles possèdent dans leurs dialectes des
noms spéciaux pour les désigner.

On dit quelquefois qu'il n'y a de culte visible que
pour les fétiches, nul pour cet Être suprême. Cela peut

tenir à bien des causes différentes : excès de respect aussi bien qu'indifférence. Les Odjis ou Ashantis[1] désignent l'Être suprême par le même nom que le ciel, mais ils entendent par ce nom un dieu personnel qui, disent-ils, a créé toutes choses, et qui donne toute chose bonne. Mais quoiqu'il soit omniprésent et omniscient, quoiqu'il connaisse les pensées des hommes et ait pitié d'eux dans le malheur, il a délégué le gouvernement du monde à des esprits inférieurs, et parmi ces esprits il n'y a que les esprits malfaisants qui demandent de l'homme le culte et le sacrifice[2].

Cruickshank signale le même trait chez les nègres de la Côte d'Or[3]. Il pense que leur croyance en un dieu suprême, qui a fait le monde et le gouverne, est une croyance très ancienne ; mais il ajoute qu'ils invoquent rarement ce dieu. Ils l'appellent « notre grand ami », « celui qui nous a faits » ; ce n'est que dans leurs grandes détresses qu'ils l'implorent : « Nous sommes dans la main de Dieu, il fera ce qui lui semblera juste. » Cette vue est confirmée par les missionnaires de Bâle, qu'on ne peut certainement soupçonner de partialité[4]. Ils témoignent aussi que la croyance du nègre en un être suprême n'est nullement sans influence sur sa conduite. Souvent, dans la détresse, il s'écrie : « Dieu est le vieil Être, c'est le grand Être ; il me voit, je suis dans sa main. » Le même missionnaire ajoute : « Si, à côté de cette croyance, ils croient encore en des milliers de fétiches, c'est un trait qu'ils ont malheureusement en commun avec des milliers de chrétiens. »

Les Odjis ou Ashantis[5], tout en gardant l'idée claire

---

[1] *Anthropologie*, II. p. 171.
[2] Riis, Baseler Missions-Magazin, 1847, IV, 244, 248.
[3] Cruickshank, p. 127, cité dans Waitz, II, p. 172.
[4] Baseler Missions-Magazin, 1855, I, p. 88 ; Waitz, II, p. 173.
[5] Waitz, II, p. 171.

de Dieu comme l'Être haut par excellence, comme le
créateur, l'omniscient, celui qui donne la lumière du
soleil et tous les biens, croient qu'il ne daigne pas gouverner le monde, et qu'il a établi des esprits créés pour
régner sur les collines et les vallées, sur les forêts et
les champs, les rivières et la mer[1]. Ces esprits sont
semblables aux hommes et se laissent voir quelquefois,
aux prêtres en particulier. La plupart d'entre eux sont
bons, mais quelques-uns sont méchants et, sur ce point
du moins, ces nègres, semble-t-il, peuvent aller de pair
avec les Européens, puisqu'ils admettent l'existence d'un
chef suprême des mauvais esprits, d'un ennemi de
l'homme, qui habite à part dans un autre monde.

Quelques-uns des noms donnés à l'Être suprême signifiaient primitivement soleil, ciel, donneur de pluie ; d'autres signifient le Seigneur du Ciel, le Seigneur et le Roi
du Ciel, le créateur invisible. C'est sous ce nom que
l'invoquent les Yebus, qui s'adressent à lui dans leurs
prières la face tournée vers la terre[2]. Voici une de ces
prières : « Dieu du Ciel, garde-nous de la maladie et de
la mort ; ô Dieu, accorde-nous le bonheur et la sagesse. »

Les Edîyahs de Fernando Pô[3] connaissent un être suprême, qu'ils appellent *Rupi ;* mais ils admettent l'existence d'un grand nombre de dieux inférieurs qui servent
de médiateurs entre lui et l'homme. Chez les Duallahs[4],
dans les monts Camerones, le nom du soleil désigne
aussi le Grand-Esprit.

Les Yorubas croient en un Maître du Ciel, *Olorun*[5].

[1] Waitz, II, p. 173, 174.
[2] Ibid., p. 168 ; d'Avezac, p. 84, note 3.
[3] Ibid., II, p. 168.
[4] Allen et Thomson, *Récit d'une expédition au Niger* en 1841
(*Narrative of the Expedition to the Rivers Niger* in 1841) II, p. 199,
395, note.
[5] Tucker, p. 192, note.

Ils croient encore à d'autres dieux : les dieux habitent, disent-ils, à Ife, dans le district de Kakanda (8° lat. N. ; 5° long. E., Greenwich), sorte d'Olympe d'où reviennent chaque jour le soleil et la lune, qui, durant la nuit, étaient ensevelis sous la terre, et d'où l'homme même est sorti[1]. »

Les peuplades d'Akra, nous dit Rœmer, rendent une sorte de culte au soleil levant[2]. Zimmerman[3] nie qu'elles rendent aucun culte aux objets indifférents (ce que nous appelons des *fétiches*) et nous savons par les missionnaires qu'ils ont un nom pour l'Être suprême, Jongmaa, qui signifie pluie et dieu[4]. Ce Jongmaa est probablement identique avec Nyongmo, le nom de la divinité sur la Côte d'Or. Nyongmo désigne aussi le Ciel, le Ciel qui est partout et qui a été de toute éternité. Un nègre, prêtre de fétiches, disait : « Ne voyons-nous pas l'herbe, le blé, les arbres croître chaque jour sous la pluie et la lumière qu'il leur envoie ? Comment ne serait-il pas le créateur ? Les nuages sont son voile, les étoiles sont les bijoux de sa face. Les *Wongs*, les esprits qui remplissent l'atmosphère et exécutent ses ordres sur la terre, sont ses enfants. »

Ces Wongs, que l'on a aussi pris, bien à tort, pour des fétiches, constituent un élément très important de la religion non seulement en Afrique, mais dans beaucoup d'anciennes religions. Ils paraissent partout où la distance s'est faite trop grande entre l'homme et Dieu et où l'homme sent le besoin de quelque intermédiaire, de quelque médiateur, pour combler l'abîme que lui-

---

[1] Tucker, *Abbeokuta, mission chez les Yorubas (An Outline of the Origin and Progress of the Yoruba mission)*, 1856, p. 248.

[2] Rœmer, *Nachrichten von der Küste Guinea*, 1769, p. 84.

[3] Zimmerman, *Esquisse grammaticale de la langue akra ou ga (Dictionnaire)*, p. 337.

[4] Baseler Missions-Magazin, 1837, p. 559.

même a creusé. C'est par une idée de ce genre que Celse
défendait le culte des génies. S'adressant aux chrétiens
qui refusaient d'adorer les anciens génies, il leur disait :
« On ne peut faire tort à Dieu, Dieu ne peut rien perdre.
Les esprits inférieurs ne sont pas ses rivaux, qu'il puisse
être jaloux du respect que nous leur marquons. Ce que
nous adorons en eux, ce sont les attributs de celui-là
même de qui ils tiennent l'autorité, et en disant : le Seigneur est un, vous faites acte de désobéissance et de
rébellion contre lui[1]. »

Sur la Côte d'Or on croit que ces Wongs habitent
entre ciel et terre, qu'ils ont des enfants, qu'ils meurent
et reviennent à la vie[2]. Il y a un Wong pour la mer et
tout ce qu'elle contient ; il y en a dans la rivière, dans
les lacs, dans les sources ; il y en a dans les terrains
enclos, dans les levées de terre qui recouvrent le sacrifice ; il y en a dans certains arbres, dans certains animaux, tels que le crocodile, le singe, le serpent ; d'autres
animaux au contraire ne sont que consacrés au Wong.
Il y a des Wongs dans les images sculptées par l'adorateur de fétiches, il y en a enfin dans tous les objets
faits de cheveux, d'os et de fil, qui sont vendus pour
talismans[3]. Ici nous voyons clairement la différence du
Wong et du fétiche : le fétiche n'est que le signe extérieur, le Wong est l'esprit qui l'habite, bien que sans
doute, ici aussi, le spirituel ait pu s'effacer pour faire
place à une *présence réelle*[4].

A Akwapim, le mot Jan kkupong signifie Dieu et le
temps (*weather*). A Bonny et dans l'Afrique orientale,
chez les Makuas, le même mot désigne Dieu, le Ciel et

---

[1] Froude, dans le *Fraser's Magazine*, 1878, p. 160.
[2] Waitz, II, p. 183.
[3] Baseler Missions-Magazin, 1856, II, 131.
[4] Waitz, II, p. 174, 175.

le nuage[1]. Au Dahomey, le Soleil a titre de dieu suprême, mais ne reçoit aucune sorte de culte[2]. Les Ibos croient en un Dieu qui a fait le monde et qu'ils nomment Tchuku. Il a deux yeux, l'un sur terre, l'autre au ciel; deux oreilles, l'une sur terre, l'autre au ciel. Il est invisible et ne dort jamais. Il entend ce qui se dit, mais il ne peut atteindre que ceux qui s'approchent de lui[3].

Que pourrait-on dire de plus simple et de plus vrai? Il ne peut atteindre que ceux qui s'approchent! Que dirions-nous de plus?

Les bons vont le voir après leur mort, les méchants iront dans les flammes. J'en sais chez nous qui parlent précisément le même langage.

Il y a des nègres qui ont parfaitement conscience de ce qu'il y a de dégradant dans le culte des fétiches : les gens d'Akra déclarent qu'il n'y a que les singes qui le pratiquent[4].

Je ne puis répondre de l'exactitude de tous ces témoignages pour les raisons que j'ai déjà développées tout au long. Je les accepte sur l'autorité d'un savant habitué à collationner les variantes de vieux manuscrits, M. Waitz. Dans leur ensemble, ils nous donnent du nègre une idée bien différente de celle que nous nous faisons d'ordinaire. Ils montrent à tout le moins que, loin d'être un fétichisme uniforme, la religion des nègres est variée au possible. Il y a du fétichisme sans doute, et plus peut-être que chez les autres races; mais que devient la vieille formule que la religion du nègre n'est que du

<hr>

[1] Kœler, *Einige Notizen über Bonny*, 1848, p. 67; Waitz, II, p. 169.

[2] Salt, *Voyage en Abyssinie* (*Voyage to Abyssinia*), 1814, p. 41.

[3] Schœn et Crowther, *Journal d'une expédition aux sources du Niger* (*Journal of a Expedition up the Niger*), 1842, p. 51, 72; Waitz, II, p. 162.

[4] Waitz, II, p. 174, 178.

fétichisme et qu'il n'a jamais dépassé cet étage, le plus
bas de l'édifice religieux? Nous avons trouvé dans la
religion de l'Africain les traces visibles d'un culte rendu
à des esprits résidant dans les diverses parties de la
nature, et une aspiration vers un être suprème, que le
ciel ou le soleil cache ou révèle. C'est, en règle générale,
sinon en règle absolue, le soleil ou le ciel qui forme le
pont du visible à l'invisible, de la nature au Dieu de la
nature. Mais, à côté du soleil, la lune aussi a reçu le
culte du nègre[1], comme la reine des mois et des saisons,
celle qui règle le temps et la vie. On offrait des sacrifices sous les arbres, plus tard aux arbres, en particulier
aux vieux arbres qui, des générations durant, avaient
été témoin des joies et des tristesses de la famille et de
la tribu.

VII

Autres éléments de la religion du nègre. — Variété d'aspects de cette religion.

A côté de toutes ces manifestations religieuses que
l'on peut comprendre sous le terme général de culte de
la nature ou *physiolâtrie,* on trouve aussi des traces
visibles de *zoolâtrie*[2]. C'est un des problèmes les plus
difficiles que de découvrir les motifs qui ont conduit le
nègre à adorer certains animaux. L'erreur générale de
ceux qui traitent des religions primitives, c'est de croire
qu'un même usage ne peut avoir qu'une seule cause : en
général il y en a beaucoup. Parfois c'est que l'âme des
morts habite dans l'animal : dans certains pays, on livre
les morts aux bêtes[3], particulièrement aux loups, et l'on

[1] Waitz, II, p. 175.
[2] Ibid., II, p. 177.
[3] Ibid., II, 177 ; Hostmann, *Zur Geschichte des Nordischen Systems
der drei Culturperioden*, Brunswig, 1875, p. 13, note.

conçoit que le loup en devienne sacré. Les singes sont des hommes, un peu endommagés à la création ; quelquefois ce sont des hommes punis pour leurs péchés. Chez certaines tribus on croit qu'ils font semblant d'être muets, par paresse. De là vint peut-être une certaine répugnance à les tuer comme les autres animaux, et de là il n'y avait qu'un pas à leur attribuer un caractère de sainteté. L'éléphant, on le sait, inspire des sentiments du même genre par le développement extraordinaire de ses facultés. Les gens n'aiment pas à le tuer, et, s'ils y sont contraints, ils lui demandent pardon. Au Dahomey, où l'éléphant est un fétiche naturel, le meurtre d'un éléphant amène de longues cérémonies expiatoires[1].

Dans certains pays, c'est une bonne chance d'être tué par certains animaux ; par exemple, au Dahomey, par le léopard.

Il y a bien des raisons pour regarder le serpent avec vénération, et même pour l'adorer. Le serpent venimeux est un objet d'effroi, et par suite a droit au culte ; on a pris soin en général de le désarmer de son dard. D'autres sont utiles comme animaux domestiques ; ils annoncent le temps, et il se peut qu'on les ait pour cette raison nourris, estimés et plus tard adorés, en prenant le mot au sens inférieur qu'il a et doit avoir chez des peuples non civilisés. L'idée que l'âme des morts habite un temps certains animaux est des plus répandues ; et considérant les habitudes de certains serpents, qui se cachent dans la maison, se montrent soudain et fixent sur les habitants leurs yeux étonnés, nous comprendrons aisément le respect et la crainte superstitieuse dont on les entourait. Nous savons que certaines tribus, dans les temps anciens comme de nos jours, ont pris le nom de Serpents (Nâgas), soit pour affirmer leur droit

---

d'autochtones sur le pays où elles vivent, soit que, comme Diodore le suppose, le serpent fût leur bannière, leur signe de ralliement, ou, pour prendre le terme technique, leur *totem*. Comme l'observe encore Diodore, un peuple a pu prendre le serpent pour bannière parce que le serpent était son dieu, ou le serpent a pu devenir son dieu parce qu'il lui servait de bannière. En tout cas, il n'y aurait rien que de naturel à ce qu'avec le temps un peuple, qui pour une raison ou pour une autre aurait porté le nom de Serpents, fît du serpent son ancêtre, et à la fin son dieu. En Inde, le serpent joue, de bonne heure, un rôle important dans les traditions épiques et populaires. Il devint bientôt ce que sont dans nos contes d'enfant les fées et les loups-garous et il paraît, en cette qualité, en compagnie des Gandharvas, des Apsaras, des Kinnaras, etc., dans les motifs décoratifs de quelques-uns des plus anciens monuments de l'Inde.

Tout différents de ces serpents indiens, le serpent du Zend-Avesta, le serpent de la Genèse, les dragons grecs et germaniques. Ajoutez enfin le serpent qui symbolise l'Éternité, soit parce qu'il fait peau neuve, soit parce qu'il s'enroule en cercle parfait.

Chacune de ces créatures de fantaisie a son histoire particulière, et les confondre en une seule c'est faire comme si l'on écrivait une seule biographie de l'histoire de tous les rois qui se sont nommés Alexandre.

L'Afrique a une foule de fables dont l'animal est le héros, à la façon des fables d'Esope ; ces fables d'ailleurs ne se trouvent pas chez toutes les tribus. Un conte des plus souvent répétés, c'est qu'autrefois l'homme et les animaux pouvaient causer ensemble. A Bornu on raconte qu'un homme révéla à sa femme le secret de la langue des animaux, et dès cet instant les rapports cessèrent [1].

1 Kœlle, *Littérature africaine* (*African Literature*), 145.

L'homme, paraît-il, est le seul être qui n'ait jamais reçu de culte en Afrique ; et si çà et là des chefs puissants reçoivent des honneurs qui nous font frémir, n'oublions pas qu'aux jours les plus brillants de Rome les honneurs divins étaient rendus à Auguste et à ses successeurs. Les personnes difformes, les nains, les albinos et autres sont souvent regardés comme des phénomènes étranges et bizarres, mais on ne peut dire qu'ils revêtent un caractère sacré.

Enfin, on témoigne un grand respect aux âmes des morts[1]. Les cendres des morts sont souvent conservées et traitées avec un respect religieux. Les Ashantis ont un mot, *kla*, qui désigne la vie de l'homme[2] : employé au masculin, il désigne la voix qui tente l'homme au mal ; au féminin, la voix qui l'en détourne. Enfin, le *kla* est le génie tutélaire de l'individu, qui peut l'attirer près de lui par la magie et dont il attend des sacrifices en retour de la protection qu'il lui accorde. Quand l'homme meurt, son *kla* devient *sisa*, et le *sisa* peut renaître.

VIII

Origine du fétichisme. — Il suppose des idées religieuses antérieures.
Théorie positiviste. — Conclusion : le fétichisme n'est pas primitif.

Maintenant, je vous demande si l'on peut se contenter du terme de *fétichisme* pour désigner une religion aux aspects si variés. Dans le peu que nous savons des croyances et du culte du nègre, ne trouvons-nous pas tous les éléments des autres religions? Y a-t-il la moindre preuve, le moindre indice qu'il y ait jamais eu un temps où le nègre n'adorait que des fétiches et rien d'autre?

[1] Waitz, II, 181.
[2] Baseler Missions-Magazin, 1856, II, 134, 139 ; Waitz, II, p. 182.

Tous les indices tendent plutôt à prouver tout le contraire, à savoir que le fétichisme n'a jamais été qu'un développement parasite, ayant des antécédents qui l'expliquent, et qu'il n'a jamais été le premier fruit du cœur humain.

La vraie difficulté, le vrai problème au point de vue psychologique, c'est de concilier ces idées si raisonnables et parfois si hautes, dont nous découvrons des traces chez tant de tribus nègres, avec les formes grossières de leur culte. Mais nous devons nous rappeler qu'une religion n'est jamais qu'un compromis entre la sagesse des uns et la folie des autres, entre le passé et l'avenir, et que plus haut est l'essor que prend l'esprit humain dans sa recherche après l'idéal divin, plus il est forcé de descendre aux symboles, qui sont indispensables pour les enfants et pour la majorité des hommes, incapables de concevoir ces hautes et profondes abstractions.

Il y aurait sans doute beaucoup à dire pour expliquer, et même pour excuser le fétichisme, sous toutes ses formes et tous ses déguisements. Maintes fois, il aide à notre faiblesse, il nous rappelle nos devoirs, il conduit même nos pensées des objets matériels aux visions idéales, et il nous soulage quand il n'y a rien d'autre pour nous donner le repos. Plus d'un le trouve si inoffensif, qu'il a peine à concevoir la réprobation fougueuse dont l'ont poursuivi les maîtres les plus sages de l'humanité ; et il en est beaucoup parmi nous peut-être qui trouvent étrange que, voulant exprimer sous la forme la plus concise les devoirs les plus hauts et les plus essentiels de l'homme, le législateur ait donné la seconde place dans ses dix commandements à la condamnation de l'image : « Tu ne te feras point d'idole ni d'image d'aucune chose qui est dans le ciel en haut, ou sur la terre en bas, ou dans les eaux sous la terre ; tu ne te courberas point devant elles, tu ne les adoreras pas. »

Si vous voulez saisir la sagesse cachée de ces mots, étudiez l'histoire des vieilles religions. Lisez les descriptions des fêtes religieuses de l'Afrique, de l'Australie, de l'Amérique ; assistez aux services pompeux de quelques-unes de nos églises et de nos cathédrales. Sans doute, il est difficile de prouver par des raisonnements qu'il y ait rien de bien mauvais dans ces signes extérieurs et dans ces symboles ; beaucoup même, je l'ai dit, y trouvent un secours et un soulagement. Mais l'histoire est parfois un maître plus puissant que tous les raisonnements, et l'une des leçons les plus certaines qu'elle nous enseigne c'est que partout s'est accomplie la malédiction portée contre ceux qui changent l'invisible en visible, l'esprit en matière, l'infini en fini, le divin en humain. Nous pouvons nous croire à l'abri du fétichisme du pauvre nègre ; mais il en est bien peu parmi nous, s'il en est, qui n'aient, eux aussi, leurs fétiches, leurs idoles, dans leur église ou dans leur cœur.

Nous pouvons résumer comme il suit les résultats auxquels nous sommes arrivés après avoir examiné les nombreux ouvrages publiés sur le fétichisme depuis De Brosses jusqu'à nos jours.

1° Le mot *fétiche* (*feitiço*) a été introduit dans la langue sans qu'on lui donnât un sens défini, et depuis, nombre d'écrivains ont étendu son acception à tel point, qu'il peut comprendre toute représentation symbolique ou imitative des objets religieux.

2° Chez tous les peuples qui ont une histoire, les phénomènes de fétichisme, au sens large du mot, ont toujours des antécédents historiques et psychologiques. Nous n'avons donc pas le droit de supposer qu'il en ait été autrement dans le développement religieux des peuples dont l'histoire nous est inconnue.

3° Il n'y a pas de religion qui se soit maintenue absolument pure de tout fétichisme.

4° Il n'y a pas de religion faite uniquement de fétichisme.

Je pensais avoir suffisamment établi ma position à
l'égard de la théorie du fétichisme universel primitif,
et avoir montré que les faits de fétichisme connus jusqu'à présent ne donnent pas la solution du problème de
l'origine naturelle de la religion.

Pourtant ceux qui tiennent à la théorie du fétichisme,
au moins sous la forme que lui donne Comte, objectent
qu'après tout ce ne sont là que des faits, et qu'il y a
toute une théorie, et bien plus redoutable, dont il faut
montrer le mal-fondé avant d'admettre que le premier
mouvement qui éveilla la religion ce fut la perception
de l'infini nous pénétrant à travers les grands phénomènes de la nature, et non le sentiment de surprise ou
de crainte inspiré par des objets finis, un coquillage,
une pierre, des ossements, en un mot, des fétiches.

On nous dit que quels que puissent être *les faits*, faits
qui après tout ne nous sont restés accessibles que par
pur accident, et quel que soit le témoignage qu'ils portent sur les périodes primitives de la pensée religieuse,
il *doit* y avoir eu un temps, soit dans la période historique, soit dans la période préhistorique, où l'homme
n'adorait que des troncs d'arbres et des pierres, et rien
d'autre.

Je suis loin de nier qu'en certains cas le raisonnement
pur n'ait autant d'autorité qu'une preuve historique. Je
croyais pourtant que c'était quelque chose d'avoir montré
chez ces tribus mêmes, qu'on nous représente comme
des exemples vivants du fétichisme, des idées religieuses
d'une simplicité et parfois d'une élévation qu'on chercherait en vain dans Homère et dans Hésiode. On veut
que la théorie survive aux faits qu'on avait réunis pour
l'appuyer, aux faits qui l'avaient suscité, et qui depuis
se sont évanouis ou, à tout le moins, ont pris un aspect

tout différent. Néanmoins, comme il est toujours dangereux de laisser une place forte sur ses derrières, il sera
utile de répondre à cette théorie, aussi brièvement que
possible.

On peut tenir pour accordé que les partisans du fétichisme universel primitif entendent par fétiche un objet
quelconque, que pour une raison ou pour une autre, et
peut-être sans raison aucune, l'on a investi de pouvoirs
surnaturels, puis peu à peu élevé à la dignité d'esprit ou
de dieu. Ils ne peuvent naturellement considérer le
fétiche, ainsi que je le fais, comme n'ayant été, dès
l'origine, qu'un emblème, un symbole, le signe extérieur
d'une puissance, connue avant lui et distincte de lui,
dont plus tard on le regarda comme la résidence et qui
à la longue se confondit avec lui ; car, dans ce cas, le vrai
problème pour qui étudie le développement de l'esprit
humain, serait de savoir d'où vient et comment s'est
développée l'idée de ce pouvoir, connu avant le fétiche
et qui n'a été que plus tard localisé dans le fétiche. Là
serait le premier phénomène de la vie religieuse : la
création du fétiche ne serait qu'un phénomène secondaire. Il ne suffit pas de dire, avec M. Zeller[1], que « la
fantaisie et l'imagination personnifient en dieux des
choses sans vie et sans raison. » Car alors se pose la
vraie question : cette fantaisie, qui l'a éveillée ? d'où
sort cet attribut de Dieu qui paraît de prime abord, sans
rien qui le provoque et le justifie ?

La seule théorie du fétichisme dont nous ayons à nous
occuper est donc celle qui fait du culte d'objets quelconques le premier pas et le seul possible dans le développement des idées religieuses. La religion ne commence et ne peut commencer que par la contemplation
des pierres, des coquillages, des ossements, et c'est de là

---

[1] Vortræge und Abhandlungen, zweite Sammlung, 1877, p. 32.

seulement qu'elle peut s'élever à la notion de quelque chose d'autre, que vous appellerez pouvoirs, esprits, ou dieux.

Regardons cette théorie de front. Quand les voyageurs, les ethnologistes, les philosophes nous racontent que les tribus sauvages regardent des pierres, des os, des arbres comme leurs dieux, qu'est-ce qui nous étonne ? Est-ce le sujet ou l'attribut ? Est-ce le mot *pierre*, ou le mot *dieu ?* Des pierres, des os, des arbres, cela se rencontre partout ; mais ce que la psychologie historique voudrait savoir, c'est d'où vient l'attribut qu'on lui adjoint, comment l'attribut dieu lui est uni. Là est tout le problème. Si un enfant m'apporte son chat et me dit : « Voilà un vertébré, » la première chose que je me dirai sera : où cet enfant a-t-il jamais entendu parler de vertébrés ? Quand un adorateur de fétiches m'apporte une pierre et me dit : « Voilà un Dieu, » ma question sera la même : « Mon ami, où avez-vous entendu parler de Dieu et qu'entendez-vous par là ? » Il est curieux d'observer comme cette difficulté a peu frappé ceux qui se sont occupés des origines religieuses.

Appliquons ces réflexions à la théorie courante du fétichisme ; le problème réel sera : Esprits et dieux peuvent-ils sortir de la pierre ? Ou, en termes plus clairs, y a-t-il une transition de la perception de pierre à la conception de dieu ou d'esprit ?

Rien de plus aisé, nous répond-on[1]. Imaginez-vous un état d'esprit où l'homme, n'ayant pas encore d'idées au-delà de celles qui lui sont fournies par les cinq sens, voit tout à coup une pierre étincelante ou un coquillage brillant, le ramasse pour son étrangeté, le garde comme un objet précieux et finit par se persuader que ce n'est pas une pierre comme les autres, que ce n'est pas un

[1] Waitz, II, 187.

coquillage comme les autres, que cette pierre, que ce coquillage ont des vertus extraordinaires que nulle autre pierre au monde, nul autre coquillage n'a jamais possédées. Supposez que cette pierre ait été ramassée le matin, que l'homme ait eu à soutenir une lutte sérieuse pendant la journée, qu'il en soit sorti victorieux : il a naturellement reporté à sa pierre l'honneur de la victoire. Il l'a gardée comme portant bonheur ; elle lui a porté bonheur plusieurs fois ; en fait, celles-là seules qui avaient porté chance ont eu chance de passer en fétiches. On a cru alors qu'elle possédait un pouvoir surnaturel, que ce n'était pas une simple pierre, mais quelque chose de plus, un puissant esprit et qui avait droit à tous les honneurs que pourrait lui rendre son heureux possesseur.

Cette marche de l'esprit est, nous assure-t-on, parfaitement rationnelle dans sa déraison. Je ne le nierai pas ; mais je doute que ce soit la déraison d'un esprit encore sans culture. La marche d'idées qu'on nous décrit ne reproduit-elle pas les mouvements de la pensée moderne, plutôt que ceux de la pensée primitive ? Et, je le demande, pouvons-nous concevoir qu'elle soit possible ailleurs que dans un esprit déjà enfoncé dans la recherche de l'infini et déjà en pleine possession des concepts mêmes, dont nous recherchons l'origine ?

Autrefois, pour expliquer l'état d'esprit qui a créé les fétiches, on se contentait de renvoyer le psychologue à l'enfant jouant avec sa poupée et frappant le meuble contre lequel il s'est frappé. On a depuis longtemps renoncé à cette explication ; car, même en supposant que tout le fétichisme ne consiste qu'à prêter à des objets matériels la vie, l'activité ou la personnalité, qu'on l'appelle symbolisme, animisme, personnification, anthropomorphisme, le simple fait que l'enfant se comporte comme le sauvage ne nous sert de rien pour la solution du problème psychologique. Le fait, à le supposer exact, serait aussi mytérieux chez l'enfant que chez le sauvage. Puis, s'il y a un fond de vérité dans l'assimilation de l'enfant au sauvage, il ne faut pas perdre de vue les différences. Le sauvage est enfant sur quelques points, non sur tous. Il n'y a pas de sauvage qui en grandissant n'apprenne à distinguer entre les objets animés et les objets inanimés, par exemple, entre une corde et un serpent. Dire qu'il reste enfant sur ce point, c'est nous abuser avec nos propres métaphores. D'autre part, l'enfant de nos jours nous donne rarement une idée exacte de la pensée du sauvage primitif. Dès le premier éveil de sa vie intellectuelle, il est enveloppé d'une atmosphère saturée de toutes les pensées d'une civilisation avancée. Un enfant qui ne se laisserait pas prendre à une poupée bien habillée, et assez maître de lui pour ne pas donner de coups de pied à la chaise contre laquelle il s'est heurté la tête, serait un petit philosophe. Les milieux sont si différents, qu'une comparaison entre l'enfant et le sauvage doit être conduite avec bien de la circonspection pour prétendre à une valeur scientifique réelle.

Je reconnais avec les théoriciens du fétichisme primitif que, si l'on veut expliquer la religion comme une propriété universelle de la nature humaine, il faut l'expliquer par des conditions universellement présentes. Je ne les blâme pas non plus de refuser la discussion avec ceux qui posent en principe une révélation primitive ou l'existence d'une faculté religieuse distinguant l'homme de l'animal. Partons donc d'un terrain commun et d'un terrain sûr. Prenons l'homme tel qu'il est, avec ses cinq sens, n'ayant encore de connaissance que celle qui lui est fournie par ses cinq sens. Il ramasse une pierre, un os, un coquillage : comment, demanderai-je à mes adversaires, comment, en ramassant cette pierre, ce coquillage, cet homme ramasse-t-il en même temps l'idée d'un pouvoir surnaturel, d'un esprit, d'un dieu et d'un culte à rendre à un être invisible?

En quatre pas la chose s'est faite, nous dit-on, — les quatre pas de la théorie positive, — et l'origine du fétichisme devient tout ce qu'il y a de plus clair. En premier lieu, sentiment de surprise; en second lieu, conception anthromorphique de l'objet qui a causé la surprise; en troisième lieu, admission d'un rapport de cause à effet entre cet objet et la pluie, la santé, la victoire, etc. ; enfin, érection de l'objet en puissance qui mérite le respect et le culte. Mais est-ce là expliquer les difficultés? N'est-ce pas plutôt les cacher sous une pluie d'or de métaphores?

Premier pas : notre sauvage est surpris à la vue d'une pierre ou d'un coquillage ; soit! ce devraient être pourtant, semble-t-il, les derniers objets à exciter la surprise; mais que peut-on bien entendre par cette « conception anthropomorphique de l'objet? » En bon français cela doit signifier qu'au lieu de voir dans cette pierre une pierre comme une autre, nous supposons que c'est une pierre tout à fait hors de l'ordinaire et qui est douée des sentiments d'un homme. Si aisément que la chose passe, quand on la déguise avec des termes techniques et des mots longs d'une aune : *personnification*, *anthropomorphisme*, *figurisme*, *anthropopathisme*, etc., il n'est rien qui dût faire plus clairement violence au sens commun et au témoignage des cinq sens, que de dire qu'une pierre est une pierre et que ce n'est pas une pierre et que c'est un homme, mais que ce n'est pourtant pas un homme. Je sais parfaitement que de pareilles contradictions ne sont pas rares dans l'esprit humain ; mais elles ne viennent qu'après bien des pas intermédiaires, elles ne jaillissent jamais du premier coup, elles ne sont pas là de fondation, à moins d'admettre des influences perturbatrices mille fois plus merveilleuses que la révélation primitive. C'est l'objet de la science des religions de retrouver les pas lents et timides par lesquels l'esprit humain s'est avancé de l'intelligible à ce qui semblait au premier abord en dehors de la compréhension humaine. Si nous prenons pour accordée la chose même qu'il faut expliquer, si nous admettons une fois qu'il était parfaitement naturel pour un sauvage primitif de regarder une pierre comme quelque chose d'humain ; si nous nous contentons de ces mots d'*anthropomorphisme*, *animisme*, etc., tout le reste sera aisé sans doute. La pierre humaine a droit au titre d'être surhumain, et de là à divin il n'y a pas loin ; et rien d'étonnant à ce que les sentiments marqués à un pareil objet fussent d'un ordre plus élevé que ceux qu'on marque à une pierre ou à un homme, qu'ils fussent aussi d'un ordre surnaturel ou quasi religieux.

Ma thèse est simplement la suivante : il me semble que ceux qui croient à un fétichisme primitif prennent pour accordée la chose même qu'il faut prouver. Ils prennent pour accordé que tout être humain possède miraculeusement l'idée même qui constitue l'attribut du fétiche, que vous l'appeliez force, esprit ou dieu. Ils prennent pour accordé que des objets quelconques, des pierres, des coquillages, une queue de lion, une mèche de cheveux possèdent en eux-mêmes une vertu théogonique et productrice de dieux ; en revanche, ils méconnaissent absolument le fait que tous les peuples, aussitôt qu'ils se sont élevés au soupçon de quelque chose de suprasensible, d'infini ou de divin, ont ensuite perçu sa présence dans des objets purement fortuits et insignifiants. Ils prennent pour accordé qu'il existe à présent ou qu'il a existé, à quelque époque, une religion faite tout entière de fétichisme, et, d'autre part, qu'il y a des religions qui sont absolument pures de tout féti-

chisme. Mais ma dernière objection, et la plus sérieuse,
c'est qu'ils se sont souvent appuyés sur des témoignages
que nul savant, nul historien n'oserait accepter. Nous
avons donc, je crois, le droit d'abandonner la théorie
qui veut que le fétichisme ait été et ait dû être le commencement de toute religion[1], et c'est ailleurs que nous
devons nous adresser, si nous voulons découvrir quelles
furent les premières impressions sensibles qui rempli-
rent l'esprit humain du soupçon du suprasensible, de
l'infini et du divin.

[1] Je suis heureux de voir que le docteur Happel, dans son livre sur
les aptitudes religieuses de l'homme (*Die Anlage des Menschen zur
Religion*, 1878), et M. Pfleiderer, dans sa *Philosophie de la Religion*,
1878, apprécient à peu près de la même façon que moi la théorie du
fétichisme.

TROISIÈME LEÇON.

LA LITTÉRATURE ANCIENNE DE L'INDE
ET LES MATÉRIAUX QU'ELLE FOURNIT A L'ÉTUDE
DE L'ORIGINE DE LA RELIGION.

I

Les religions littéraires.

Au lieu d'étudier l'origine de la religion dans les couches ternaires et quaternaires d'Afrique, d'Amérique et d'Australie, il est plus sage d'interroger d'abord des pays qui nous présentent non seulement les dernières formations et la couche superficielle du terrain religieux, mais quelques-unes au moins des couches inférieures, étagées au-dessous de la couche moderne.

Cette étude a ses difficultés, tout comme l'étude des religions sauvages ; mais ici le sol est plus profond et promet une récolte plus riche.

Il est bien vrai que les documents historiques d'une religion ne nous font jamais remonter bien haut : ils nous abandonnent souvent juste à l'endroit où ils seraient le plus intéressants, aux approches de la source du fleuve. Cela est inévitable : une religion qui ne fait que de naître ne fait pas encore de bruit dans le monde, et elle ne frappe point les regards tant qu'elle est encore enfermée dans le sein d'un homme et de ses douze disciples. Cela est encore plus vrai des religions nationales que des religions personnelles, je veux dire des religions élaborées par l'effort collectif, lent et inconscient d'un peuple, que de celles qui sont fondées, à un instant précis de l'histoire, par un homme dont on sait le nom. Des générations se passent avant que la religion nationale ait une forme tangible, un corps arrêté de dogmes et de rites ; à peine si elle a un nom. Nous ne commençons à connaître une religion que du moment où elle a pris de la consistance et de l'importance, et où quelques individus ou une classe ont reconnu qu'ils ont intérêt à réunir et à conserver à la postérité tout ce que l'on sait des origines de cette religion et de sa première histoire. Si donc tous les récits que nous avons sur l'origine des différentes religions sont presque toujours fabuleux, et jamais historiques au sens strict du mot, ce n'est point là pur hasard ; c'est l'effet d'une loi de la nature humaine.

Mais si nulle part nous ne pouvons surprendre le premier mouvement de vie d'une religion naissante, il est du moins des pays où nous pouvons en suivre la croissance et le développement. Chez les sauvages d'Afrique, d'Amérique et d'Australie, la chose est impossible. Il est déjà difficile de savoir ce que leur religion est à présent ; ses origines et même son passé échappent à la science.

Souvent les livres dits *livres religieux* nous offrent la même difficulté ou des difficultés de même ordre. Il y a des traces de formation et de déformation dans la religion des Juifs ; mais il faut une étude patiente pour les découvrir, et il semble que la plupart des commentateurs de l'Ancien Testament se soient donné pour tâche de cacher ces traces au lieu de les mettre au jour. Ils veulent nous présenter la religion des Juifs comme faite de toute pièce, dès l'abord ; elle est, dès l'origine, parfaite de toutes parts, puisqu'elle est révélée de Dieu, et si elle peut se corrompre, elle ne peut se perfectionner.

Mais à présent la plupart des savants reconnaissent que le monothéisme juif fut précédé d'un polythéisme, et il n'est peut-être pas un seul code religieux qui présente deux ordres de sentiments plus opposés que celui du législateur du Lévitique, donnant la réglementation de l'holocauste, et celui du Psalmiste s'écriant : « Ce n'est pas le sacrifice que tu aimes, je t'en offrirais; ce n'est pas de l'holocauste que tu te réjouis. Le sacrifice au Seigneur, c'est une âme brisée; un cœur brisé et contrit, ô Dieu, tu ne le repousses pas (51, 16). »

Il y a eu là développement et changement, aussi clairs que possible, et les faits parlent d'eux-mêmes, si difficile qu'il puisse sembler à quelques théologiens de concilier ces faits avec la doctrine de la révélation.

Ce que j'ai dit de la religion de Moïse s'applique aussi à celle de Zoroastre. Elle se présente à nous comme un système complet dès l'origine, révélé par Ahura-Mazda, proclamé par Zarathushtra. Une critique minutieuse a seule pu découvrir, dans les Gâthas, des éléments plus anciens; mais, à part cela, l'Avesta non plus n'offre que peu de traces reconnues d'un véritable devenir religieux.

Quant aux religions et aux mythologies de la Grèce et de l'Italie, il serait très difficile de distinguer leur enfance, leur jeunesse et leur virilité. Nous savons que certaines idées, que nous rencontrons dans des documents d'âge récent, ne se trouvent pas dans Homère; mais il ne s'ensuit pas que toutes ces idées soient pour cela de formation récente et n'aient qu'un caractère secondaire. Tel mythe peut n'avoir appartenu qu'à une tribu, tel dieu n'avoir été dominant que dans une localité, et s'il arrive que ce mythe et ce dieu ne soient portés à notre connaissance que par un poète de la basse époque, il ne s'ensuit nullement qu'ils soient eux-mêmes d'origine tardive. En outre, l'étude de ces deux religions offre ce grand désavantage qu'elles n'ont rien qui ressemble à un livre sacré.

II

Importance de l'étude des religions de l'Inde.

Nul pays n'offre les mêmes avantages que l'Inde pour l'étude de la genèse et du développement des religions. C'est avec intention que je dis : « pour l'étude du développement », et non « pour l'étude de l'histoire »; car l'histoire, au sens ordinaire du mot, est chose presque absolument inconnue dans la littérature indienne. Mais ce que nous pouvons observer et étudier là mieux qu'ailleurs, c'est la façon dont prennent naissance les pensées et les expressions religieuses, dont elles se fortifient et se répandent, changeant de forme d'une lèvre à l'autre, et, pourtant, conservant toujours quelque rapport lointain avec la source première d'où elles avaient jailli.

Je ne crois donc pas exagérer en disant que les livres sacrés de l'Inde offrent à l'étude de la religion en général, et en particulier à l'étude de son origine et de son développement, les mêmes ressources inattendues et sans égales que la langue de l'Inde, le sanscrit, a fournies à l'étude de l'origine et du développement du langage. C'est pour cette raison que j'ai recours à l'histoire religieuse de l'Inde ancienne pour éclairer mes vues personnelles sur la formation de la religion. Ces vues m'ont été suggérées par l'étude des livres sacrés de l'Inde, étude qui a occupé ma vie ; elles reposent donc sur des faits ; mais, naturellement, je suis responsable de l'interprétation que je leur donne.

Loin de moi la pensée que l'origine et le développement de la religion aient dû être partout ce qu'ils ont été en Inde. Profitons ici de la leçon que nous donne la grammaire comparée. Personne ne nie plus que rien ne vaut l'étude critique du sanscrit pour jeter la lumière sur quelques-uns des problèmes les plus obscurs que la science du langage ait à résoudre. Je vais plus loin et je soutiens que si l'on veut avoir la pleine intelligence des voies et moyens adoptés par d'autres systèmes de langues, rien n'est plus utile que d'être en état de les comparer aux procédés du sanscrit. Mais aller, comme Bopp, chercher du sanscrit dans le malais, dans le polynésien, dans les dialectes du Caucase, ou s'imaginer que les expédients grammaticaux adoptés par les langues aryennes sont les seuls qui puissent répondre aux fins de la parole humaine, je ne sais point d'erreur scientifique plus funeste, et la science de la religion doit, dès l'abord, se tenir en garde contre un danger du même ordre. Quand nous avons appris comment les anciens habitants de l'Inde ont conquis leurs idées religieuses, comment ils les ont élaborées, puis changées, puis corrompues, nous avons le droit de dire que d'autres peuples ont pu partir du même point, ont pu passer par les mêmes vicissitudes. Mais d'aller plus loin, non pas; et nous ne répéterons pas l'erreur de ceux qui, ayant trouvé ou cru trouver le fétichisme chez les races sans culture d'Afrique, d'Australie et d'Amérique, en ont conclu que toutes les races non cultivées ont dû débuter par le fétichisme dans leur carrière religieuse.

Quels sont donc les documents où nous pouvons étudier l'origine et le développement de la religion chez les premiers colons aryens de l'Inde?

La découverte de l'ancienne littérature de l'Inde doit faire, à beaucoup de gens, l'effet d'un roman plutôt que d'un chapitre d'histoire, et je ne m'étonne pas qu'il y ait ou, du moins, qu'il y ait eu longtemps une certaine incrédulité sur l'authenticité de cette littérature. Le nombre d'ouvrages sanscrits indépendants dont il existe encore des manuscrits est évalué à environ dix mille [1]. Qu'auraient dit Platon ou Aristote, si l'on était venu leur dire qu'il y avait alors en Inde, dans cette Inde découverte, sinon conquise par Alexandre, une littérature ancienne, de beaucoup plus riche que tout ce que la Grèce possédait alors?

A cette époque, la vieille littérature brahmanique, la vraie, avait dit son dernier mot. L'ancienne langue avait changé; l'ancienne religion, après maintes phases, faisait place à une foi nouvelle; car, quels que puissent être notre scepticisme et nos scrupules à reconnaître à la vieille littérature de l'Inde l'antiquité prodigieuse que lui revendiquent les prétentions brahmaniques, un fait certain et dont on ne peut raisonnablement douter, c'est l'identité du fameux Sandrocottus des Grecs avec le Tchandragoupta des Indiens : ce Sandrocottus, enfant au moment de l'invasion d'Alexandre, qui régna à Palibothra sous les successeurs d'Alexandre, qui fut en guerre avec Séleucus Nicator et reçut plusieurs fois la visite de Mégasthène, est identique à Tchandragoupta, roi de Pataliputra, fondateur d'une dynastie nouvelle et grand-père d'Açoka. Or, cet Açoka est le fameux roi qui se fit le patron du bouddhisme, sous qui se tint le grand concile bouddhique de 245 ou 242 avant le Christ, et de qui nous avons encore des inscriptions

<hr>

[1] Rajendralal Mitra, *Catalogue des manuscrits sanscrits de la Bibliothèque asiatique du Bengale*, 1877, préface, p. 1. La bibliothèque de l'India Office contient, dit-on, 4093 manuscrits indépendants; la Bodléenne, 814; la bibliothèque de Berlin, à peu près autant. Celle du Maharàja de Tanjore en contient plus de 18000, écrits en onze alphabets différents; celle du Collège sanscrit de Bénarès, 2000; celle de la Société asiatique du Bengale à Calcutta, 3700; celle du Collège sanscrit de Calcutta, 2000.

gravées sur le roc dans différentes parties de l'Inde, les plus anciennes que nous possédions de ce pays. Ces inscriptions ne sont pas écrites en sanscrit, mais dans une langue qui est, avec le sanscrit, dans le même rapport que l'italien avec le latin. Donc, déjà au troisième siècle avant le Christ, le sanscrit avait cessé d'être la langue parlée du peuple[1].

Or, de son côté, le bouddhisme, la religion d'Açoka, est, avec l'ancien brahmanisme des Védas, dans le même rapport que l'italien avec le latin ou le protestantisme avec le catholicisme romain. Le bouddhisme, en fait, ne se comprend que comme un développement du brahmanisme, comme une réaction contre lui. Voici donc deux faits de toute certitude qui s'élèvent contre

[1] Dans mon *Histoire de la littérature ancienne de l'Inde,* publiée en 1859 (p. 274), j'essayais de poser quelques principes généraux qui devaient servir dans ma pensée à concilier jusqu'à un certain point les dates fournies par l'histoire grecque avec les dates traditionnelles des bouddhistes du Nord et du Sud. Mes conclusions étaient que Sandrocottus ou Tchandragoupta monta sur le trône en 315, qu'il régna vingt-quatre ans, et que Bindûsara lui succéda en 291 ; que Bindûsara régna vingt-cinq ou vingt-huit ans et fut remplacé par Açoka en 266 ou 263 ; qu'Açoka fut solennellement sacré en 215 ou 212. Le Grand Concile se tint la dix-septième année de son règne, c'est-à-dire l'an 242 ou 245 avant notre ère.

Dans cette restitution approximative de la chronologie bouddhique, je me laissai guider principalement par un certain nombre de traditions indigènes portant sur le temps qui s'est écoulé entre la mort du Buddha et certains évènements importants de l'histoire du bouddhisme. Une de ces traditions met 162 ans entre la mort du Buddha et l'accession de Tchandragoupta au trône : or, 317 + 162 = 477, ce qui donne l'an 477 A. C. comme date probable de l'évènement. Une autre tradition met 218 ans entre la mort du Buddha et le sacre d'Açoka ; 259 + 218 = 477, ce qui nous ramène encore à la même date.

Je proposais d'accepter provisoirement cette date de 477, au lieu de la date de 543, et j'essayais de fortifier ma thèse au moyen des autres preuves dont l'on pouvait disposer à cette époque.

Cette hypothèse a reçu une confirmation importante de deux

ceux qui considèrent toute la littérature de l'Inde comme un faux de fabrication moderne, et contre nous-mêmes, quand nous refusons d'en croire le témoignage de nos yeux : au troisième siècle avant notre ère, le vieil idiome sanscrit s'était décomposé en une *volgare lingua*, le prâcrit; et la vieille religion du Véda avait donné le bouddhisme et s'était laissé détrôner par une religion sortie de son sein et qui devenait la religion d'Etat dans le royaume d'Açoka, le petit-fils de Sandrocottus.

III

Le brahmanisme et le bouddhisme.

Un des points principaux sur lesquels le bouddhisme se sépare du brahmanisme, c'est qu'il refuse aux Védas

inscriptions découvertes par le général Cunningham, et publiées par le docteur Bühler dans l'*Indian Antiquary*. Le docteur Bühler a montré, d'une façon concluante, je crois, que ces inscriptions ne peuvent venir que d'Açoka. Or, Açoka, dans ces deux édits, déclare qu'il y a longtemps, plus de trente-trois ans et demi, qu'il est *upâsaka* ou adorateur du Buddha, et un an ou plus qu'il est membre du Sangha. Si Açoka fut sacré en 259 et devint *upâsaka* trois ou quatre ans plus tard, soit 255, ces inscriptions dateront de 221 avant notre ère (soit 255 — 33 1/2). Or, ces inscriptions nous apprennent qu'il s'est écoulé 256 ans depuis la mort du Buddha (j'adopte ici aussi l'interprétation de M. Bühler, non qu'elle supprime toutes les difficultés, mais parce qu'avec toutes ces difficultés l'inscription ne souffre pas d'autre interprétation) ; or, 221 + 256 = 477. Cette confirmation est d'autant plus importante qu'on ne l'avait pas cherchée.

Autre confirmation. Mahinda, fils d'Açoka, se fit ascète la sixième année du règne de son père, c'est-à-dire l'an 253. Il avait vingt ans alors, il devait donc être né en 273. La tradition met 204 ans entre sa naissance et la mort du Buddha : or, 273 + 204 = 477, ce qui nous ramène toujours à 477, comme date probable de la mort du Buddha.

J'apprends qu'un savant de la plus haute autorité, le général Cunningham, est arrivé à la même conclusion et l'a publiée avant la publication de mon Histoire de la littérature sanscrite ; mais je ne sais pas si ses arguments sont les mêmes que les miens.

le caractère de livre sacré et révélé. C'est là un point d'une grande importance historique dans le développement de la théologie primitive de l'Inde et qui mérite que nous nous y arrêtions. Si les bouddhistes, qui, en bien des choses, ne sont que des brahmanes déguisés, contestent aux Védas l'autorité d'une révélation divine, nous pouvons poser en fait que la théorie de l'inspiration divine des Védas s'est formée et régnait avant la période bouddhique.

Il est difficile de déterminer l'époque où les brahmanes revendiquèrent pour le Véda le titre de livre révélé et, par suite, infaillible. Cette prétention, comme il est arrivé pour d'autres prétentions du même ordre, semble s'être formée peu à peu, jusqu'au moment où elle se formula dans la théorie de l'inspiration, à la suite d'un travail aussi artificiel que celui que nous pouvons rencontrer dans d'autres religions.

Les poètes védiques parlent de leurs compositions dans un style tout autre. Quelquefois ils déclarent qu'ils ont fait les hymnes et comparent leur travail de poètes à celui du charpentier, du tisserand, du fabricant de beurre (*ghrita*), et le poète pousse son hymne comme le rameur pousse son esquif sur la rivière (X, 116, 9)[1].

Ailleurs, ils tiennent un langage plus relevé. Les hymnes sont formés par le cœur (I, 171, 2 ; II, 35, 2), et exprimés par les lèvres (VI, 32, 1). Le poète a trouvé l'hymne (X, 67, 1); il a senti l'inspiration puissante, ayant bu le jus du Soma (VI, 47, 3); son hymne est une ondée qui fond du nuage (VII, 94, 1); c'est une nuée poussée par le vent (I, 116, 1).

Plus tard, les pensées qui s'élèvent du cœur et s'expriment en hymnes sont données de Dieu (I, 37, 4), sont

---

[1] On trouve une collection de passages relatifs à ce sujet dans les *Textes sanscrits* de M. Muir, vol. III.

divines (III, 18, 3). Les dieux ont animé et aiguisé l'esprit du poète (VI, 47, 10) ; ils sont les amis et les protecteurs du poète (VII, 88, 4 ; VIII, 52, 4) ; enfin, les dieux eux-mêmes sont des voyants ou des poètes (I, 31, 1). Si les vœux adressés dans l'hymne ont été réalisés, on lui attribue naturellement un pouvoir surnaturel ; l'idée se forme d'un commerce entre les dieux et l'homme (I, 179, 2 ; VII, 76, 4), et ainsi se développèrent naturellement, inévitablement, dans l'esprit des anciens brahmanes, les idées d'inspiration et de révélation.

Mais, en même temps aussi, grandissait côte à côte, et dès le début, une pensée de doute. Si la prière n'était pas exaucée, si la victoire, comme dans la lutte de Vasish*t*ha et de Viçvâmitra, passait à l'ennemi qui avait invoqué d'autres dieux, alors se faisait jour un sentiment de doute qui, dans certains passages, va jusqu'à la négation du plus populaire de tous les dieux, Indra[1].

Mais si les prétentions du Véda à une origine divine s'étaient bornées à ces expressions poétiques, elles n'auraient pas soulevé de violente opposition. Ce n'est que quand les brahmanes auront revendiqué le caractère de livre divin et infaillible pour le Véda tout entier, et bien plus, pour les Brâhma*n*as même où ces prétentions étaient formulées, ce n'est qu'alors qu'une protestation comme celle du Bouddhisme a pu s'élever. Ce fut principalement durant la période des Sûtras que ce mouvement se fit. Bien que déjà dans les Brâhma*n*as l'autorité divine des Védas soit posée en principe, on ne s'en sert pas encore, que je sache, comme d'une arme pour écraser toute opposition : or, entre les deux, il y a loin. Si les Brâhma*n*as opposent déjà la *çruti* (ce fut plus tard le nom technique de la révélation) à la *smriti* ou tradition (Ait. Brâh., VII, 9),

---

[1] Voir la sixième conférence.

on ne l'invoque pas encore pour réduire le doute et l'opposition au silence. Aussi les anciennes Upanishads, qui regardent comme inutiles les hymnes et les sacrifices védiques et les remplacent par la science plus haute qu'enseignent les sages de la forêt, les Upanishads, dis-je, ne les attaquent pas encore comme une œuvre d'imposture.

L'opposition éclate décidément dans la période des Sûtras. Kautsa, cité par Yaska dans le Nirukta (I, 15), déclare que les hymnes du Véda ne signifient rien. Quand il serait vrai que Kautsa n'est pas un nom réel et n'est qu'un sobriquet, il n'en est pas moins certain que déjà avant Yâska et Pânini[1], le Véda avait cessé d'être l'objet d'un respect incontesté. Et il n'est pas probable que le Buddha ait été le premier et le seul à contester et l'autorité sacrée du Véda et toutes les prétentions que les brahmanes avaient fondées sur cette autorité. L'histoire de l'hérésie est difficile à suivre, en Inde comme ailleurs. On n'a pas encore retrouvé les écrits de Bṛhaspati, l'un des plus anciens hérétiques, constamment cité dans les ouvrages de controverse des époques postérieures. Sans risquer aucune hypothèse sur l'âge de Bṛhaspati, je vous citerai quelques-unes des opinions qu'on lui attribue, pour vous montrer que l'inoffensif Indien sait, lui aussi, frapper des coups qui portent, et surtout pour vous montrer que la grande arme du brahmanisme, le caractère révélé des Védas, n'était pas une pure théorie, mais une véritable réalité historique.

Dans le *Sarva-darçana-samgraha* (traduit par le journal *le Pandit*, 1874, p. 162), le premier système exposé

---

[1] Pânini connaît les infidèles et les nihilistes (IV, 4, 60). Il donne le mot *Lokâyata*, un des noms qui désignent les incrédules ; d'où l'adjectif Laukâyatika (dans le Gana ukthâdi, et IV, 2, 60). Bârhaspatya (dérivé de Bṛhaspati) ne se rencontre que dans le *Commentaire* (V, I, 121).

est celui des Cârvàka, lequel suit les principes de Brihaspati. L'école à laquelle ils appartiennent s'appelle l'*Ecole Lokâyata*, littéralement « celle qui domine dans le monde ». Ils tiennent qu'il n'existe que les quatre éléments, sorte de protoplasme, qui, transformé par l'évolution en corps organique, produit l'intelligence, de la même façon que le mélange de certains ingrédients produit l'ivresse. La personne, c'est le corps modifié par l'intelligence ; car l'on ne voit pas de personne existant sans corps. Le seul moyen de connaissance, c'est la sensation ; le seul objet de l'homme, le plaisir.

Mais alors, objecte-t-on, pourquoi des hommes d'une sagesse éprouvée offrent-ils l'Agnihotra et les autres sacrifices védiques? Voici ce que répondait le Cârvàka :

« Votre objection ne prouve rien contre nous, car l'Agnihotra et les autres cérémonies religieuses n'ont d'autre objet que de faire vivre quelques gens, et le Véda est entaché de ces trois vices : fausseté, contradiction, tautologie. Puis les imposteurs, qui s'intitulent Docteurs en science védique, se ruinent les uns les autres, car l'autorité du Jnànakànda (les Upanishads) est renversée par les partisans du Karmakànda (Hymnes et Brâhmanas), et ceux qui soutiennent celle du Jnânakànda nient celle du Karmakànda. Enfin, les trois Védas eux-mêmes ne sont qu'une rapsodie incohérente faite par des drôles, et là-dessus court un dicton populaire :

L'Agnihotra, les trois Védas, le triple bâton de l'ascète, et la cendre dont il se barbouille,
Tout cela, dit Brihaspati, n'est qu'un métier pour vivre à l'usage de gens qui n'ont ni cœur d'homme ni sens commun. »

Brihaspati dit encore :

Si la bête tuée dans le Jyotishtoma va droit au ciel, pourquoi le sacrifiant n'offre-t-il pas son père?

Si le Çrâddha [1] réjouit le cœur des morts, à quoi bon charger de provisions le voyageur qui s'en va en route?

Si le Çrâddha que nous offrons ici réjouit les êtres au haut du ciel, pourquoi ne pas nourrir avec du blé à terre les oiseaux perchés sur le toit?

Tant qu'il a vie, que l'homme se passe du bon temps, qu'il se gorge de ghee, dût-il s'endetter; car une fois le corps en cendre, comment jamais reviendra-t-il?

Et si l'homme en quittant son corps, peut aller dans un autre monde, pourquoi ne revient-il jamais, tourmenté de l'amour des siens?

Ce n'est donc qu'un expédient pour vivre, imaginé ici bas par les Brahmanes, que toutes ces cérémonies pour les morts : cela ne sert à rien d'autre, ni ailleurs.

Les trois auteurs des Védas furent des bouffons, des drôles et des démons ;

Toutes ces fameuses formules des pandits, jarpharì, turpharì, etc.,

Ces rites repoussants du mariage de la reine commandés dans l'Açvamedha ;

Tout cela, inventions de bouffons ; et de même tous ces présents aux prêtres,

Tout comme l'usage de manger la viande vient de démons rôdeurs de nuit.

Quelques-unes de ces objections sont peut-être de date récente, mais la plupart sont évidemment bouddhiques. La première de ces objections : si la victime tuée va au ciel, pourquoi l'homme ne sacrifie-t-il pas son père? est, ainsi que l'a montré Burnouf, l'argument même des controversistes bouddhistes [2]. Si le bouddhisme n'a été reconnu comme religion d'état qu'au troisième siècle avant notre ère, l'on ne peut douter qu'il avait déjà germé et grandi dans les esprits durant bien des générations, et bien qu'il y ait quelque incertitude sur la date exacte de la mort du Buddha, l'ère traditionnelle commence en l'an 543, et nous pouvons placer l'origine du bouddhisme aux environs de l'an 500 avant le Christ.

[1] L'offrande aux mânes.
[2] Burnouf, *Introduction à l'histoire du buddhisme*, p. 209.

C'est la littérature d'avant cette date qui est là partie vraiment importante, je veux dire au point de vue historique, de la littérature de l'Inde. Je ne veux point nier les charmes réels de Çakuntala, bien qu'on ait prodigué l'admiration à l'excès à l'œuvre de Kâlidâsa. J'admire aussi son élégie du *Nuage messager*, le *Megha-dûta*, œuvre d'art qui mérite encore plus la louange, car elle est plus pure et plus parfaite. Le *Nala*, avec quelques coupures, serait une idylle charmante; quelques-unes des fables du Pancatantra ou de l'Hitopadeça sont des modèles achevés de l'apologue. Mais, en somme, toute cette littérature est moderne, secondaire, je dirais, alexandrine. Ce sont des curiosités littéraires, rien de plus; on conçoit qu'elles aient charmé les heures de loisirs d'un William Jones ou d'un Colebrooke; elles ne pouvaient faire l'étude d'une vie.

IV

Littérature védique. — Ses périodes : Sùtras, Brâhmaṇas,
Mantra, Chandas.

Tout autrement avec les Védas. D'abord, nous nous sentons là sur le terrain historique. La langue diffère du sanscrit ordinaire : nombre de formes, qui, plus tard, s'éteignirent; et ce sont celles-là mêmes qu'on retrouve en grec ou dans d'autres langues aryennes. Exemple : le sanscrit ordinaire n'a pas de subjonctif : la grammaire comparée attendait, demandait ce mode en sanscrit : les Védas, aussitôt découverts et déchiffrés, en ont donné d'innombrables exemples.

Le sanscrit ordinaire ne marque pas les accents. La littérature védique les marque et son système d'accentuation montre les mêmes principes que le système grec.

Un exemple, pour montrer l'étroite parenté du sanscrit védique et du grec. Nous savons que le grec Ζεύς est identique au sanscrit *Dyaus*, le Ciel. Dyaus ne paraît, dans le sanscrit ordinaire, que comme mot féminin ; les Védas nous le montrent non seulement comme mot masculin, mais entrant dans la combinaison qui est devenue en grec et en latin le nom de la divinité suprême. En regard du grec Ζεύς πατήρ, du latin *Ju-piter*, nous trouvons dans les Védas *Dyaus pitar*. Il y a mieux : Ζεύς, en grec, a l'accent aigu au nominatif, le circonflexe au vocatif ; *Dyaus*, dans les Védas, a l'aigu au nominatif, le circonflexe au vocatif, et tandis que la grammaire grecque est incapable de nous expliquer ce changement, la grammaire sanscrite révèle les lois générales d'accentuation sur lesquelles il repose[1].

Avouerai-je, que ce vocatif *Dyaus*, avec le circonflexe au lieu de l'aigu, me fait l'impression d'un bijou, de la pierre la plus précieuse et du travail le plus exquis? Vous avez admiré récemment ces curieux débris de l'art préhellénique, mis au jour à Hissarlik et à Mycènes par les infatigables recherches de Schliemann. Je suis le dernier à déprécier leur valeur, car elles ouvrent un monde nouveau sur le sol classique de la Grèce. Mais qu'est-ce qu'une pierre polie ou forée? qu'est-ce qu'une coupe, un bouclier, un casque ou même un diadème d'or, comparés à ce vocatif de *Dyaus?* Là-bas nous avons un métal muet, un art grossier, peu de pensée : ici une œuvre du dernier fini, d'une harmonie parfaite, et ciselée dans

---

[1] La règle générale est qu'au vocatif l'accent fort porte sur la première syllabe du mot. Il ne reste que quelques traces de cette loi en grec et en latin ; en sanscrit elle ne souffre pas d'exception. Dyaus avec le *svarita*, ou accent combiné, au vocatif, n'est qu'une exception apparente : le mot était traité comme dissyllabique, *di* avait l'accent fort, *aus* l'accent faible, et la fusion des deux accents a produit le *svarita* ou accent combiné, généralement appelé *circonflexe*.

un métal plus précieux que l'or, la pensée humaine.
S'il a fallu des milliers d'hommes, des centaines de milliers, pour bâtir une pyramide, pour tailler un obélisque,
il en a fallu des millions pour façonner ce seul mot :
Dyaus, Ζεύς, Jupiter, qui signifiait d'abord l'Illuminateur, et qui peu à peu s'est ciselé en nom de la Divinité.
Et songez que le sol védique est couvert de ces pyramides, jonché de ces perles. Tout ce qu'il faut, ce sont
des travailleurs pour fouiller, rassembler, classer, dé-
chiffrer, pour dégager encore une des chambres les plus
basses de ce labyrinthe, le plus ancien de tous, l'esprit
humain.

Ce ne sont pas là des faits isolés, de pures curiosités,
avec lesquelles on en est quitte avec un : Vraiment! Cet
accent du vocatif de Ζεύς et de *Dyaus*, c'est le nerf d'un
organisme vivant, toujours tremblant et palpitant, et qui
manifeste sa vie sous le microscope de la grammaire
comparée. Il vit, et d'une vie que suit l'histoire. Comme
l'histoire moderne serait incomplète sans celle du
moyen âge, celle-ci sans celle de Rome, celle de Rome
sans celle de la Grèce, de même l'histoire générale du
monde serait désormais incomplète si elle ne s'ouvrait
par le premier chapitre de la vie de l'humanité aryenne,
ce chapitre que nous lisons dans la littérature védique.

C'est un malheur pour la science des antiquités sans-
crites, que nous n'ayons commencé à connaître la littérature indienne que par les gentillesses de Kâlidâsa ou
de Bhavabhùti ou par les horreurs du culte de Vishnu et
de Çiva. La seule partie originale, la seule partie importante de la littérature sanscrite et qui mérite de
devenir l'objet d'une étude sérieuse, plus sérieuse
qu'elle ne l'est à présent, c'est celle qui a précédé la
naissance du bouddhisme, alors que le sanscrit était
encore la langue parlée de l'Inde et que le culte de Çiva
était encore inconnu.

Nous pouvons distinguer trois ou quatre couches successives dans la littérature de cette période prébouddhique.

I. Tout d'abord, nous rencontrons la *période des Sûtras*, qui se prolonge longtemps dans la période bouddhique et se distingue nettement par son style. Cette littérature est écrite dans la forme la plus concise et la plus énigmatique, et est presque inintelligible sans commentaires. Je ne puis vous la décrire, car je ne connais rien de pareil dans les autres littératures. Je vous citerai seulement un aphorisme bien connu et qui vient des brahmanes même : « Un auteur de Sûtras est plus heureux de l'économie d'une demi-voyelle brève que de la naissance d'un fils. » Or, songez que, sans un fils pour accomplir les rites funéraires, le brahmane ne peut entrer au ciel. L'objet de ces Sûtras est de réunir en corps la science alors flottante dans les vieilles communautés, les vieilles Parishads brahmaniques. Ils contiennent les règles des sacrifices, des traités de phonétique, d'étymologie, d'exégèse, de grammaire, de prosodie, des recueils de coutumes et de lois, des traités de géométrie, d'astronomie, de philosophie. Sur chacun de ces sujets ils contiennent des observations et des pensées originales, que les spécialistes dans ces diverses matières n'ont plus le droit d'ignorer.

Le rituel est un sujet qui semble n'avoir pas encore d'intérêt scientifique ; cependant l'origine et le développement du sacrifice est une page importante dans l'histoire de l'esprit humain, et nulle part on ne peut mieux l'étudier que dans l'Inde.

La phonétique est née en Inde à une époque où l'écriture était encore inconnue, et où il était de la plus haute importance pour les brahmanes de conserver la prononciation exacte de leurs hymnes favoris. Je ne crois pas être contredit par Helmholz, Ellis, ni les autres représentants de la science phonétique, quand j'avance qu'aujourd'hui même, les phonétistes de l'Inde du cinquième siècle avant notre ère n'ont pas encore été dépassés dans leur analyse des éléments de la parole.

En grammaire, je mets au défi un savant de donner d'aucune langue une collection et une classification des faits du langage plus large et plus compréhensive que celle que nous trouvons dans les Sûtras de Pânini.

Dans la prosodie, les observations et la terminologie même des anciens auteurs indiens nous donnent une confirmation des plus récentes théories des métriciens modernes, à savoir, que les mètres étaient primitivement liés aux mouvements de la danse et de la musique. Le nom même des mètres confirme cette vue. *Chandas*, mètre, est de la même racine que *scandere*, au sens de marcher ; *vritta*, mètre, de *vrit*, *verto*, tourner, désignait d'abord les trois ou les quatre derniers pas d'un mouvement de danse, le *tour*, le *versus*, qui déterminait le caractère de la danse ou du mètre. *Trishtubh*, nom d'un mètre commun dans le Véda[1], signifiait « trois pas », parce que son tour, son *vritta*, son *versus* consistait en trois pas, trois pieds, ∪ – –.

Je ne me sens pas la compétence nécessaire pour parler, avec la même assurance, des observations d'astronomie et de géométrie, consignées dans quelques-uns des anciens Sûtras. On sait que plus tard les Hindous se mirent à l'école de la Grèce. Mais je n'ai pas encore vu de raison suffisante pour modifier mon opinion, qu'il y a eu autrefois en Inde une astronomie indigène, fondée sur le système des vingt-sept Nakshatras ou mansions lunaires, et une géométrie indigène, fondée sur la construction de l'autel et de ses enclos. Par exemple, le

Max Müller, *Traduction du Rig-Véda*, I, p. cɪ.

problème traité dans les Çulva Sûtras[1] : «Comment construire un autel carré ayant exactement la grandeur d'un autel circulaire? » suggéra probablement la première tentative pour trouver la quadrature du cercle[2]. En tout cas, la terminologie de ces premiers Sûtras me semble indigène, et elle mérite, je crois, l'attention sérieuse de ceux qui veulent retrouver les origines de la science mathématique.

On n'étudiera nulle part mieux que dans les Gṛihya ou les Dharma-Sûtras, les règles des cérémonies domestiques, relatives au mariage, à la naissance, au baptême, aux funérailles, les principes de l'éducation, les usages de la société civile, les lois de l'héritage, de la propriété, de l'impôt et du gouvernement. Ces Sûtras forment la principale source des Codes métriques qui furent rédigés plus tard, Lois de Manu, de Yâjnavalkya, de Parâçara et autres, qui, quoique contenant des matériaux anciens, appartiennent décidément, dans leur forme présente, à une époque beaucoup plus récente.

Dans ces mêmes Sûtras[3], nous trouvons aussi des chapitres consacrés à la philosophie, dont le premier germe se trouve dans les Upanishads et qui reçoivent plus tard une forme systématique plus parfaite dans les six collections des Sûtras philosophiques. Ces Sûtras

[1] Ces Sûtras ont été pour la première fois publiés et traduits par M. G. Thibaut, dans le *Pandit*.

[2] En Grèce, on raconte qu'un oracle annonça aux Déliens que les maux qui les accablait eux et tous les Grecs prendraient fin s'ils bâtissaient un autel double du premier. Ils échouèrent, faute de connaître la géométrie. Platon, qu'ils consultèrent, leur indiqua la façon de s'y prendre et leur expliqua que l'intention réelle de l'oracle était de les encourager à cultiver la science, au lieu de la guerre, s'ils voulaient des jours plus heureux. Voir Plutarque, *De Genio Socratis*, VII.

[3] Voir les Sûtras d'Apastamba, publiés par M. G. Bühler dans la collection des *Livres sacrés de l'Orient*.

peuvent être de date beaucoup plus récente [1]; mais, à quelque période qu'ils appartiennent, ils ne contiennent pas seulement, comme disait Cousin, tout le développement philosophique en raccourci, mais nous y trouvons maint problème traité d'une façon faite pour éveiller la surprise et l'admiration, même en ces temps d'indifférence philosophique.

II. Cette période des Sûtras en suppose une avant elle, celle des Brâhmanas, ouvrages écrits en prose, mais en un style tout autre, en une langue un peu différente [2] et avec un objet différent. Ces Brâhmanas contiennent des discussions approfondies sur les sacrifices, qui se transmettaient de main en main dans certaines familles de prêtres et qui s'appuient sur le nom de diverses autorités. Leur principal objet est de décrire le sacrifice et d'élucider les questions qui s'y rapportent; mais ils touchent incidemment à beaucoup d'autres sujets intéressants. Les Sûtras, toutes les fois qu'ils peuvent, se réfèrent à l'autorité d'un Brâhmana; en fait, on ne peut les comprendre que venant après les Brâhmanas.

Une partie importante des Brâhmanas est constituée par les Aranyakas ou livres de la forêt, qui décrivent les sacrifices *mentaux* que doivent accomplir « les habitants de la forêt », les *Vânaprasthas* [3], et terminent par les *Upanishads*, les plus anciens traités philosophiques de l'Inde.

Si la période des Sûtras a commencé six cents ans

[1] La Sânkhya-Kârikâ fut traduite en chinois vers l'an 560 de notre ère, sous le titre : *les Soixante-dix Çâstras d'or* (Voir S. Beal, *le Tripitaka bouddhique*, p. 84. La traduction concorde avec le texte de Colebrooke. Je dois ce renseignement et la date de la traduction à une communication particulière de M. Beal.

[2] Autre différence : la plupart des Brâhmanas sont accentués, les Sûtras ne le sont pas.

[3] Voir la sixième conférence.

avant notre ère, il faut au moins deux cents ans pour rendre compte de la période des Brâhma*n*as, de son origine et de son développement et du grand nombre de maîtres cités comme autorités. Mais je tiens peu à ces dates chronologiques. Ce ne sont que des secours mnémotechniques. La chose importante, c'est de reconnaître l'existence d'une large couche au-dessous de la couche des Sûtras, et superposée elle-même à une autre formation, celle que nous appellerons la période du Mantra.

III. C'est dans cette période du Mantra que je place la réunion et l'arrangement systématique des hymnes et des formules védiques que nous trouvons dans les quatre collections ou Samhitâs, du Rig-Véda, du Yajur-Véda, du Sâma-Véda et de l'Atharva-Véda. Ces collections furent formées chacune avec un objet théologique ou liturgique spécial. Chacune contient des hymnes récités par certains prêtres à certains sacrifices. La Samhitâ du Sâma-Véda contient les vers chantés par le prêtre chantre ou *Udgâtar*[1]; le Yajur-Véda contient les vers et les formules murmurées par le prêtre officiant, l'*Adhvaryu*. L'ordre de ces deux collections suivait l'ordre de certains sacrifices. Le Rig-Véda contient les hymnes récités par le *Hotar*, mais mêlés d'un grand nombre de chants sacrés et populaires; ici, les hymnes ne sont pas arrangés suivant l'ordre du sacrifice. L'Atharva-Véda est une collection plus récente qui contient, à côté d'un grand nombre de vers tirés du Rig-Véda, de curieux débris de la poésie populaire, conservée dans des exorcismes, des imprécations et autres formules superstitieuses.

Nous ne sommes ici déjà plus parmi les Épigones,

---

[1] A part soixante-quinze vers environ, tout le Sâma-Véda se retrouve dans le Rig-Véda.

mais parmi les prêtres de profession, parmi les organisateurs du culte. Ils ont élaboré un système très compliqué de sacrifices et assigné à chaque ministre et à chacun de ses aides le rôle exact qu'il devait jouer dans l'exécution de chaque sacrifice et la partie des vieux hymnes sacrés qu'il devait réciter, chanter ou murmurer. Heureusement pour nous, il y avait une classe de prêtres pour qui l'on n'avait point fait de missel spécial, ne contenant que les fragments qu'ils devaient réciter dans l'accomplissement des différentes cérémonies, et qui devaient connaître par cœur tout le trésor de la poésie religieuse nationale. Cette circonstance nous a conservé une grande partie de la vieille poésie de l'Inde, sans rapport spécial avec les actes du sacrifice, et nous possédons ainsi une grande collection de vieilles poésies, la collection connue sous le nom de Rig-Véda, ou Véda des hymnes : c'est le vrai Véda, le Véda par excellence, le Véda au sens historique du mot, quoique les trois autres Samhitàs portent également ce nom.

Le Rig-Véda est composé de dix livres, chacun formant une collection indépendante, quoique d'ailleurs le même esprit systématique ait présidé à la formation de chacune d'elles[1]. Ces diverses collections étaient un héritage conservé dans diverses familles de prêtres, jusqu'au jour où elles furent réunies en un grand corps de poésie sacrée. Le nombre des hymnes s'élève à 1 017, ou à 1 028, en comptant les Vàlakhilyas.

On a donné le nom de période de Mantra à la période durant laquelle les anciens hymnes ont été réunis et disposés en rituels à l'usage des quatre classes de prêtres, pour les mettre en état de prendre leur part

---

[1] C'est ce que montrent les Paribhàshàs des Anukramanìs, qui expliquent l'ordre des hymnes dans chaque Mandala par l'ordre des divinités auxquelles ils sont adressés.

aux divers sacrifices : cette période a pu s'étendre de l'an 1000 à l'an 800 avant notre ère.

IV. C'est donc au-delà du dixième siècle avant le Christ que nous devons placer le développement spontané de la poésie védique, telle que nous la trouvons dans le Rig-Véda ; c'est là qu'il faut placer le développement graduel de la religion védique et la formation lente des principaux sacrifices védiques ; c'est la période du *Chandas*. Jusqu'où s'étend cette période, qui peut le dire ? Quelques savants la font remonter jusqu'à deux ou trois mille ans avant notre ère ; mais il vaut mieux montrer une à une les différentes couches de pensées qui ont produit la religion védique, et se faire ainsi une idée approximative de sa lente formation, que d'essayer de la mesurer en années ou en siècles et de l'enfermer dans une chronologie toute de fantaisie.

Pour mesurer la profondeur réelle de cette période, les indices ne manquent pas : le changement de la langue et du mètre ; le changement de séjour des tribus védiques, qui s'avancent du nord-ouest au sud-est : il y a dans certains hymnes des traces indéniables de ce déplacement ; opposition constante, faite par les poètes, des hymnes nouveaux aux hymnes anciens ; succession de plusieurs générations de rois et de chefs ; lent développement d'un cérémonial artificiel ; enfin premières traces du régime des quatre castes, mais dans les derniers hymnes seulement. La comparaison du Rig avec l'Atharva montrera, en nombre de cas, comment les idées que nous devrions attendre comme le développement des idées primitives du Rig-Véda se présentent, en effet, à nous dans l'Atharva et dans les dernières parties du Yajur ; et c'est cette confirmation de nos prévisions qui nous convainc que la littérature védique est bien en effet l'œuvre lente d'un développement historique.

Une chose certaine, c'est qu'il n'y a rien de plus ancien ni de plus primitif que les hymnes du Rig-Véda non seulement dans l'Inde, mais dans tout le monde aryen. En tant qu'Aryens de langue et de pensée, le Rig-Véda est notre livre sacré le plus ancien.

Ce Rig-Véda qui, durant plus de trois, peut-être plus de quatre mille ans, a fait le fond de la vie religieuse et morale d'innombrables millions de créatures humaines, ce livre n'avait jamais été publié, et c'est par une rencontre heureuse de hasards qu'il m'a été réservé de donner la première édition complète du livre sacré, avec le commentaire le plus autorisé de la théologie hindoue, celui de Sâyana Acârya.

Le Rig-Véda, comme je l'ai dit, est composé de 1017 ou 1028 hymnes, contenant chacun une moyenne de dix vers. Le nombre total des mots, si nous en croyons les savants indigènes, s'élève à 153826.

V

Transmission de la littérature védique.

Mais comment, me direz-vous, s'est conservée cette vieille littérature? Il y a sans doute aujourd'hui des manuscrits du Véda, mais il n'y a guère de manuscrit sanscrit qui remonte plus haut que l'an 1000 de notre ère, et tout semble indiquer que l'écriture n'a guère été connue en Inde qu'au commencement de la période bouddhique, c'est-à-dire à la fin de la vieille littérature védique. Comment donc a-t-on conservé ces hymnes et les Brâhmanas, et les Sûtras même? —On les a conservés par le seul effort de la mémoire, mais d'une mémoire tenue sous la plus stricte discipline. Aussi haut que nous remontons dans le passé de l'Inde, nous voyons que les enfants des trois classes supérieures passaient à apprendre la littérature sacrée, de la bouche de leur maître, les années qui, chez nous, se passent à l'école et dans les universités. C'était un devoir religieux qu'il fallait accomplir sous peine de dégradation, et le système mnémotechnique à suivre a été fixé dans un ensemble de règles minutieuses. Avant l'invention de l'écriture, il n'y avait pas d'autre moyen de conserver la littérature, soit sacrée soit profane, et contre les accidents nulle précaution n'était négligée.

On a dit quelquefois que la religion védique était éteinte, qu'elle ne s'était jamais relevée de sa défaite par le bouddhisme, que la religion brahmanique est fondée sur les Purânas [1] et les Tantras, repose sur la croyance en Vishnu, Çiva, Brahma, et se manifeste par le culte d'idoles hideuses. Il peut en être ainsi aux yeux d'un observateur superficiel ; mais les savants anglais qui ont vécu dans l'Inde en relations étroites avec les indi-

---

[1] Il faut distinguer avec soin entre nos Purânas modernes et le Purâna original, terme qui désigne le corps de l'ancienne tradition, et qui est déjà cité dans l'Atharva Véda, XI, 7, 24 : « Les Ric, les Sâman, les Chandas et le Yajus *avec le Purâna* » (*ricas sâmâni chandânsi purânam yajushâ saha*; XV, 7, 24) : « les Itihâsas, *le Purâna*, les Gâthâs et les Nârâçamçîs » (*itihâsas purânam ca gâthâçca nârâçamsîçca*, XV, 6, 5). Le Purâna primitif tenait, dès les premiers temps, une place spéciale dans l'enseignement traditionnel des Brahmanes (voir les Grihya-Sûtras d'Açvalâyana, III, 3, 1), et ne se confondait pas avec les Itihâsas ou légendes ; on nous dit que dans certaines circonstances, par exemple aux funérailles, on fait, pour distraire, la lecture du Purâna et des Itihâsas (*loc. cit.*, IV, 6, 6). Les livres de loi renvoient souvent au Purâna, comme à une autorité distincte du Véda, des Dharmasûtras et des Vedângas ; Gautama, XI, 19. Les Dharmasûtras d'Apastamba donnent deux extraits du Purâna (I, 19, 13 ; II, 23, 3); ces extraits sont répétés, l'un dans les lois de Manu, IV, 248-249 ; l'autre dans le code de Yâjnavalkya, III, 186. Tous deux sont en vers. D'autres, en prose, se trouvent dans Apastamba, Dharma-s., I, 29, 7. Les Purânas sont une œuvre absolument distincte. Ils étaient encore considérés sans importance au temps de Jaimini, car il n'y renvoie pas dans sa Mîmânsâ. Cf. Shaddarçanacintanikâ, I, p. 164.

gènes, ou les savants indigènes qui viennent de temps en temps nous rendre visite en Angleterre, nous donnent une idée toute différente des choses. Sans doute le brahmanisme a été un certain temps vaincu par le bouddhisme ; sans doute, il a dû, plus tard, s'accommoder aux circonstances, et tolérer des formes locales de culte, qui étaient établies dans l'Inde avant la lente conquête du brahmanisme. Le brahmanisme n'a jamais eu à son service une organisation gouvernementale pour établir l'uniformité de croyance, pour contrôler l'orthodoxie des fidèles et châtier l'hérésie sur toute l'étendue de l'Inde. Mais comment se fait-il que, dans la dernière famine, des milliers de gens aient mieux aimé mourir de faim que d'accepter des aliments de mains impures[1] ? Quel est le prêtre, en Europe ou ailleurs, dont l'autorité tiendrait contre la faim ? L'influence du prêtre est encore énorme dans l'Inde, et elle est d'autant plus grande qu'elle se fond dans celle de la coutume, de la tradition et de la superstition. Or, ces hommes qui sont encore aujourd'hui reconnus comme les guides spirituels du peuple, ces hommes dont l'influence est immense pour le bien comme pour le mal, croient dans l'autorité suprême du Véda. Opinion individuelle, coutume locale, Tantras ou Purânas, loi de Manu même, tout cède, dès qu'il est prouvé qu'il y a opposition directe avec un seul mot du Véda. Là dessus il ne peut y avoir discussion. Mais ces brahmanes, qui, jusque dans cet âge du Kali[2] et sous le règne des Mlecchas[3], conservent le dépôt des

---

[1] Chose curieuse, cette croyance populaire que, même en temps de famine, on ne doit pas accepter d'aliment de mains impures, ne repose sur aucune autorité religieuse et est même en pleine contradiction avec la Smriti, comme avec la Çruti, avec la tradition comme avec la loi.

[2] L'âge de fer.

[3] Les Barbares.

traditions sacrées du passé, ce n'est pas dans les salons de Calcutta que vous les rencontrerez. Ils vivent des aumônes du peuple, dans les villages, seuls ou en collèges. Ils perdraient leur prestige si on les voyait serrer la main d'un infidèle, causer avec lui, et ce n'est que dans de rares occasions qu'ils sortent de leur réserve, quand le hasard les met en présence d'Européens qui les émerveillent par la connaissance qu'ils ont de leur langue et de leur littérature sacrée, et alors, avec une légère pression, l'admiration ouvre, avec leur cœur et leurs lèvres, tout le trésor de la science antique. Il va sans dire que pour rien au monde ils ne parleraient anglais, ni même bengali. C'est le sanscrit qu'ils parlent et qu'ils écrivent, et je reçois souvent de quelques-uns d'entre eux des lettres écrites dans une langue d'une correction sans égale.

Mon conte de fée n'est pas fini. Ces hommes, je le sais de source, savent tous le Rig-Véda par cœur, précisément comme leurs ancêtres d'il y a trois mille ans, et quoiqu'ils aient des manuscrits, quoiqu'ils aient même un texte imprimé, ce n'est pas là qu'ils prennent leur science sacrée. Ils l'apprennent, comme l'apprenaient leurs ancêtres il y a trois mille ans, de la bouche d'un maître, et ainsi la chaîne de la tradition védique jamais ne se brise [1]. Cet enseignement oral devint aux yeux des brahmanes l'un des grands sacrifices, et bien que le nombre de ceux qui le continuent soit moindre qu'au-

---

[1] Cet enseignement oral est minutieusement décrit dans le Prâtiçâkhya du Rig-Véda (cinquième ou sixième siècle avant le Christ). Les Brâhmanas y font constamment allusion ; il doit avoir déjà existé dans des périodes antérieures, car nous lisons dans un hymne du Rig-Véda, qui décrit le retour de la saison des pluies et les coassements de joie des grenouilles : « L'une répète les paroles de l'autre, comme l'élève celles du maître » (VII, 103, 5). L'élève s'appelle *çikhshamânas*, le maître *çâktas*, et le mot *çikhshâ*, de la même racine, devient plus tard le nom technique de la phonétique.

trefois, leur influence, leur position et leur autorité sacrée sont aussi grandes que jamais. Ils ne viennent pas en Angleterre, ils ne voudraient pas passer la mer ; mais quelques-uns de leurs disciples, élevés mi à l'indienne, mi à l'anglaise, sont moins stricts. J'ai reçu la visite d'indigènes qui savaient par cœur une grande partie des Védas ; j'ai été en correspondance avec d'autres qui, à l'âge de douze ans ou de quinze ans, pouvaient le réciter tout en entier [1]. Ils apprennent chaque jour quelques lignes, les répètent, des heures durant, à faire retentir toute la maison ; et l'exercice fortifie leur mémoire à tel point, que, leurs études finies, vous pouvez les ouvrir comme un livre et y trouver le passage, le mot, l'accent que vous voulez. Un savant indigène, Shankar Pandurang, est à présent occupé à réunir des variantes pour mon texte du Rig-Véda : il les prend non dans les manuscrits, mais dans la tradition orale des Vaidika Çrotriyas. Il m'écrivait à la date du 2 mars 1877 : « Je recueille quelques-uns de nos manuscrits ambulants, en prenant votre texte pour base. Je relève bon nombre de différences, que je pourrai bientôt examiner de plus près, et je pourrai dire alors si ce sont des variantes. Je vous les communiquerai naturellement avant d'en faire aucun usage public, si j'en fais usage. Au moment où j'écris, voici un docteur en Véda qui parcourt votre texte. Il a son manuscrit à côté de lui, mais il ne l'ouvre que par exception. Il connaît par cœur toute la Samhitâ avec le Pada. Je voudrais pouvoir vous envoyer sa photographie, accroupi dans ma tente, son Upavìta (le cordon sacré) passé autour de l'épaule, rien qu'un Doti autour de la ceinture, un bon spécimen de nos vieux Rishis. »

[1] *Indian Antiquary*, 1878, p. 140 : « Il y a, remarque l'éditeur, des milliers de brahmanes qui connaissent par cœur tout le Rig-Véda et qui peuvent le réciter. »

Figurez-vous cet Hindou à demi nu, récitant sous le ciel indien les hymnes sacrés transmis par tradition orale trois ou quatre mille ans durant. Si l'écriture n'avait jamais été inventée, si l'imprimerie n'avait jamais été inventée, si l'Inde n'avait jamais été occupée par l'Angleterre, ce jeune brahmane et des centaines, des milliers de ses compatriotes auraient été probablement occupés tout de même à apprendre et à réciter les simples prières qui furent prononcées pour la première fois sur les bords de la Sarasvatî et des autres rivières du Penjâb, par les Viçvâmitra, les Vasish*t*ha, les Çyâvâçva. Et nous voici à présent, à l'ombre de Westminster Abbey, dans un des centres de la vie intellectuelle de l'Europe et du monde, écoutant dans notre cœur l'écho de ces hymnes sacrés, essayant d'en saisir le sens et d'y apprendre quelques-uns des plus profonds secrets du cœur humain, ce cœur qui est partout le même, de si loin que nous nous croyions séparés les uns des autres par le temps et par l'espace, par la couleur et par le credo.

Voilà l'histoire que je voulais vous dire aujourd'hui, et, si à quelques-uns d'entre vous elle a fait l'impression d'un conte de fée, eh bien ! croyez-moi, cette histoire est dans ses détails plus exacte que maint chapitre de l'histoire contemporaine.

APPENDICE A LA TROISIÈME LEÇON.

Comme je vois qu'on a accueilli avec une certaine incrédulité quelques-unes de mes remarques sur la transmission orale de l'ancienne littérature sanscrite et sur la permanence du système jusqu'à nos jours, je vais donner quelques extraits du Pràtiçàkhya du Rig-Véda, pour vous montrer que l'enseignement oral des Védas était pratiqué au moins cinq cents ans avant le Christ, et je les ferai suivre du témoignage de quelques savants indigènes, pour vous montrer qu'il est encore en vigueur aujourd'hui.

Le Prâtiçâkhya du Rig-Véda, dont j'ai publié le texte avec traduction allemande en 1856, contient les règles de la prononciation des textes sacrés. Je faisais remonter ce Prâtiçâkhya, qui me semble le plus ancien de tous, au cinquième ou au sixième siècle avant notre ère, à la période qui s'étend entre Yâska et Pâ*n*ini, et je continuerai à le faire jusqu'à ce que l'on ait élevé contre cette date des arguments plus probants que ceux qu'on a avancés jusqu'ici. Dans le quinzième chapitre, nous trouvons une description de la méthode suivie dans les écoles de l'Inde ancienne. Le maître, nous dit-on, doit avoir passé la filière régulière et avoir rempli tous les devoirs de l'étudiant brahmane, du *brahmacârin*, avant d'avoir le droit d'enseigner, et il ne doit enseigner que ceux qui se soumettent à tous les devoirs du *bṛahma-cârin*. Il s'assied à sa place de maître ; s'il n'a qu'un élève ou deux, ils prennent place à sa droite ; s'il en a plus, ils s'asseyent où ils trouvent place. Au commencement de chaque leçon, les élèves embrassent les pieds de leur maître et disent : Lisez, maître ! Le maître répond : Om[1], oui ; puis il prononce deux mots, un seul, si c'est un composé. Quand le maître a prononcé un mot ou deux mots, le premier élève répète le premier mot ; s'il y a un point qui demande explication, l'élève dit : Bhavan[2] ! et, l'explication donnée, le maître dit : Om, oui, Bhavan.

Ils vont ainsi jusqu'à la fin d'un *praçna* ; le *praçna* (littéralement « question ») est composé de trois vers,

---

[1] Répond au français « monsieur ».
[2] V. s. p. 78.

ou seulement de deux, si le vers a plus de quarante à quarante-deux syllabes. Si ce sont des vers du rythme *pankti*, de quarante à quarante-deux syllabes, le praçna peut comprendre deux ou trois vers ; si l'hymne ne contient qu'un vers, il forme à lui seul un praçna. Le praçna fini, ils le répètent tous de nouveau, puis ils se mettent à l'apprendre par cœur, en prononçant chaque syllabe avec l'accent fort. Quand le maître a commencé l'étude d'un praçna par son élève de droite, les autres prennent à tour de rôle place à sa droite, et ainsi de suite jusqu'à la fin d'une lecture ou *adhyâya* ; la lecture comprend en général soixante praçnas. A la fin du dernier demi-vers, le maître dit : Bhavan et l'élève répond : *Om, oui*, en récitant les vers qui se récitent à la fin de chaque lecture. Les élèves embrassent alors les pieds de leur maître et reçoivent leur congé.

Tels sont les traits généraux de la leçon ; mais le Prâtiçâkhya contient encore une multitude de règles de détail. Par exemple, pour empêcher de négliger les petits mots, le maître répète deux fois tout mot atone ou qui ne consiste qu'en une voyelle. Un certain nombre de petits mots doivent être suivis de la particule *iti* sic ; d'autres sont suivis de *iti*, puis répétés. Exemple : ca-*iti* ca.

Ces leçons duraient environ la moitié de l'année, les cours commençant avec la saison des pluies ; mais il y avait beaucoup de congés où les cours étaient interrompus, et là-dessus aussi les *Grihya* et les Dharmasûtras entrent dans les détails de la réglementation la plus minutieuse.

Ceci suffit pour vous donner une idée de ce qui se faisait en Inde cinq cents ans avant notre ère. Voyons à présent ce qui reste aujourd'hui du vieux système.

Voici ce que je trouve dans une lettre du savant éditeur de la Shaddarçana-cintanikâ (*Revue de philo-*

sophie indienne), lettre datée de Pouna, 8 juin 1878 :

Un élève qui étudie une Çâkhâ (une recension) du Rig-Véda, s'il est intelligent et assidu, prend environ huit ans pour apprendre les Daça-granthas ou dix livres, à savoir :

1° La Samhitâ ou le texte des hymnes.

2° Le Brâhmana, traité en prose sur le sacrifice.

3° L'Aranyaka, ou livre de la forêt.

4° Les Grihya-sûtras, ou règles des cérémonies domestiques.

5°-10° Les six Angas ou traités sur la Çikhshâ (prononciation), le Jyotisha (astronomie), le Kalpa (cérémonial), le Vyâkarana (grammaire), le Nighantu ou Nirukta (étymologie), le Chandas (ou mètre).

« L'élève étudie huit ans durant, tous les jours, sauf les jours de congé, les jours *anadhyâya*, ou jours sans lecture. Comme il y a 360 jours dans l'année lunaire, les huit années donneraient 2 880 jours ; déduction faite de 384 jours de congé, il reste 2 496 jours d'étude en huit années.

« Les dix livres contiennent en gros 29 500 çlokas, de sorte que l'étudiant doit apprendre douze çlokas par jour ; le çloka comprend trente-deux syllabes.

« Il faut que je vous indique la source de mes informations. Nous avons à Pouna une association, la Vedacàstrottejakasabhâ, qui distribue annuellement des prix pour toutes les branches reconnues de l'érudition sanscrite, par exemple pour l'étude des six systèmes de philosophie indienne, pour l'étude de l'Alankâra-çàstra ou rhétorique, du Vaidyaka ou médecine, du Jyotisha ou astronomie, pour la récitation du Véda dans ses différentes formes, Pada, Krama, Ghana, Jatâ, et toutes les branches que j'ai mentionnées plus haut parmi les Daçagranthas. Les lauréats sont désignés par une commission d'examen. L'examen est triple pour chaque branche, il porte sur la connaissance théorique du sujet (*prakriyâ*), sur la connaissance générale du sujet (*upasthiti*), sur l'interprétation de passages tirés des ouvrages classiques dans chaque branche (*granthâr-thapariksha*). Les notables indigènes de Pouna distribuent ainsi annuellement environ 1 000 roupies. A une réunion tenue le 8 mai dernier, il y avait environ cinquante Vaidikas et Pandits en science sanscrite. C'est en leur présence que j'ai reçu ces renseignements d'un vieux Vaidika très respecté à Pouna. »

Voici un autre tableau intéressant du professeur R. G. Bhandarkar, M. A. (*Indian Antiquary*, 1874, p. 132) :

« Chaque famille de brahmanes se consacre à l'étude d'un Véda particulier et d'une recension spéciale de ce Véda ; elle célèbre ses rites domestiques d'après le rituel du Sûtra correspondant. L'étude consiste à apprendre par cœur les livres qui constituent ce Véda particulier. Dans le nord de l'Inde, où le Véda dominant est le Yajus Blanc, et où la Çâkhâ dominante est celle des Mâdhyandinas, cette étude s'est presque éteinte, sauf à Bénarès, où sont établies des familles brahmaniques de presque toutes les parties de l'Inde. Elle est assez florissante dans le Guzerate, mais surtout dans le pays des Marâthes ; dans le Carnatic il y a encore un grand nombre de brahmanes qui consacrent leur vie à cette étude. Beaucoup vont par le pays quêtant la *Dakshinâ* (salaire, aumône) ; les indigènes à l'aise ne manquent pas de les soutenir suivant leurs moyens, en leur faisant répéter des fragments de leur Véda, en général, le Yajus noir, avec les Sûtras d'Apastamba. Il ne se passe guère de semaines à Bombay que je ne reçoive la visite d'un brahmane du Carnatic, qui me demande une dakshinâ. Je fais réciter à mon homme les textes qu'il connait, et je les compare avec mes éditions imprimées.

« Quant à leur façon de vivre, les brahmanes de

chaque Véda se divisent en général en deux classes, les Grihasthas et les Bhikshukas. Les Grihasthas ou chefs de familles se livrent aux occupations séculières ; les Bhikshukas ou mendiants passent leur temps à étudier leurs livres sacrés et à pratiquer leurs rites religieux.

« Les uns et les autres doivent journellement répéter le Sandhyâ-vandana (les prières du crépuscule), dont les formes diffèrent quelque peu pour les différents Védas. Mais la récitation du Gâyatrî-mantra « Tat Savitur varenyam... », répété cinq, dix, vingt-huit fois ou cent huit fois, et qui est la partie essentielle de la cérémonie, est commune à tous les Védas.

« De plus, beaucoup de brahmanes célèbrent tous les jours la cérémonie dite *Brahmayajna*, qui n'est obligatoire qu'en certaines circonstances. Pour les brahmanes qui suivent le Rig-Véda, elle consiste en la récitation du premier hymne du premier Mandala, des premières phrases de l'Aitareya Brâhmana, et de celles qui ouvrent les cinq parties de l'Aitareya Aranyaka, la Yajus-Samhitâ, la Sâma-Samhitâ, l'Atharva-Samhitâ, le Kalpa-sûtra d'Açvalâyana, le Nirukta, le Chandas, le Nighantu, le Jyotisha, la Çikhshâ, Pânini, la Smriti de Yâjnavalkya, le Mahâbhârata, et les Sûtras de Kanâda, de Jaimini et de Bâdarâyana.

« Mais les Bhikshukas qui ont étudié tout le Véda récitent plus que le premier hymne ; ils récitent autant qu'ils veulent (sa yâvan manyeta tâvad adhîtya, Açvalâyana).

« Il y a des Bhikshukas qui exercent comme prêtres et savent accomplir les cérémonies ; on les appelle *Yâjnikas* (ou Bhikshukas du sacrifice).

« Une classe beaucoup plus importante parmi les Bhikshukas est celle des Vaidikas, dont quelques-uns sont en même temps Yâjnikas. Apprendre par cœur les Védas et les réciter sans une faute, même d'accent, telle est l'occupation de leur vie. Un bon Vaidika de la branche du Rig connaît par cœur la Samhitâ, le Pada, le Krama, la Jatâ et le Ghana ; l'Aitareya Brâhmana et l'Aranyaka, le Kalpa et le Grihya-sûtra d'Açvalâyana, le Nighantu, le Nirukta, le Chandas, le Jyotisha, la Çikshâ et la grammaire de Pânini. Un Vaidika est une bibliothèque védique vivante.

« Samhitâ, Pada, Krama, Jatâ et Ghana sont les noms donnés aux différents arrangements du texte des hymnes.

« Dans la *Samhitâ*, tous les mots sont joints suivant les lois d'euphonie propres au sanscrit.

« Dans le *Pada*, les mots sont séparés et les composés sont résolus en leurs éléments.

« Dans le *Krama*, supposez un vers de onze mots, ils sont arrangés comme il suit, les règles de *Sandhi* ou d'euphonie étant observées tant pour les lettres que pour les accents :

1, 2 ; 2, 3 ; 3, 4 ; 4, 5 ; 5, 6 ; 6, 7 ; 7, 8 ; etc.

Le dernier mot de chaque vers et de chaque demi-vers est répété avec le mot *iti* (veshtana).

« Ces trois arrangements du texte, Samhitâ, Pada et Krama, sont les moins artificiels, et ils sont déjà mentionnés dans l'Aitareya-Aranyaka, quoique sous des noms différents et plus anciens, semble-t-il. Le texte Samhitâ est appelé *Nirbhuja* ou incliné, les lettres finales et les lettres initiales se penchant pour ainsi dire les unes vers les autres ; le Pada est dit Pratrinna ou coupé en pièces ; le Krama est dit Ubhayam-antarena, entre les deux [1].

----

[1] *Rig-Veda-prâtiçâkhya*, éd. M. Müller, p. iii, et Nachtraege, p. ii. On trouve une nomenclature toute différente dans le *Samhitâ-upanishad-brâhmana*, I (éd. Burnell, p. 9, 11 sq.). Les trois textes reçoi-

« Voici la disposition des mots dans la Jaṭâ ;

1, 2, 2, 1, 1, 2 ; 2, 3, 3, 2, 2, 3 ; 3, 4, 4, 3, 3, 4 ; etc.

« Le dernier mot de chaque vers et de chaque demi-vers est répété avec *iti*.

« Voici l'ordre du Ghana :

1, 2, 2, 1, 1, 2, 3, 3, 2, 1, 1, 2, 3 ; 2, 3, 3, 2, 2, 3, 4, 4, 3, 2, 2, 3 ;
2, 3, 3, 2, 3, 4, 4, 3, 2, 2, 3, 4 ; 3, 4, 4, 3, 3, 4, 5, 5, 4, 3, 3, 4, 5 ; etc.

« Les derniers mots de chaque vers et de chaque demi-vers sont répétés avec *iti ;* par exemple : 7, 8, 8, 7, 7, 8 ; 8 *iti* 8 ; ou bien, 10, 11, 11 ; 11 *iti* 11.

« Les composés sont résolus (avagraha).

« Le but de ces différents arrangements est simplement de mieux assurer la conservation du texte sacré. La récitation n'est pas purement mécanique, car les changements phoniques des lettres initiales et finales, et la modification constante des accents imposent toujours un nouvel effort de l'attention. Les différents accents sont marqués distinctement par les modulations de la voix. Les brahmanes du Rig-Véda, de l'Atharva et les Kâṇvas le font d'une façon différente des Taittirîyas, et les Mâdhyandinas indiquent l'accent par certains mouvements de la main droite.

« Les brahmanes du Rig ne vont guère jusqu'au Ghana, ils se contentent généralement de la Samhitâ, du Pada et du Krama. Chez ceux de Taittirîya, beaucoup de Vaidikas peuvent aller jusqu'au Ghana, n'ayant en sus des hymnes qu'un Brâhmaṇa et un Araṇyaka à

___

vent les noms de *çuddhâ, adussprishtâ* et *anirbhujâ*. Le premier terme, disent les commentateurs, indique qu'on récite le texte après avoir pris un bain, dans une place pure ou sacrée ; le second, qu'on le récite sans aucune faute de prononciation ; le troisième, qu'on le récite les bras ne dépassant pas les genoux, et que les accents s'indiquent en battant du bout du pouce contre les doigts.

apprendre. Quelques-uns apprennent aussi le Prâtiçâkhya du Taittirîya, mais ils n'étudient pas les Vedângas, qui, d'ailleurs, n'appartiennent qu'au Rig. Ceux
du Mâdhyandina apprennent la Samhitâ, le Pada, le
Krama, la Ja*t*â et le Ghana ; mais leurs études s'arrêtent là en général, et il n'y en a guère qui connaissent
par cœur tout le Çatapatha Brâhma*n*a, quoiqu'il y en
ait qui en apprennent des portions. Il y a peu de brahmanes de l'Atharva dans la présidence de Bombay. Les
étudiants du Sâma-Veda ont leurs innombrables façons
de chanter les Sâmans. Ils apprennent aussi leurs Brâhma*n*as et leurs Upanishads.

« Il y a une autre classe de docteurs en Véda, les
Çrotriyas, ou, populairement, les Çrautîs. Ils savent
accomplir les grands sacrifices. Ils connaissent, en général, tout ce que sait un bon Vaidika, et de plus ils
étudient les Kalpa-sûtras et les Prayogas ou manuels.
Leur nombre est très limité.

« Çà et là, on rencontre encore des Agnihotris, qui en-
tretiennent les trois feux du sacrifice et accomplissent
les sacrifices de quinzaines et les sacrifices de saisons
(Câturmâsya) ; le sacrifice du Soma, qui est plus considérable, est encore accompli de temps en temps, mais
rarement. »

Ces extraits montrent ce que peut la mémoire pour
la conservation d'une vieille littérature. Les textes du
Véda nous ont été transmis avec une telle exactitude,
qu'il y a à peine une variante au sens propre du mot, à
peine un accent douteux, dans toute l'étendue du Rig-
Véda. La critique des textes y a découvert des passages
corrompus, mais ces corruptions faisaient déjà partie
du texte reconnu dès l'instant où il fut définitivement
arrêté. Quelques-uns appartiennent à différentes Çâkhâs
et leur portée est déjà discutée par d'anciennes autorités.

L'autorité du Véda, en tout ce qui touche les questions religieuses, est aussi grande en Inde qu'elle a jamais été. Elle n'a jamais été incontestée ; c'est le sort de tous les livres sacrés ; mais, pour l'immense majorité des croyants orthodoxes, le Véda forme encore la plus haute et la seule autorité infaillible, tout comme la Bible pour le chrétien, et le Coran pour le musulman.

QUATRIÈME LEÇON.

LE CULTE DU TANGIBLE, DU SEMI-TANGIBLE ET DE L'INTANGIBLE.

I

Toute religion a pour objet le supra-sensible.

Voyons nettement le point d'où nous partons, le point où nous voulons arriver, et la route que nous devons suivre. Nous voulons atteindre à la source des idées religieuses ; mais, pour arriver là, nous ne voulons suivre ni la vieille ornière de droite, celle de la révélation, ni l'ornière de gauche, celle de la théorie du fétichisme. Nous partons de ce que chacun nous accorde, la connaissance des sens, et nous cherchons une route qui, partant de là, nous conduise droit, si lentement que ce soit, à la croyance en choses qui ne nous sont pas fournies, qui, du moins, ne nous sont pas entièrement fournies par les sens : l'infini, le surnaturel, le divin.

Il est un point sur lequel toutes les religions concordent, quelles que soient leurs différences dans tout le reste : c'est que leur objet n'est pas fourni tout entier par la perception des sens. Cela est vrai, nous l'avons vu, même du fétichisme ; car, en adorant son fétiche, ce n'est pas une simple pierre que le sauvage adore ; c'est bien un objet que la main touche et remue, mais c'est en même temps quelque chose d'autre encore, quelque chose qui est hors de la prise de la main, de l'oreille et de l'œil.

D'où vient cela ? Par quelle évolution historique s'est formée cette conviction qu'il y a, ou qu'il peut y avoir quelque chose au-delà de ce qui se manifeste à nos sens, quelque chose d'invisible, ou, comme on l'appelle bien vite, d'infini, de surhumain, de divin ? Peut-être est-ce une erreur, une pure hallucination, que de parler d'invisible, d'infini, de divin. Mais alors je n'en désire que plus vivement savoir comment il se fait que des êtres qui, sur les autres points, semblent sains d'esprit, se sont donné le mot, dès le début du monde jusqu'à ce jour, pour délirer sur ce point. Il faut une réponse à cette question, sous peine d'abandonner la religion, comme une matière qui échappe à la science.

Si les mots étaient des raisons, nous dirions que toutes les idées religieuses qui dépassent la perception des sens doivent leur origine à une sorte de révélation extérieure. Le mot fait bien, et il n'est guère de religion qui n'élève quelque prétention de ce genre. Mais traduisez cet argument, tel que nous le rencontrons tous les jours, dans la langue du fétichisme, et vous verrez combien il est vide et impuissant à résoudre la question d'origine. Demandez à un prêtre ashanti d'où il sait que son fétiche n'est pas une pierre ordinaire, mais quelque chose d'autre : s'il vous répond que le fétiche lui-même le lui a dit, le lui a révélé, que répondrez-vous ? Et pourtant, c'est, en somme, l'argument même sur lequel repose la théorie de la révélation primitive, sous quelque déguisement qu'elle se cache. D'où l'homme a-t-il su qu'il y a des dieux ? — C'est que les dieux mêmes le lui ont dit.

C'est là une idée que nous trouvons aux deux extrémités de l'humanité, chez les races les plus basses comme chez celles qui ont la civilisation la plus haute. C'est un mot courant chez les tribus africaines que « primitivement le ciel était plus près de l'homme qu'à présent, que le dieu suprême, le créateur en personne, donnait des leçons de sagesse aux êtres humains ; mais qu'ensuite il se retira, et qu'il habite à présent loin d'eux, dans le ciel[1] ». L'Hindou en dit autant[2] et, ainsi que les Grecs[3], en appelle, pour justifier ses croyances religieuses, à l'autorité de ses ancêtres qui vivaient en commerce plus étroit avec les dieux.

La question est de savoir comment l'idée des dieux, ou l'idée de quelque chose au-delà de ce que nous voyons, s'éleva dans la pensée des hommes, dans la pensée des premiers ancêtres ; c'est de savoir comment l'homme acquit l'idée de Dieu ; car il faut bien qu'il ait acquis ce concept avant de l'appliquer à aucun objet, visible ou invisible.

Reconnaissant que le concept de l'infini, de l'invisible, du divin, ne peut nous être imposé par une force extérieure, on cherche un autre mot pour esquiver la difficulté. L'homme, nous dit-on, était doué d'un instinct, l'instinct religieux ou superstitieux, lequel le rendit capable, seul des autres créatures vivantes, de percevoir l'infini, l'invisible, le divin.

Traduisons encore cette réponse dans la langue du fétichisme, et vous serez surpris de voir à quel point nous-mêmes nous sommes encore primitifs.

Si un prêtre ashanti nous disait qu'il peut voir dans le fétiche plus loin que la pierre, parce qu'il a un instinct spécial pour le voir, nous admirerions sans doute les progrès qu'il a faits dans la science de la phraséologie creuse à l'école des Européens ; mais nous expliquer l'origine des idées religieuses par l'existence d'un

[1] Waitz, *Anthropologie*, II, p. 171.
[2] *Rig-Veda*, I, 179, 2 ; VII, 76, 4. Muir, *Textes sanscrits*, III, p. 245.
[3] Naegelsbach, *Théologie homérique*, p. 151.

instinct religieux, en dehors et au-dessus de nos facultés ordinaires, c'est expliquer le langage par un instinct linguistique ; c'est expliquer notre faculté de compter par un instinct arithmétique. C'est la vieille histoire de la potion qui fait dormir parce qu'elle a une vertu dormitive.

Je ne nie pas qu'il n'y ait dans les deux réponses un grain de vérité ; mais c'est un grain à retirer d'un boisseau d'erreurs. Employons, si l'on veut, ces termes de révélation extérieure, d'instinct religieux, pour abréger, et après avoir défini exactement le sens que nous y attachons ; mais on en a fait un tel abus, qu'il est plus sage de n'en plus faire usage à l'avenir.

Ayant ainsi brûlé nos vaisseaux et renoncé à ces vieux abris où l'on échappait si commodément à toutes les difficultés que soulève au premier pas le problème religieux, il ne nous reste qu'à aller de l'avant et à voir jusqu'à quel point nous pouvons expliquer l'origine des idées religieuses, sans recourir ni à la révélation ni à l'instinct. Nous avons cinq sens, et devant nous le monde, tel que nous le fournit leur témoignage. Comment arrivons-nous à un monde au delà, ou, plus exactement, comment nos ancêtres aryens y sont-ils arrivés ?

II

Classification des objets des sens : tangibles, semi-tangibles, intangibles.

Prenons les faits à leur source. Nous appelons réel ce que nous pouvons percevoir par nos cinq sens. C'est du moins ce que fait l'homme primitif, et nous ne nous embarrasserons pas ici de la question du scepticisme. Nous n'avons pas affaire à Berkeley ou à Hume, ni même à Empédocle ou à Xénophon, mais à un Troglodyte de l'époque quaternaire, peut-être même de l'époque tertiaire. Pour ce Troglodyte, l'os qu'il peut toucher, sentir, goûter, voir, — ou même entendre, quand il le brise, — est un objet réel, absolument réel, aussi réel qu'aucun objet au monde.

Il faut toutefois distinguer ici, même dans cet étage primitif de la pensée, entre deux classes de sens ; d'une part le tact, l'odorat, le goût, ce qu'on a quelquefois appelé les sens anciens, les sens *paléotériques*, et d'autre part la vue et l'ouïe, les sens nouveaux, les sens *néotériques* [1]. Les trois premiers sont les plus sûrs ; les deux autres laissent place au doute, et leurs informations ont souvent besoin d'être vérifiées par le témoignage des autres sens.

Le toucher est, semble-t-il, le témoin le plus irréfragable de la réalité. C'est le sens le plus bas, le moins spécialisé et le moins développé, et au point de vue de l'évolution c'est le plus ancien. Après le toucher viennent l'odorat et le goût, plus spécialisés que le toucher. Ils servent, le premier chez l'animal, le second chez l'enfant, à vérifier le témoignage du tact.

Chez beaucoup d'animaux supérieurs, l'odorat semble l'instrument de vérification le plus sûr de la connaissance objective, tandis que chez l'homme, surtout chez l'homme civilisé, il a presque cessé de rendre aucun service de cet ordre. L'enfant en fait peu usage ; pour se convaincre de la réalité d'un objet, il commence par le toucher, puis, s'il peut, il le porte à la bouche. Avec l'âge, on renonce au second de ces procédés, mais le premier reste. Encore maintenant beaucoup de gens disent qu'un objet n'est réel que si on peut le toucher ; ils n'affirmeraient pas avec la même assurance qu'un objet, pour être réel, doit avoir une odeur ou une saveur.

____

[1] H. Muirhead, *les Sens*.

Le langage confirme ce que nous venons de dire. En anglais, quand on veut affirmer que la réalité d'un objet ne peut raisonnablement être mise en doute, on dit qu'il est *manifeste* (manifest). Les Romains, en créant ce mot, entendaient fort bien ce qu'ils voulaient dire et ce que le mot dit. *Manifestus* signifie ce qui peut être touché ou frappé avec la main : *festus* est un ancien participe irrégulier de *fendo*[1], verbe archaïque qui est resté dans *offendo*, frapper, et dans *defendo*, repousser d'une personne en frappant[2].

Quels sont les objets que les premiers habitants de la terre pouvaient appeler réels ou *manifestes?* Une pierre, un os, un coquillage, un arbre, une montagne, une rivière, un animal, un homme, tout cela, c'étaient des objets réels, parce qu'on pouvait les toucher. En fait, tous les objets ordinaires de la perception sensible étaient objets réels.

Nous pouvons néanmoins diviser en deux classes le vieux fonds de la connaissance primitive.

La première comprend les objets qui peuvent être touchés dans toute leur étendue : une pierre, un os, un coquillage, une fleur, une baie, une branche, une goutte

---

[1] Pour *fend-tus*, comme *fus-tis*, bâton, pour *fos-tis, fons-tis, fond-tis* (Corssen, *Aussprache*, I, 149; II, 190).

[2] *Fustis*, « bâton », n'a rien de commun avec *fist,* « le poing » (Grimm, *Dictionnaire s. v. Faust*). Un *f* anglais suppose en latin et en grec un *p*; *fist* est donc probablement parent du grec πύξ, « à poing fermé », du latin *pugna*, « bataille, primitivement coup de poing », de πυκτής et de *pugil*. La racine de ces mots est conservée dans le verbe *pungo, pŭpŭgi, punctum*, et c'est la boxe qui a fourni un terme pour désigner le *point* invisible de la géométrie et les points les plus abstrus de la métaphysique.

La racine de *fendo, fustis, festus* est tout autre. C'est la racine *dhan* ou *han*, « abattre d'un coup », qui paraît dans le grec θείνειν, « frapper », θέναρ, « paume de la main », dans le sanscrit *han*, « tuer », *nidhana*, « mort ».

d'eau, une glèbe de terre, une peau d'animal, un animal même. Tous ces objets, nous les avons devant nous tout entiers ; ils ne peuvent échapper à notre prise ; rien en eux d'inconnu ou d'inconnaissable. L'idée et le nom de ces choses sont le bagage le plus familier et le plus simple de la société primitive.

Il en est tout autrement quand nous venons à l'arbre, à la montagne, à la rivière, à la terre.

L'arbre, du moins le vieux géant de la forêt vierge, a une majesté qui écrase. Ses racines les plus profondes et sa cime la plus haute nous échappent également, les unes au-dessous, l'autre au-dessus de nous. Nous pouvons nous tenir à son ombre, le toucher, le regarder d'en bas, mais nos sens ne peuvent l'embrasser d'un coup. Puis, comme nous disons nous-mêmes, la poutre est morte, mais l'arbre vit [1]. Les anciens peuples éprouvaient le même sentiment que nous, et comment pouvaient-ils l'exprimer qu'en disant : l'arbre vit? Ils ne voulaient pas dire que l'arbre a l'haleine chaude de la vie et le cœur qui bat ; mais certainement dans cet arbre qui naissait sous leurs yeux, qui sous leurs yeux grandissait, poussait des branches, des feuilles, des fleurs et des fruits, laissait tomber son feuillage en hiver et à la fin était abattu et tué, ils sentaient dans cet arbre quelque chose qui dépasse les limites de la perception des sens, quelque chose d'inconnu, d'étrange, mais d'une réalité indéniable, et ce quelque chose d'inconnu, inconnaissable et pourtant indéniable, devenait pour les plus réfléchis d'entre eux une source perpétuelle d'étonnement. Ils le saisissaient *de ce côté-ci des sens ;* mais de l'autre côté il leur échappait, il fuyait de leurs mains et s'évanouissait.

---

[1] Matthews, *Ethnographie des Indiens Hidatsa* (*Ethnography of Hidatsa Indians*), p. 48.

Le même sentiment se mêlait à la perception des montagnes, des rivières, de la mer, de la terre. Quand du pied de la montagne nous levons les yeux vers le point où sa tête se perd dans les nues, nous nous sentons des nains devant le géant. Puis, il y a des montagnes infranchissables, qui, pour les habitants de la vallée, marquent la fin de leur petit monde. L'aurore, le soleil, la lune, les étoiles semblent se lever de la montagne, le ciel repose sur sa crête, et, quand nos yeux ont gravi la dernière cime visible, nous nous sentons sur le seuil d'un autre monde.

Or, figurons-nous, non pas notre plate Europe fourmillant de peuples, non pas même les Alpes dans toute leur neigeuse majesté, mais le pays où furent prononcées les premières paroles védiques, ce pays où le docteur Hooker découvrit d'un seul point vingt pics neigeux, hauts chacun de plus de 20000 pieds et supportant le dôme azuré d'un horizon qui embrassait plus de 160 degrés ; nous commencerons alors à comprendre comment la vue d'un pareil temple put faire frissonner le cœur le plus ferme, devant la présence réelle de l'infini.

Après les montagnes viennent les chutes d'eau et les rivières. Nous parlons de rivière ; il n'y a rien dans la réalité qui réponde à ce mot. Nous voyons des masses d'eau qui passent chaque jour devant nos demeures ; nous ne voyons jamais toute la rivière ; nous ne voyons jamais la même rivière. La rivière, nous nous figurons la connaître ; mais elle échappe à tous nos sens, et dans l'inconnu de sa source et dans l'inconnu de sa destinée finale.

Sénèque écrit dans une de ses lettres : « Nous vénérons les sources des grands fleuves ; une rivière qui jaillit subitement de la terre se fait élever des autels ; on rend un culte aux sources d'eaux chaudes ; il y a des étangs qu'a rendus sacrés l'obscurité ou la profondeur insondable de leurs eaux [1] ».

Avant même de songer à tous les bienfaits dont le fleuve comble ceux qui s'établissent sur ses bords, fertilisant leurs champs, nourrissant leurs troupeaux, les défendant mieux que toute forteresse contre les attaques de l'ennemi ; avant de songer aux effrayants ravages qu'il cause dans ses colères, à la mort soudaine de ceux qui tombent dans ses vagues ; la seule vue du torrent ou du fleuve, de cet étranger qui arrive on ne sait d'où, se rendant l'on ne sait où, aurait suffi pour éveiller dans le cœur des premiers habitants de ce globe le sentiment qu'il devait y avoir quelque chose au-delà de ce petit point de terre qu'ils appelaient leur bien, leur chez moi, et qu'ils étaient enveloppés de toute part par des puissances invisibles, infinies ou divines.

Et cette terre sur laquelle nous vivons, quoi de plus réel à première vue ? Mais, quand nous parlons de la terre comme d'un tout complet, d'un objet entier, comme nous ferions d'une pierre ou d'une pomme, nos sens se dérobent, ou du moins leurs sens se sont dérobés aux premiers créateurs du langage. Ils avaient un mot, mais l'objet correspondant à ce mot, c'était non pas une chose finie, une chose limitée par un horizon visible, c'était quelque chose qui s'étendait au-delà de cet horizon, une chose jusqu'à un certain point visible et réelle, mais qui, par la plus grande partie d'elle même, appartenait à l'invisible.

Ces premiers pas de l'homme primitif au début de sa carrière ne devaient pas le porter bien loin, semble-t-il ; et pourtant ce sont les pas décisifs, si vous

---

[1] **Magnorum fluminum capita veneramur ; subita ex abdito vasti amnis eruptio aras habet ; coluntur aquarum calentium fontes ; et stagna quædam vel opacitas, vel immensa altitudo sacravit.** *Epist.* **XLI.**

considérez de quel côté ils le portaient. Ils le portaient, qu'il le voulût ou non, de la perception des choses finies, que sa main pouvait manier, à la perception de choses qui n'étaient pas absolument des choses finies, et qu'il ne pouvait mesurer ni de la main ni du cercle le plus large de son regard. Si petits que fussent ces premiers pas, ce contact des sens avec l'infini et l'inconnu donna l'impulsion première, et fixa à jamais la direction où l'homme devait rencontrer le sommet le plus haut qu'il puisse jamais atteindre, l'idée de l'infini et du divin.

Je désigne cette seconde classe sous le nom d'objets *semi-tangibles*, pour les distinguer de ceux de la première classe, que nous désignerons sous le nom d'*objets tangibles*.

Cette seconde classe est très étendue, et il y a place à bien des différences entre les divers objets qui la composent. Une fleur, un arbuste ont à peine droit d'y figurer, parce qu'il y a fort peu de chose en eux qui ne puisse devenir l'objet d'une perception sensible, tandis qu'il y a d'autres objets où le caché excède de beaucoup le visible. Prenons la terre, par exemple : il est bien vrai que nous la percevons, qu'elle tombe sous la prise de la vue, de l'ouïe, du toucher, de l'odorat et du goût. Mais nous ne pouvons jamais percevoir d'elle qu'une partie infime, et certainement l'homme primitif ne pouvait guère se former l'idée de la terre comme un tout. Il voit le sol près de sa demeure, l'herbe d'un champ, une forêt, peut-être une montagne à l'horizon, et c'est tout. L'espace infini qui s'étend par-delà son l'horizon, il ne le voit que de l'œil de l'esprit, et c'est en ne le voyant pas qu'il le perçoit.

Ce n'est pas jouer sur les mots : c'est un fait que nous pouvons vérifier nous-mêmes. Quand nous regardons autour de nous du haut de quelque pic montagneux, notre œil va de crête en crête, de nuage en nuage ; nous nous arrêtons, non faute d'objets nouveaux à voir, mais parce que notre œil se refuse à aller plus loin. Ce n'est pas le raisonnement, comme on le croit généralement, qui nous fait connaître qu'il y a par delà une perspective infinie ; nous entrons réellement en contact avec elle, nous la voyons, nous la sentons. La conscience même de l'impuissance de notre perception nous révèle l'existence d'un monde au delà ; la borne où elle se brise lui révèle l'espace au delà.

Ne craignons pas de traduire les faits dans le seul langage qui puisse leur répondre : nous avons devant nous, sous nos sens, l'infini visible et tangible. Car l'infini n'est pas seulement l'objet qui n'a pas de limites ; c'est aussi pour nous et c'était, pour nos premiers ancêtres, l'objet dont nous ne pouvons percevoir les limites.

Poursuivons notre route. L'existence de ce que j'ai appelé le *semi-tangible* peut encore, si besoin est, se vérifier par quelqu'un de nos sens, et il tombe par quelque partie de lui-même sous la prise de notre main. Nous venons, à présent, à une troisième classe d'objets où cela est impossible : nous pouvons les voir et les entendre, mais non pas les toucher. Quelle sera notre attitude en leur présence ?

Il y a des choses que nous pouvons voir, sans pouvoir les toucher, le monde en est plein, et le sauvage primitif ne semble pas s'inquiéter beaucoup de l'étrangeté. Le nuage n'est que visible, il n'est pas tangible ; et si nous comptons le nuage, particulièrement dans les pays montagneux, parmi les semi-tangibles, il restera encore le ciel, les étoiles, la lune, le soleil, objets dont aucun ne peut être touché. Cette troisième classe constitue ce que j'appelle les *non tangibles*, ou, si vous me permettez de créer le mot, les *intangibles*.

La seule analyse psychologique nous révèle donc trois ordres d'objets que les sens perçoivent, mais qui laissent en nous des impressions de la réalité bien différentes.

1° *Objets tangibles* tels que pierres, coquillages, os, etc., premiers objets du culte selon l'école qui fait du fétichisme le début de toute religion, et qui cherche dans des objets purement finis le premier éveil du sentiment religieux.

2° *Objets semi-tangibles*, montagnes, arbres, fleuves, mer, terre. Ces objets fournissent la matière de ce que j'appelle les *semi-divinités*.

3° *Objets intangibles*, ciel, étoiles, soleil, aurore, lune; là est le germe de ce que nous appellerons plus tard du nom de *divinité*.

Demandons aux anciens ce qu'ils pensaient de la nature de leurs dieux. Epicharme dit que les dieux étaient les vents, la pluie, la terre, le soleil, le feu, les étoiles [1].

Selon Prodicus, les anciens considéraient comme dieux le soleil et la lune, les fleuves et les sources, en général, tous les objets qui nous sont utiles, comme les Egyptiens faisaient pour le Nil : le pain était donc adoré sous le nom de *Demeter ;* le vin, l'eau, le feu, sous les noms de *Dionysos*, de *Poseidon*, d'*Hephaistos* [2].

César, exposant la religion des Germains, dit qu'ils adoraient le soleil, la lune et le feu [3].

Hérodote, parlant des Perses, dit qu'ils sacrifiaient au soleil, à la lune, à la terre, au feu, à l'eau et aux vents [4]. Celse dit qu'ils sacrifiaient sur le sommet des

---

[1] Stobée, *Floril.*, XCI, 29. Ὁ μὲν Ἐπίχαρμος τοὺς θεοὺς εἶναι λέγει, ἀνέμους, ὕδωρ, γῆν, ἥλιον, πῦρ, ἀστέρας.

[2] Zeller, *Philosophie des Grecs*, p. 926 ; Sext. Math., IX, 18, 51 ; Cic., *Nat. D.*, I, 42, 118 ; Epiph., *Exp. Fid.*, 1088, G.

[3] *Bell. Gall.*, VI, 21.

[4] Hérod., I, 31.

collines à *Dis*, entendant par là le cercle du ciel; peu importe, ajoute-t-il, que nous nommions cet être *Dis* ou le Très-Haut, ou Ζεύς, ou Adonai, ou Sabaoth, ou Ammon, ou, avec les Scythes, Papa [1].

Quinte-Curce, parlant de la religion des Indiens, dit : « Ils appellent *dieux* tous les objets auxquels ils imaginent de rendre un culte, et en particulier les arbres, que chez eux l'on ne peut insulter sans crime [2]. »

III

Les dieux aryens d'après leurs noms.

Consultons à présent le Véda même et ses vieux hymnes, pour voir ce qu'était réellement cette religion des Indiens que nous décrivent les compagnons d'Alexandre et leurs sucesseurs. A qui sont adressés les hymnes qui nous conservent le plus ancien débris de la poésie humaine dans le monde aryen?. Ils s'adressent, non à des blocs de bois ni à des pierres, mais aux rivières, aux montagnes, à la terre, au ciel, à l'aurore, au soleil, c'est-à-dire non à des objets tangibles, à des fétiches, mais au semi-tangible et à l'intangible.

C'est là une confirmation importante et que personne n'aurait pu attendre il y a cent ans; car, qui alors aurait supposé que nous pourrions un jour opposer au témoignage des historiens d'Alexandre le témoignage contemporain, bien mieux, le témoignage d'une littérature de mille ans plus ancienne que ces historiens mêmes?

Mais nous pouvons aller plus loin encore ; en comparant la langue des Aryens de l'Inde avec celle des Aryens de la Grèce, de l'Italie et du reste de l'Europe, nous pouvons reconstruire une partie de la langue qui était

[1] Froude, dans le *Fraser's Magazine*, 1878, p. 157.
[2] Curtius, VIII, 9, 34. Voir Happelt, p. 119.

parlée avant que les différents membres de la famille aryenne se fussent séparés.

Ce que les anciens Aryens pensaient des fleuves et des montagnes, de la terre et du ciel, de l'aurore et du soleil, comment ils les concevaient en les percevant, nous pouvons encore le deviner jusqu'à un certain point, parce que nous savons comment ils les nommaient. Ils nommaient les objets d'après les différents modes d'activité qu'ils croyaient y reconnaître, et dont l'exercice, dans l'homme, était accompagné d'une émission involontaire de sons qui, plus tard, sont devenus les *racines*.

Telle est, autant que j'en puis juger à présent, l'origine de toute langue et de toute pensée, et c'est le mérite de la philosophie de Louis Noiré d'avoir mis en lumière ce principe, sans se laisser troubler par le conflit des théories et par l'autorité des plus grands noms [1].

Le langage est une explosion de l'action. Quelques-uns des actes les plus simples, les actes de frapper, de pousser, de couper, de joindre, de mesurer, de labourer, de tisser, etc., étaient accompagnés, et le sont encore souvent, de certains sons involontaires, d'abord vagues et variables, et qui prirent peu à peu une forme plus définie. Ces sons étaient d'abord inséparables de l'acte. Par exemple, le son *mar* accompagnait l'acte de frotter, de polir la pierre, d'aiguiser l'arme, sans qu'il indiquât encore rien d'autre, ni pour celui qui parlait, ni pour les autres. Bientôt ce son devint une indication : il annonçait que l'homme allait se mettre à l'œuvre, pour frotter ou polir une arme de pierre ; prononcé avec un accent expressif et interprété par certains gestes, il intimait l'ordre du père à ses enfants et à ses esclaves de ne pas

---

[1] J'ai traité ce sujet dans un article sur l'Origine de la raison (*Contemporary Review*, février 1878) ; je renvoie à cet article et à l'ouvrage de Noiré.

rester les bras croisés pendant qu'il travaillait : *mar !* devenait un impératif. Le mot était parfaitement intelligible, ayant été employé dès l'abord, non par un seul, mais par beaucoup d'hommes qui se trouvaient engagés ensemble dans la même occupation.

Plus tard, nouveau pas. *Mar* pouvait servir encore à autre chose qu'à un impératif collectif, à autre chose qu'à exprimer l'ordre qu'on adressait à soi-même et aux autres en même temps (*mar !* travaillons); s'il fallait transporter les pierres à polir d'un endroit à l'autre, du bord de la mer à la caverne, de la caverne à craie à la cabane, *mar* suffisait pour désigner non seulement les pierres que l'on transportait pour être polies et aiguisées, mais aussi celles dont on se servait pour tailler, aiguiser et polir : le signe impératif n'était plus restreint à l'acte, mais pouvait se rapporter aux divers objets de l'acte.

Cette extension de la valeur du son devait amener la confusion, et le sentiment de cette confusion fit naturellement chercher quelque expédient pour l'éviter.

Pour distinguer entre *mar*, « polissons nos pierres », et *mar*, « allons ! des pierres à polir », on pouvait se prendre de plusieurs manières. La plus simple et la plus primitive, c'était de changer l'accent, le ton de la voix. C'est le procédé du Chinois et des autres langues monosyllabiques, où le même son change de sens avec l'accent.

Un autre expédient non moins naturel consistait dans l'emploi de signes démonstratifs, de *racines pronominales*, que l'on joignait au son *mar ;* par exemple « frotter ici » désignait l'homme ; « frotter là » désignait la pierre.

C'était là une chose bien simple, semble-t-il ; et pourtant, c'est là ce qui donna à l'homme la première conscience de la différence du sujet et de l'objet, et, qui plus est, laissa dans son esprit, au-dessus de la perception de l'agent et de l'ouvrage accompli, la conception générale de l'action même, indépendamment et du sujet agissant et de l'objet de l'action. C'est ce pas qui fit franchir l'abîme, du son qui exprime la chose perçue, au son qui exprime un pur concept; ce passage qui n'avait jamais été expliqué devient parfaitement clair dans le système de Noiré. Les sons qui accompagnent naturellement les actes répétés deviennent immédiatement les signes d'un concept naissant, c'est-à-dire les signes de sensations répétées que l'esprit réduit à l'unité. Une fois que ces sons se trouvent différenciés par l'accent ou par d'autres signes extérieurs, de façon à désigner l'agent, l'instrument, le lieu, le temps ou l'objet de l'action, l'élément commun à tous ces mots est, ni plus ni moins, ce que nous avons l'habitude d'appeler une racine, c'est-à-dire un type phonétique, défini dans sa forme, et exprimant un acte général, un concept.

Ces considérations appartiennent plutôt à la science du langage : mais il n'est pas moins indispensable de les avoir à l'esprit dans la science de la religion.

Que pensaient les anciens quand ils parlaient de rivière? Ce qu'ils en pensaient est exprimé dans les noms même qu'ils lui donnaient; ils l'appelaient, comme nous savons, de différents noms : la coureuse (*sarit*), la bruyante (*nadî, dhuni*); ou, si elle coulait en droite ligne, la laboureuse et la charrue (*sîrâ*), ou bien la flèche; comme nourrissant les champs, elle était la mère, *mâtar*); si elle séparait un pays d'un autre, elle était celle qui défend (*sindhu*, de *sidh*, *sedh*, écarter). Dans tous ces noms, comme vous le remarquez, la rivière est un être actif. Elle court comme l'homme ; comme lui, elle crie; comme lui, elle laboure ; comme lui, elle fait la garde. On ne commence pas par l'appeler *la charrue*, mais *la laboureuse ;* et la charrue elle-même a été longtemps non un instrument, mais un agent; c'est celle qui divise, qui déchire, et elle emprunte souvent son nom au sanglier qui creuse et au loup qui déchire[1].

Nous apprenons ainsi à comprendre de quelle façon l'homme primitif s'assimila l'univers qui l'enveloppait, découvrant partout des actes semblables à ceux qu'il produit lui-même, et transportant, sur les agents qui l'entouraient, les sons qui accompagnaient primitivement la production de ses propres actions.

C'est là, dans ces couches dernières de la langue, que sont déposés les vrais germes de ce que nous appelons plus tard *animisme, anthropomorphisme*. Là l'anthropomorphisme se montre ce qu'il est, une nécessité de la langue et de la pensée, et non, ce qu'il semble plus tard, un jeu libre de la fantaisie poétique. A l'époque où l'homme voyait dans la pierre qu'il avait lui-même aiguisée un agent à son service, l'être qui coupe, et non la chose avec laquelle on coupe, à l'époque où la baguette à mesurer était *la mesureuse*, où la charrue était *la déchireuse*, où le vaisseau était *le fuyard* ou *l'oiseau*, la rivière devait être *la crieuse*, la montagne être *la protectrice*, et la lune *l'arpenteuse*. La lune, dans sa marche de chaque jour, semblait mesurer le ciel, et par là aidait l'homme à mesurer chaque lunaison, chaque mois. L'homme et la lune travaillaient de concert, arpentant de concert, et, comme l'homme qui arpente un champ, qui mesure une poutre pourrait s'appeler le *mâ-s*, le mesureur, de *mâ*, mesurer, la lune fut appelée de ce nom : sanscrit *mâs*, grec μείς, latin *mensis*, anglais *moon*.

Ce sont là les premières démarches du langage, simples et inévitables, et bien aisées à comprendre, bien qu'on se soit mépris sur leur valeur. Il n'y a qu'à suivre avec soin, pas à pas, la marche de la langue et de la pensée.

[1] *Vrika,* dans les Védas, est le loup et la charrue.

De ce que la lune est appelé *le mesureur*, même *le charpentier*, il ne s'ensuit pas que les premiers créateurs du langage n'aient pas vu de différence entre la lune et l'homme. L'homme primitif avait sans doute des façons de penser bien différentes des nôtres, mais ce n'est pas à dire qu'il fût idiot, et que, pour avoir vu quelque rapport entre ses actes personnels et ceux de la rivière, de la montagne, de la lune, du soleil et du ciel, et pour leur avoir donné des noms exprimant ces actes, il ait perdu de vue toute différence entre l'arpenteur-homme et l'arpenteur-lune, entre la mère réelle et la mère rivière.

Quand tout ce qui était connu et dénommé était conçu comme actif et, par suite, comme personnel, quand la pierre était la coupeuse, que la dent était la broyeuse ou la mangeuse, que la tarière était la perceuse, il y avait alors sans doute une grande difficulté à *dépersonnifier*, à distinguer l'arpenteur de la lune, à neutraliser les mots, à produire des mots neutres, à distinguer clairement l'outil de la main, la main de l'homme ; à trouver un moyen de parler de la pierre comme d'une chose morte que l'on foule aux pieds. Nulle difficulté, au contraire, à colorer, à animer, à personnifier.

Vous voyez comment, pour nous, ce problème de la personnification, qui autrefois a tant agité les mythologues, se trouve retourné : il ne s'agit point de savoir comment le langage s'y est pris pour personnifier, mais comment il a pu trouver le moyen de dépersonnifier.

On cherche généralement dans le genre grammatical la cause de la personnification. Le genre est le résultat et non la cause. Sans doute, dans les langues où la distinction des genres est complètement établie, et surtout dans les périodes avancées de ces langues, il est aisé aux poètes de personnifier. Mais nous sommes ici à un âge plus primitif. Même dans les langues qui distinguent le sexe, il y a eu un temps où cette distinction n'existait pas encore. Dans les langues aryennes, qui plus tard ont développé si complètement le système du genre grammatical, quelques-uns des mots les plus anciens sont encore sans genre. *Pater* n'est pas masculin, ni *mater* féminin ; et les plus anciens noms de la rivière, de la montagne, de l'arbre et du ciel n'ont aucun signe extérieur de genre grammatical. Sans signe de genre, tous les anciens noms exprimaient une activité.

Dans cet état de la langue, il était presque impossible de parler de choses non actives, non personnelles. Tout nom marquait un agent. *Calx*, le talon, signifiait « celui qui frappe du pied[1] » ; *calx*, la pierre, avait le même sens ; il n'y avait pas d'autre moyen de la nommer : le talon frappe la pierre, et la pierre frappe le talon ; tous deux étaient *calx*. *Vi*, dans les Védas, est l'oiseau, « celui qui vole » ; c'est aussi la flèche. *Yudh* est le combattant, l'arme et le combat.

Ce fut un grand pas de fait quand on fut en état de distinguer, par des signes extérieurs, entre le frappant et le frappé, l'animé et l'inanimé. Il y a beaucoup de langues qui s'en sont tenues là. Les langues aryennes firent un pas plus loin ; elles distinguèrent, parmi les êtres animés, entre les mâles et les femelles. Cette distinction commença, non par l'introduction de noms masculins, mais par celle de féminins, c'est-à-dire par l'attribution de certains suffixes de dérivation aux êtres femelles. Par là, tous les autres mots devinrent masculins. Plus tard, on réserva certains suffixes aux neutres, c'est-à-dire à ceux qui n'étaient ni masculins ni féminins ; mais, en général, il n'y eut de différence qu'au nominatif et à l'accusatif.

---

[1] *Calc-s*, de la racine *kal* (cel-lo), vieux norois *hael-l*, anglais *heel* ; grec λάξ, de κλάξ pour κάλξ. Calx, cal-culus, cal-cul-are, etc.

Donc le genre, bien qu'il devienne plus tard un agent puissant dans le développement de la mythologie poétique, n'est pas le réel moteur du mouvement. Ce moteur est dans la nature même de la langue et de la pensée. L'homme crie ses actes : découvrant dans le monde extérieur des actes analogues aux siens, il saisit les objets de ces actes au moyen de ces mêmes cris. Ce n'est pas au début des choses qu'il rêvera que la rivière a des jambes, des bras et des armes, parce qu'il l'a appelée celle qui défend ; ni que la lune est un arpenteur, parce qu'elle divise et mesure le ciel. Ces méprises viendront plus tard ; nous sommes encore dans les premières couches de la pensée.

Nous nous imaginons le langage impossible sans phrase, et la phrase impossible sans copule. Cela est vrai et cela est faux. Si nous entendons par phrase une expression qui contient un sens, cela est vrai ; si nous entendons une expression formée de plusieurs mots, sujet, prédicat, copule, cela est faux. Un impératif à lui seul est une phrase ; chaque forme du verbe peut être une phrase. Ce que nous appelons à présent un nom était originairement une sorte de phrase, formée d'une racine et d'un suffixe, le suffixe désignant quelque chose dont la racine était affirmée. Quand la phrase est composée d'un sujet et d'un prédicat, nous pouvons dire qu'il y a une copule sous-entendue ; mais la vérité est que d'abord elle n'était pas exprimée, qu'il n'était pas nécessaire de l'exprimer, qu'il était impossible de l'exprimer. Arriver à dire *vir est bonus* au lieu de *vir bonus*, c'est un des derniers triomphes de la parole.

Nous avons vu l'embarras des premiers Aryens à parler d'une chose, c'est-à-dire à la penser comme non active. Ils avaient la même difficulté à surmonter pour dire simplement qu'une chose était ou n'était pas. Ils n'ont pu d'abord exprimer cette idée qu'en disant qu'une

chose faisait telle ou telle chose qu'ils faisaient eux-
mêmes. L'acte le plus général de tous les êtres humains
étant de respirer, pour dire qu'une chose est, ils disaient qu'elle respire.

La racine *as*, encore vivante dans notre verbe il *est*,
est une vieille racine; elle avait déjà le sens abstrait
avant la séparation des Aryens. Pourtant nous savons
qu'avant de signifier « être », elle signifiait « respirer ».

Le dérivé le plus simple de *as* « respirer » est le sanscrit *as-u*, « le souffle »; d'où vient probablement *asu-ra*,
« celui qui respire, qui vit, qui est », mot qui devient
enfin le nom le plus ancien des dieux vivants, les Asuras
védiques [1].

Quand on sentit qu'on ne pouvait employer cette racine *as*, « respirer », en parlant des arbres et d'autres
objets qui, visiblement, ne respirent pas, on prit une
autre racine, *bhû*, primitivement croître, le grec φύω,
qui se retrouve encore dans le français il *fut*, dans l'anglais *to be*. On l'appliqua non seulement au monde animal, mais au monde végétal, à tout ce qui grandit, à
tout ce qui pousse, et la terre même fut appelée *Bhûs*,
« celle qui grandit ou fait grandir ».

Enfin, pour exprimer un concept encore plus général, on prit la racine *vas*, « habiter, demeurer ». C'est la
racine que nous trouvons dans le sanscrit *vas-tu*, mai-

---

[1] Le sanscrit *asu* est le zend *ahu*, qui dans l'Avesta signifie conscience et monde (voir Darmesteter, Ormuzd et Ahriman, p. 47). Si
ahu en zend signifie aussi *seigneur*, il ne s'ensuit pas que *ahura* dans
Ahura mazda ait signifié *seigneur* et soit formé par suffixe secondaire
ra. Le zend a pu donner à *ahu* deux sens, « souffle et seigneur »,
comme il fit dans le cas de *ratu*, « ordre et ordonnateur ». Il
semble inadmissible de donner au sanscrit *asura* le nom de seigneur,
parce que le zend *ahu* est employé dans ce sens.

[Je ferai remarquer que l'auteur cité traduit *asura*, seigneur, non
parce que le zend *ahu* a ce sens, mais parce que le zend *ahura* a et
n'a que ce sens. — Tr.]

son, dans le grec ἄστυ, ville, et qui se cache encore dans l'anglais *I was*, j'étais. Il pouvait s'appliquer à tout ce qui ne tombait pas dans le concept de chose qui respire ou de chose qui croît. C'était le premier pas vers l'expression de l'être impersonnel ou mort. Il y a en fait une grande analogie entre la formation des trois genres et l'introduction de ces trois auxiliaires.

. A la lumière de ces observations, essayons de voir comment les premiers Aryens ont pu parler du soleil, de la lune, du ciel, de la terre, des montagnes et des rivières. Là où nous dirions : le soleil est levé, la lune est levée, il vente, il pleut, ils ne pouvaient parler et penser que sous cette forme : le soleil respire (Sûryo asti) ; la lune croît (Mâ bhavati) ; la terre demeure (Bhûr vasati) ; le vent, ou le souffleur, souffle (vâyur vâti) ; la pluie pleut (indra unatti, vrishâ varshati, somas sunoti).

Ce que je décris ici, ce sont les premières tentatives de l'homme pour comprendre et exprimer le drame de la nature qui se jouait sous ses yeux, et je n'emploie le sanscrit que pour éclairer des procédés de langage bien antérieurs à l'existence du sanscrit. Comment l'idée détermina l'expression et comment l'expression, en devenant traditionnelle, réagit sur l'idée, comment la vieille mythologie sortit de ces actions et de ces réactions, ce sont là des problèmes qui appartiennent à une phase plus récente de la pensée, et qui ne doivent pas nous retenir en ce moment. Il n'y a qu'un point sur lequel il faut insister fortement. Si les anciens Aryens appelaient le soleil de noms exprimant les différentes formes d'activité, s'ils l'appelaient celui qui illumine, celui qui réchauffe, le créateur, le nourricier, si la lune était celle qui mesure, l'aurore celle qui éveille, le tonnerre celui qui mugit, la pluie celui qui pleut, le feu le coureur rapide, ne supposons pas qu'ils prissent ces objets pour des êtres humains, avec des bras et des jambes. Même

quand ils disaient que le soleil respire, ils n'entendaient
pas que le soleil fût un homme ou un animal avec des
poumons et une bouche pour respirer. Nos ancêtres tro-
glodytes, je le répète, n'étaient ni des idiots ni des
poètes. En disant « le soleil respire, le nourricier respire », ils entendaient simplement exprimer que le soleil était en action, en mouvement, agissant et se re-
muant comme nous-mêmes. Ils ne voyaient pas encore
dans la lune deux yeux, un nez et une bouche, et ils ne
se représentaient pas les vents comme des marmots
joufflus, soufflant des jets de vent des quatre coins du
ciel. Tout cela viendra peu à peu, mais non pas dans les
premiers jours de la pensée humaine.

Dans la période où nous sommes encore, je crois que
nos ancêtres aryens, loin d'animer, de personnifier,
d'humaniser ces objets que nous désignons sous le nom
de *semi-tangibles* et d'*intangibles*, étaient bien plutôt
frappés des différences entre ces objets et eux-mêmes
que de ressemblances imaginaires.

Permettez-moi de vous signaler une curieuse confirmation de cette théorie que nous fournissent les Védas.
Dans maint hymne, la comparaison est encore une
négation. Au lieu de dire, comme nous le faisons,
« ferme comme un roc », le poète dit : « firmus, non
rupes » [1]; c'est-à-dire que c'est en appuyant sur la différence qu'il fait sentir la ressemblance. Il offre au Dieu
l'hymne d'éloge : « non suavem cibum », c'est-à-dire
comme un doux aliment [2]. La rivière approche en mugissant, « mais ce n'est pas un taureau », c'est-à-dire
qu'elle mugit comme un taureau : les Maruts tiennent

---

[1] Rig-Véda, I, 52, 2, sa, parvato na acyutas ; I, 64, 7, girayo na svata-
vasas. *Na* est placé après le mot qui sert de comparaison, de sorte
que l'idée originale est : « lui, un rocher, pas »; c'est-à-dire : il n'est
pas absolument un rocher, il ne l'est que jusqu'à un certain point.

[2] Rig-Véda, I, 61, 1.

leurs adorateurs dans les bras, « pater non filium », c'est-à-dire comme un père tient son enfant[1].

Le soleil et la lune étaient donc représentés comme étant en mouvement, mais *sans être* des animaux; les rivières mugissent et combattent *sans être* des hommes ; les montagnes ne peuvent être renversées, mais ce ne sont pas des guerriers; le feu dévore la forêt, mais ce n'est pas un lion.

En traduisant les passages de ce genre, nous rendons la négation par la conjonction *comme*, et les rivières mugissent *comme* des hommes ; mais il est important d'observer que les poètes eux-mêmes étaient primitivement frappés de la différence, autant et plus que de la ressemblance.

En parlant des divers objets de la nature qui avaient, dès l'origine, éveillé leur attention, les poètes employaient naturellement certaines épithètes plus que d'autres. Ces objets étaient différents les uns des autres, mais ils avaient aussi en commun un certain nombre de qualités ; ils pouvaient donc recevoir certaines épithètes communes et plus tard se grouper en classes, sous le chef de ces épithètes, et amener ainsi la création d'un nouveau concept. Tout cela était possible ; voyons ce qui se réalisa.

Consultons les Védas: tous les hymnes sont adressés, d'après les anciens théologiens indiens, à certaines *devatâs*. Ce mot répond pour le sens et pour la racine au mot *divinité ;* mais dans les hymnes mêmes il ne paraît jamais dans ce sens. Le concept abstrait de divinité n'était pas encore formé. Les vieux commentateurs hindous eux-mêmes nous disent que par *devatâ* ils entendent simplement la chose ou la personne à qui l'hymne s'adresse, l'*objet* de l'hymne, tandis qu'ils appellent

---

[1] Rig-Véda, I, 38, 1.

Ris*hi* ou voyant le *sujet* de l'hymne, celui qui s'adresse à
cette chose ou à cette personne [1]. Si la parole de l'hymne
s'adresse à la victime près d'être offerte, ou même aux
vases du sacrifice, à un char, à une hache de bataille,
ou à un bouclier, tous ces objets deviennent les *devatâs*.
Dans quelques hymnes dialogués, celui qui parle est
Ris*hi*, celui à qui il parle est *devatâ*. *Devatâ* est devenu
en fait un terme technique et désigne dans la langue
des théologiens indigènes l'objet auquel s'adresse le
poète. Mais si le concept abstrait de la *devatâ*, de la divinité, ne paraît pas encore dans les hymnes du Rig-
Véda, nous trouvons que la plupart des êtres auxquels
les anciens Rishis adressaient leurs hymnes portaient le
nom de *devas*. Si un Grec avait eu à traduire en grec le
mot *deva*, il aurait probablement employé le mot Θεός,
comme nous traduisons nous-mêmes Θεός par Dieu, sans
trop nous inquiéter de ce que nous entendons par ce
mot. Mais quand nous cherchons quelles idées les poètes
védiques attachaient à ce nom, nous trouvons qu'elles
étaient bien différentes de celles qu'expriment Θεός ou
Dieu, et que, même dans le Véda, les Brâhma*n*as, les
Ara*n*yakas et les Sûtras, le sens du mot est perpétuel-
lement en mouvement et en changement. Expliquer le
sens de *deva*, c'est faire son histoire même, à commencer par son étymologie et à finir par ses dernières définitions.

Deva, de la racine *div*, briller, signifiait primitivement
« brillant »; les dictionnaires le définissent dieu et
divin; mais si dans les hymnes nous rendons toujours
deva par *deus*, nous commettrons parfois un anachronisme mental d'un millier d'années. Au temps dont
nous parlons, les dieux, au sens moderne du mot,

---

[1] **Anukrama*n*ikâ** : yasya vàkyam, sa ris*his* ; yà tena ucyate, sà
devatà. Tena vàkyena pràtipàdyam yad vastu, sà devatà.

n'existaient pas encore ; ils luttaient pour naître, c'est-à-dire que le concept et le nom de la divinité en étaient aux premières phases de leur évolution, et « dans la contemplation du créé, l'hommo montait pas à pas vers Dieu ». C'est là qu'éclate la valeur réelle des hymnes védiques. Hésiode nous donne le passé d'une théogonie ; le Véda nous donne la théogonie même, la naissance et la formation des dieux, c'est-à-dire la naissance et la formation des mots qui les désignent ; et nous voyons dans les hymnes plus récents, — récents de caractère, sinon d'âge, — les phases subséquentes de ce développement.

Deva n'est pas le seul mot qui, désignant d'abord une qualité commune à un grand nombre des êtres invoqués, finit par devenir un nom général de la divinité. *Vasu*, un nom très commun pour certains dieux, signifiait aussi d'abord le brillant.

Quelques-uns de ces objets frappaient la pensée des premiers poètes par leur caractère immuable et impérissable, au milieu de tous ces êtres qui meurent et croulent en poussière. Ils les appelaient *amarta*, ἄμϐροτος, « qui ne meurt pas » ; *ajara*, ἀγήρως, « qui ne vieillit pas, qui ne dépérit pas ».

Quand on voulait exprimer l'idée que les objets comme le ciel et le soleil étaient non seulement impérissables et immuables au sein du changement et du dépérissement de tous les autres êtres, hommes ou animaux, mais qu'ils avaient une vie réelle et propre à eux, on employait le mot *asura*, que je crois dérivé de *asu*. Tandis que *deva*, à cause de son sens primitif, était réservé aux manifestations brillantes et bienfaisantes de la nature, *asura* n'était pas soumis aux mêmes restrictions et put, dès les premiers temps, s'appliquer à toutes les forces de la nature, malfaisantes aussi bien que bienveillantes. Dans ce mot *asura*, primitivement « doué de souffle », plus tard « Dieu », nous pouvons reconnaître les premières traces de ce que l'on a quelquefois appelé l'*animisme*.

Il y a un autre adjectif qui avait primitivement à peu près le même sens qu'*asura*, c'est *ishira*. Dérivé de *ish*, saveur, force, animation, vie, il s'appliquait à plusieurs des divinités védiques, particulièrement à Indra, à Agni, aux Açvins, aux Maruts, aux Adityas, mais aussi à d'autres objets, au vent, à un char, à l'esprit. Le sens primitif « vif et animé » paraît encore dans le grec ἱερὸς ἰχθύς, et dans ἱερὸν μένος, et le sens général de divin, sacré, qu'il a en. Grèce, doit s'expliquer de la même façon que celui de *asura*, « Dieu » en sanscrit [1].

IV

Le semi-tangible et l'intangible dans le Véda.

Revenons aux trois classes entre lesquelles nous avons réparti les objets naturels. Je ne vois pas que la première ait de représentants parmi les devatâs du Rig-Véda.

Le culte de la pierre, de l'os, du coquillage, bref, du fétiche, ne paraît pas dans les hymnes anciens, quoiqu'il paraisse dans les hymnes plus modernes, en particulier ceux de l'Atharva. Les objets artificiels cités ou célébrés dans le Rig, sont de ceux que pourrait chanter encore un Wordsworth ou un Tennyson, le char, l'arc, le carquois, la hache, le tambour, les vases du sacrifice et autres objets de ce genre. Ils ne prennent jamais un caractère personnel, ce ne sont que des objets utiles, précieux, peut-être même sacrés [2].

[1] L'identité de ἱερός avec *ishira* a été indiquée par Kuhn, *Zeitschrift*, II, 274. Voir aussi Curtius, *Zeitschrift*, III, 154.

[2] On a dit que les ustensiles et les instruments ne deviennent jamais dieux ; voir Kapp, *Esquisse d'une philosophie des arts tech-*

Avec la seconde classe, tout autrement. Presque tous nos semi-tangibles se rencontrent parmi les *devatâs* du Véda. Ainsi nous lisons (I, 90, 6-8) :

> Les vents versent le miel sur l'homme pieux, les rivières versent le miel ; que pleines de miel soient nos plantes !
> Miel soit la nuit et aussi l'aurore, plein de miel soit le firmament au-dessus de la terre ! Miel soit le ciel, notre père !
> Pleins de miel soient nos arbres ! plein de miel soit le soleil ! que pleines de miel soient nos vaches !

J'ai traduit littéralement ; mais le mot rendu par miel, *madhu*, et qui signifie en effet miel, a un sens bien plus étendu en sanscrit. Miel signifiait nourriture et boisson, douce nourriture et douce boisson, et, par suite, la pluie rafraîchissante, l'eau, le lait, toute chose délicieuse s'appelait miel, *madhu*. Nous ne pouvons jamais traduire ces vieux mots dans toute leur plénitude : ce n'est que par une longue et profonde étude que nous pouvons deviner toutes les fibres qu'ils faisaient vibrer dans l'âme des vieux poètes. Ailleurs, nous lisons :

> A notre secours nous invoquons les trois septuples rivières qui courent, les grandes eaux, les arbres, les montagnes, le feu. (Rig-Véda, X, 64, 8.)

niques, 1878, p. 104. Kapp cite à l'appui Caspari, *Histoire primitive de l'humanité*, I, 309. Nous lisons juste le contraire dans les *Principes de sociologie* de Spencer, I, 343 : « Dans l'Inde, la femme adore le panier qui semble lui apporter son nécessaire, ou en contenir le dépôt ; elle lui offre le sacrifice, de même qu'au moulin à riz et aux autres instruments qui l'aident dans ses travaux domestiques. Le charpentier rend le même hommage à sa hachette, à sa doloire, à ses outils ; autant en fait le brahmane à la plume avec laquelle il va écrire, le soldat à l'arme dont il va se servir en campagne, le maçon à sa truelle. » Le témoignage de l'abbé Dubois laisse assez sceptique ; mais une autorité plus compétente, M. Lyall, dans son livre intitulé *Religion d'une province de l'Inde*, dépose du même fait : « Non-seulement le laboureur prie sa charrue, le pêcheur son filet, le tisserand son métier ; mais le scribe adore sa plume et le banquier son livre de comptes. » Le tout est de savoir ce que l'on entend ici par le mot *adorer*.

Puissent de leur protection envelopper notre fortune, et les montagnes et les eaux et les plantes généreuses et le ciel ; et la terre d'accord avec les arbres, et les deux mondes. (VII, 34, 23.)

Que propice pour nous se lève le soleil qui va au loin ! Que propices nous soient les quatre régions du ciel ! propices les solides montagnes ! propices les rivières et les eaux ! (VII, 35, 8.)

Que nous entendent les fortes montagnes ! (III, 54, 20.)

Que nous soient protectrices les montagnes bien louées et les brillantes rivières. (V, 46, 6.)

Que nous protègent les aurores naissantes ! Que nous protègent les rivières qui se gonflent ! Que les fermes montagnes nous protègent ! Que nous protègent les mânes quand nous invoquons les dieux. (III, 52, 4.)

Nous voulons la protection du ciel et de la terre ; nous demandons aux rivières mères et aux montagnes herbeuses, au soleil et à l'aurore, de nous tenir dans l'innocence. Puisse le Soma pressé nous apporter bonheur aujourd'hui. (Rig-Véda, X, 35, 2.)

Voici enfin une invocation plus travaillée, adressée aux rivières, en particulier aux rivières du Penjâb, dont le bassin forme le théâtre du peu que nous savons de l'histoire de l'Inde védique.

1. Eaux, que le chantre, dans la demeure de Vivasvat, dise votre grandeur suprême. Elles sont venues, triples, par sept ; mais la Sindhu (l'Indus) est bien en force au-dessus de toutes ces voyageuses.

2. Varuna t'a frayé des sentiers pour y aller, ô Sindhu, alors que tu courus pour le prix de la course [1]. Tu vas sur la terre, sur les crêtes eu abîme, souveraine en tête des rivières en marche.

3. Son bruit monte au ciel par-dessus la terre ; elle soulève en splendeur un fracas sans fin ; comme du sein de la nuée, les ondées tonnent, quand la Sindhu va, mugissant en taureau.

4. Vers toi, ô Sindhu, comme des mères à leur petit, les vaches mugissantes (les rivières) viennent verser leur lait. Comme un roi dans la bataille, tu diriges tes deux ailes, alors que tu reçois de front les rivières qui fondent sur toi.

5. Accueillez mon hymne, ô Gangâ (Gange), ô Yamunâ (Jumna), ô Sarasvatî (Sursùti), ô Çutudri (Sutlej), ô Parushnî (Ravi) ! Avec l'Asiknî (Akesines), écoute, ô Marudv*ri*dhà ; écoute, ô Arjikîyà, avec la Vitastà (Hydaspes, Behat) et la Sushàmà.

---

[1] En descendant du ciel.

6. Unie d'abord avec la Tri*sh*t*â*mâ pour faire route ensemble, avec la Susartu, la Rasâ et la Çvetî, tu vas, ô Sindhu, avec la Kubhâ (le Kophen, le fleuve Caboul), chercher la Gomatî (le Gomal), avec la Mehatnu, chercher le Krumu (le Kourum), pour marcher le même chemin avec eux.

7. Etincelante, brillante, avec puissante splendeur, elle pousse les nuages à travers les plaines, l'invincible rivière Sindhu, vigoureuse entre les vigoureuses, telle qu'une belle cavale, belle chose à voir.

8. Riche en chevaux, en chars, en vêtements, en or, en pâturages, en laine, en herbes, la belle, la jeune Sindhu va, s'étend par le pays ruisselant de miel.

9. La Sindhu a attelé de chevaux son char agile ; puisse-t-elle dans la lutte nous conquérir les biens ! car grande est célébrée la grandeur de ce char roulant, invincible, glorieux, tout-puissant. (Rig-Véda, X, 75, 1.)

J'ai choisi ces invocations entre mille, parce qu'elles sont adressées à des êtres dont la nature est encore parfaitement claire, à des semi-tangibles, à des semi-divinités.

La question qui se pose ici est la suivante : ces objets faut-il les appeler des dieux? Dans certains passages, certainement non ; car nous-mêmes, quoique nous ne soyons pas polythéistes, nous pourrions parfaitement nous associer à ces formules qui font de l'arbre, de la montagne, de la rivière, de la terre, du ciel, de l'aurore et du soleil des objets doux et agréables à l'homme.

Un grand pas est franchi quand le poète invoque les montagnes et les rivières pour protéger l'homme. Cependant, cela encore peut se concevoir. Nous savons les sentiments des anciens Egyptiens pour le Nil, et aujourd'hui encore, le patriote suisse pourrait bien invoquer les montagnes et les rivières, pour le protéger, lui et son foyer, contre l'ennemi du dehors.

Mais un pas amène l'autre. On demande aux montagnes d'écouter ; cela encore se comprend dans une certaine mesure : à quoi servirait de les invoquer si elles n'écoutaient pas ?

Le soleil est appelé « celui qui voit au loin » : ne voyons-nous pas les premiers rayons du soleil levant percer les ténèbres et briller chaque matin à notre toit? N'est-ce pas ces rayons qui nous font voir? Le soleil a donc droit à être appelé celui qui brille au loin, qui voit au loin.

Les rivières sont les mères : ne nourrissent-elles pas les prairies et les troupeaux qui y paissent? Notre vie même ne dépend-elle pas des rivières et de leur régularité à nous fournir les eaux au temps voulu?

Et si le ciel est comme un Père, s'il est le Père, — le ciel ne veille-t-il pas sur nous? ne nous protège-t-il pas, nous et tout l'univers? Est-il rien de plus ancien, de plus haut, et tour à tour de plus doux et de plus terrible que le ciel [1]?

Si à tous ces êtres, comme nous les appelons, à tous ces *devas*, à tous ces brillants, comme aimaient à les appeler nos ancêtres, on demande le miel[2], c'est-à-dire la joie, la nourriture, le bonheur, rien d'étonnant: nous

[1] Il est rare de rencontrer un écrivain défendant la foi aux forces naturelles contre la foi en un Dieu suprême; nous avons même peine à comprendre comment la foi en des divinités indépendantes a pu se maintenir contre l'idée d'un Dieu unique, une fois que cette idée eut paru. Il y en a pourtant des exemples. Celse, l'auteur quel qu'il soit de « l'Histoire vraie », que nous connaissons par les citations et la réfutation d'Origène, défend nettement le polythéisme grec contre le monothéisme juif et chrétien : « Les Juifs, écrit-il, professent le respect du ciel et de ses habitants, mais les plus grandes et les plus sublimes merveilles de ces hautes régions n'ont pas part à ce respect. Ils adorent les fantômes de la nuit, les visions obscures de leur sommeil : mais ces beaux et brillants avant-coureurs du bien, ces ministres qui amènent les pluies de l'hiver et les chaleurs de l'été, les nuages, les éclairs et le tonnerre, qui produisent et conservent les fruits de la terre et tous les êtres vivants, ces êtres en qui Dieu révèle sa présence, ces beaux messagers du ciel, ces anges, ces vrais anges, ils n'y songent pas, ne s'en inquiètent pas. » (Froude, *Origène et Celse, Fraser's Magazine*, 1878, p. 157.)

[2] Dans les Upanishads *deva* s'emploie au sens de force, faculté ;

aussi nous savons qu'il y a en chacun d'eux une source de bénédictions.

La première prière qui étonne réellement, c'est celle qu'on leur adresse pour obtenir l'innocence. C'est là évidemment une pensée plus récente. Tout ce qui est dans le Véda n'est pas pour cela également antique, et n'appartient pas à une seule et même période. Les hymnes ont été réunis environ mille ans avant le Christ ; mais ils ont dû exister longtemps avant d'être réunis. Il y a eu du temps pour le plus riche développement, et il ne faut pas oublier que le génie individuel, qui parfois se révèle dans ces hymnes, dépasse souvent de plusieurs siècles la marche lente de la masse, dans le voyage à la recherche de la vérité.

Nous sommes déjà allés assez loin, quoique par une succession de pas bien simples et bien aisés. Supposons à présent que nous puissions parler face à face avec un poète védique, même un de ceux qui, invoquant les rivières mères et le ciel père, les priaient de l'écouter et de le garder du péché ; que dirait-il, si nous lui demandions si les rivières, les montagnes et le ciel étaient des dieux ? Il ne comprendrait même pas la question. Autant demander à un enfant s'il considère les hommes, les chevaux, les mouches, les poissons comme des animaux, ou les chênes et les violettes comme des végétaux. Le Rishi et l'enfant répondraient que non, n'étant pas encore arrivés à ce concept élevé qui plus tard leur permettra d'embrasser d'un seul coup des objets si différents d'apparence. Le concept de Dieu se formait en silence, à mesure que l'homme prenait une attitude mieux définie, en face du semi-tangible et de l'intangible.

les sens sont souvent appelés *devas* ; de même les *prânas* ou esprits vitaux. *Devatâ* doit quelquefois se traduire « être » ; cf. Chând, Up., 6, 3, 2 sq.

La recherche de l'intangible, de l'inconnu caché dans tous les semi-tangibles, avait commencé avec le premier échec qu'ils avaient fait essuyer à l'un ou l'autre de nos sens, qui y avait cherché en vain l'objet de perception correspondant à sa nature. Tout ce qui manquait à la plénitude de la perception, c'est-à-dire tout ce qui dans l'objet réel frustrait l'attente de quelqu'un des sens, on en admettait l'existence et on en cherchait la réalité autre part. Ainsi se construisait un monde fait d'objets perceptibles seulement à deux sens, ou même à un seul, en attendant que l'on approchât d'un monde qui n'était perceptible à aucun des cinq sens, et qui pourtant était reconnu comme aussi réel et comme répandant autant de bénédictions sur l'humanité que l'arbre, la montagne et la rivière.

Examinons de plus près quelques-uns des intermédiaires qui nous ont conduits du semi-tangible à l'intangible, du naturel au surnaturel. Commençons par le feu.

Le feu est aujourd'hui non seulement visible, mais tangible. Mais il nous faut oublier le feu tel que nous le connaissons à présent, et essayer d'imaginer ce qu'il était pour les premiers habitants de la terre. Il est possible que l'homme ait longtemps vécu et depuis longtemps ébauché sa langue et sa pensée avant de savoir allumer le feu. Mais, avant la découverte de cet art, qui a dû marquer une révolution complète dans sa vie, il avait vu l'étincelle de l'éclair ; il avait vu et senti la lumière et la chaleur du soleil ; il avait assisté, dans la stupeur, à ces embrasements de forêts, incendiées par l'éclair ou le frottement des branches en été. Dans toutes ces apparitions et ces disparitions il y avait une énigme qui le tourmentait. Voici le feu et le voilà déjà parti. D'où venait-il ? où allait-il ? S'il y eut jamais esprit, c'était bien lui. Il vient des nuages, n'est-ce pas ? Il s'évanouit

dans la mer ? Il vit dans le soleil ? Il voyage à travers les
étoiles ? Questions d'enfant, sans doute, mais bien naturelles à une époque où l'homme n'avait pas encore appris
à faire obéir le feu à ses ordres. Plus tard, il découvrit le
moyen de l'allumer par le frottement ; mais il ne comprenait encore ni la cause ni l'effet : il voyait soudainement paraître et disparaître la lumière et la chaleur : il
était fasciné par le feu ; il jouait avec lui, comme l'enfant le fait encore aujourd'hui, en dépit des défenses de
sa mère. Et quand il *pensait* le feu et le nommait, que
devait-il arriver ? Il ne pouvait le nommer que d'après
ce qu'il faisait : c'était le consumeur et l'illuminateur,
identique à l'être qui consume dans l'éclair et illumine
dans le soleil. C'étaient surtout ses mouvements rapides
qui frappaient l'homme, ses apparitions et ses disparitions soudaines ; il l'appelle *le vif, l'ag-ile*, Ag-nis, ig-nis.

Puis, il y avait tant de choses à conter de lui : comme
il était fils des deux morceaux de bois ; comment, aussitôt né, il dévorait son père et sa mère, c'est-à-dire les
deux pièces de bois d'où il avait jailli ; comme il s'évanouissait ou s'éteignait au contact de l'eau ; comme il
habitait sur la terre en ami ; comme il moissonnait les
forêts ; et, plus tard, comme il portait l'offrande de la
terre au ciel, messager et médiateur entre les dieux
et les hommes : — faut-il s'étonner des noms et des
épithètes multiples d'Agni, des histoires ou mythes
sans nombre que l'on conta de lui, et enfin du plus
ancien de tous ces mythes, à savoir que le feu recé-
lait en lui un être invisible et inconnu, mais d'existence indéniable ; — qui sait ? peut-être le Seigneur.

Après le feu, avec lequel il est quelquefois identifié,
vient le soleil. Il diffère de tous les objets dont nous
avons parlé jusqu'ici, par ce fait qu'il est hors de la
prise de tous nos sens, sauf la vue. Nous ne pourrons
jamais nous faire une idée exacte de tout ce que le

soleil dut être pour les premiers habitants de la terre.
Même après ces dernières découvertes de la science, si
brillamment décrites par Tyndall, et qui nous ont appris
que nous vivons, que nous nous mouvons, que nous
sommes en lui, que nous le brûlons, que nous le respi-
rons, que nous nous nourrissons de lui, nous ne pouvons encore nous figurer tout ce qu'éveillait dans la
conscience naissante de l'humanité cette source de lumière et de vie, ce voyageur silencieux, ce majestueux
souverain, ami qui s'en va, héros qui meurt, dans sa
course de chaque jour et de chaque année. On s'étonne
de voir tant de soleil dans la mythologie, c'est-à-dire
dans la conversation journalière des Aryens ; comment
pouvait-il en être autrement ? Les noms du soleil sont
infinis comme ses histoires ; mais qui il était, d'où il
venait, où il allait, cela restait un mystère du commencement à la fin. Mieux connu que rien autre, il restait
toujours en lui quelque chose d'inconnu. Que l'homme
regarde dans l'œil de l'homme, pour sonder l'abîme
profond de l'âme, et dans l'espoir de toucher enfin l'être
intime ; jamais il ne le trouvera, ne le verra, ne le tou-
chera, et pourtant il y croira toujours, il n'en doutera
jamais, peut-être même lui donnera-t-il son respect ou
son amour: ainsi l'homme levait ses yeux vers le soleil,
cherchant l'âme qui lui répondît : la réponse ne venait
pas ; ses yeux mêmes reculaient, éblouis et aveuglés de
ce rayonnement et impuissants à le supporter ; et cependant jamais il ne doutait que l'invisible ne fût là, et
il sentait que, même dans l'abandon de ses sens, dans
l'impuissance à rien saisir et à rien comprendre, il pouvait pourtant, en toute sûreté, fermer les yeux et croire,
s'agenouiller et adorer.

Il y a dans l'Inde une race bien inférieure, qui adore,
dit-on, le soleil : les Southals. Ils l'appellent *Cando*,
mot qui signifie « le brillant » et désigne également la

lune ; c'est probablement le sanscrit *candra*. Ils disaient aux missionnaires établis parmi eux que c'est Cando qui a créé le monde. On leur fit observer combien il était absurde de faire du soleil le créateur ; ils répondirent : « Oh ! ce n'est pas du Cando visible que nous parlons, c'est du Cando invisible. »

L'aurore n'était primitivement que le soleil levant ; le crépuscule était le soleil couchant. Plus tard on distingua les deux choses, et de là sortit une riche moisson d'histoires et de mythes. A côté de l'aurore et du soir, on eut bientôt le jour et la nuit, et, avec leur multiple descendance, les divers couples qui les représentent, les Dioscures des Grecs, les Açvins des Hindous, les deux jumeaux, qui parfois représentent aussi le ciel et la terre. Nous entrons là en pleine mythologie.

Tous les intangibles dont nous nous sommes occupés jusqu'ici nous étaient donnés et vérifiés par le sens de la vue. En voici d'autres donnés par l'ouïe et qui échappent à tous les autres sens [1].

Nous entendons le bruit du tonnerre ; mais le tonnerre même, nous ne pouvons le voir, le toucher, le sentir ni le goûter. Un bruit sans personne pour l'émettre, un tonnerre impersonnel, les vieux Aryens ne pouvaient en avoir l'idée : cela est bon pour nous. Le tonnerre éveillait en eux l'idée d'un être tonnant, comme les bruits de la forêt éveillaient l'idée d'un hurleur, lion ou autre. Dans ce *tonnant* ou ce *hurleur*, nous

---

[1] « Considérez aussi que le soleil, qui nous semble si bien visible, ne permet pas à l'homme de le regarder attentivement et aveugle qui le fixe. Vous verrez aussi que les ministres des dieux sont invisibles. On voit que l'éclair vient d'en haut, brise tout ce qu'il rencontre ; mais on ne le voit pas venir, ni frapper, ni partir. Les vents non plus ne se laissent pas voir, bien que leur œuvre soit visible et que nous les sentions approcher. » Xénophon, *Memor.*, IV, 3, 14. Voir aussi les citations de Minucius Felix dans Feuerbach, *Wesen der Religion*, p. 145.

avons le premier exemple de l'un de ces êtres que l'on
ne peut voir, et dont pourtant il est impossible de nier
l'existence et le pouvoir formidable en bien ou en mal.
Cet être qui tonne s'appelle dans les Védas *Rudra*, « le
hurleur », et il est aisé de comprendre comment, une
fois créé, Rudra, le Hurleur, dut manier la foudre, porter
l'arc et la flèche, frapper les méchants, épargner les
bons, ramener la lumière après les ténèbres, la fraîcheur
après la chaleur, la santé après la maladie. La première
foliole une fois ouverte, la croissance de l'arbre, si rapide qu'elle soit, n'a plus rien qui étonne.

Le vent nous est révélé surtout par le toucher, dont le
témoignage est souvent confirmé, il est vrai, par celui
de l'oreille et indirectement par celui de l'œil.

Ici encore, la parole et la pensée naissante ne distinguent pas, comme nous le faisons, entre le souffleur et
le souffle. Ils ne font qu'un, et ils sont quelque chose
comme nous-mêmes. Nous trouvons dans le Véda des
hymnes adressés à Vâyu le souffleur, et d'autres à Vâta
le souffle, mais ce dernier est également masculin et
non pas neutre. Quoique rarement célébré, le vent,
quand il l'est, occupe une place très haute. Il est le roi
de l'univers, le premier-né, le souffle des dieux, le
germe du monde, celui de qui l'on entend la voix sans
que l'on voie son corps [1].

A côté des vents, la tempête, ou, comme l'appelle le
Véda, les *Maruts*, « ceux qui écrasent, ceux qui frappent », les Maruts, qui s'élancent comme des fous avec
tonnerre et éclair, faisant tourbillonner la poussière,
pliant et brisant les arbres, détruisant les habitations,
tuant hommes et troupeaux, fendant les montagnes,
mettant en pièces les rochers. Ils vont et ils viennent,
mais nul ne peut dire d'où ni où ; nul ne peut les saisir.

---

[1] Ghoshâ id asya *çrin*vire na rûpam, Rig-Véda, X, 162, 4.

Et pourtant, qui pourrait douter de leur existence ? Qui
refuserait de se courber devant eux, de les rendre propices, si possible, par la bonne parole, la bonne pensée,
la bonne action ? « Ils peuvent nous écraser et nous ne
pouvons les écraser » ; dans ce sentiment même il y
avait un germe de pensée religieuse, et de nos jours encore il en est beaucoup qui comprendront mieux la religion définie sous cette forme brutale qu'à la façon
de Schleiermacher, comme le sentiment abstrait de
notre dépendance d'une force qui nous détermine et que
nous ne pouvons déterminer en retour. Il n'y a donc
pas à s'étonner de la formation de cet autre mythe, à
savoir que le vent, comme le feu, recèle en lui un être
invisible, inconnu, et pourtant d'existence indéniable,
— qui sait ? peut-être le Seigneur.

Enfin, reste la pluie. Voilà un objet qu'il semble difficile sans doute de ranger dans la catégorie de l'intangible ; considérée dans sa matière, l'eau, et nommée
d'après cette matière, c'est sans doute un tangible dans
toute la force du terme. Mais la pensée primitive s'arrête aux différences plus qu'aux ressemblances. La pluie,
pour l'homme primitif, n'est pas de l'eau pure et
simple ; c'est une eau dont il ne connaît pas la source ;
c'est une eau dont l'absence prolongée fait périr les
plantes, les animaux et les hommes, et dont le retour
met en joie la nature. Dans certains pays, c'était le hurleur (le tonnerre) ou le souffleur (le vent) qui donnait la
pluie ; dans d'autres, où le retour annuel de la pluie était
une question de vie et de mort, à côté du dieu tonnant et
du dieu soufflant s'établit un dieu pleuvant. En sanscrit
les gouttes de pluie s'appellent *ind-u*, substantif masculin ; celui qui les envoie s'appelle *Ind-ra* [1], « celui qui
pleut », et c'est dans le Véda le nom de la principale di-

---

[1] Cf. *sindh-u* et *sidh-ra*, *mand-u* et *mand-ra*, *rip-u* et *rip-ra*, etc.

vinité adorée par les colons aryens de l'Inde et du pays des Sept Rivières.

Ainsi, nous avons vu comment le ciel, primitivement *l'illuminateur* du monde, nommé pour cette raison *Dyaus*, Ζεύς, *Jupiter*, pouvait être remplacé par différents dieux représentant les principales énergies du ciel, pluie, tonnerre, tempête. Mais le ciel, le firmament, couvre ou peut couvrir et protéger le monde entier ; de là la conception d'un *dieu* qui couvre tout, qui embrasse tout, substituée à celle du firmament. Comme enveloppant toute chose, ce dieu pouvait aisément s'abîmer dans les images de la nuit et s'opposer à un dieu du jour ; ainsi se forma la conception de dieux corrélatifs représentant le jour et la nuit, le matin et le soir, le ciel et la terre. Chacun de ces changements passe sous nos yeux dans le Véda et de là sortent ces couples de dieux tels que Varu*n*a, le dieu qui embrasse tout (οὐρανός) et Mitra, le brillant soleil du jour, les deux Açvins, matin et soir ; Dyâvâpr*i*thivî, le ciel et la terre.

Nous avons vu ainsi s'élever sous nos yeux presque tout le Panthéon des poètes védiques, le plus vieux Panthéon du monde aryen. Nous n'avons vu que les germes, mais nous pouvons imaginer aisément quelle moisson va lever sous les rayons de la poésie et à la chaleur de la spéculation philosophique. Nous avons appris à distinguer deux classes de divinités ou de dieux ; j'emploie ce mot faute d'un autre ; êtres, pouvoirs, forces, esprits sont tous mots trop abstraits.

Semi-divinités : arbres, montagnes, rivières, terre, mer ; objets semi-tangibles.

Divinités : ciel, soleil, lune, aurore, feu ; objets intangibles, puis tonnerre, éclair, vent, pluie, ces quatre derniers pouvant former une classe distincte à cause de leurs apparitions irrégulières, dieux particulièrement actifs, dieux du drame.

V

Les Dévas.

Pour désigner tous ces êtres, point de mot aussi impropre que les mots *dieux* ou *divinités*. Employer notre mot *dieu* au pluriel, c'est un solécisme de logique ; c'est parler des deux centres d'un cercle. Mais même le grec Θεοί et le latin *dii* feraient anachronisme. Le mieux serait de garder le mot sanscrit et de dire les *devas*. *Deva*, on l'a vu, signifiait primitivement brillant, et ce n'était qu'une épithète qui s'appliquait au feu, au ciel, à l'aurore, au soleil, ainsi qu'aux rivières, aux arbres et aux montagnes. L'épithète devint ainsi un terme général, et même dans le Véda il n'y a pas d'hymne si ancien que le mot n'y laisse déjà paraître les premières traces de ce concept général d'être brillant et céleste, par opposition aux puissances obscures de la nuit et de l'hiver. Le sens étymologique tombant en oubli, *deva* devint simplement le nom de ces puissances brillantes, et c'est ce *deva* qui subsiste dans le latin *deus*, *dieu*, et indirectement dans *divinité*. Il y a continuité dans la pensée comme dans le son, entre les *dévas* du Veda et « *la divinité* qui façonne nos destins » [1].

Nous avons vu ainsi, comme je voulais vous le montrer, la transition réelle du visible à l'invisible, des êtres brillants, des Dévas que l'on touche, comme la rivière, — que l'on entend, comme le tonnerre, — que l'on voit, comme le soleil, — aux Dévas que l'on ne peut plus ni toucher, ni entendre, ni voir. Dans les mots comme *deva* ou *deus* nous retrouvons la trace des pas qui ont porté nos ancêtres du monde sensible au monde supra-sensible. Ce chemin, c'est la nature même qui

[1] The *divinity* that shapes our ends (*Hamlet*, V, 2, 11).

l'avait tracé ; ou bien, si la nature elle-même n'est qu'un Déva déguisé [1], c'est quelque être plus grand et plus haut que la nature même. Cette vieille route conduisit les anciens Aryens, comme nous-mêmes elle nous conduit encore, du connu à l'inconnu, de la nature à un dieu de la nature.

« Mais, direz-vous, cette marche, rien ne la justifiait. Elle peut nous conduire au polythéisme et au monothéisme : elle peut aussi porter le penseur consciencieux aux rives de l'athéisme. L'homme n'a le droit de parler que d'actes et de faits, non d'agents et de facteurs ».

Je réponds : Oui, cette route conduisit les Aryens Védiques au polythéisme, au monothéisme et à l'athéisme ; mais après avoir nié les vieux Dévas, ils ne s'arrêtèrent point qu'ils n'eussent trouvé l'être au-dessus des dieux, l'être même du monde et en même temps leur être réel à eux-mêmes [2]. Et nous aussi, nous sommes comme les vieux Aryens ; nous aussi, nous posons en postulat l'existence de l'agent sous l'acte, du facteur sous le fait. Hors de là, les actes ne sont plus des actes, les faits ne sont plus des faits. Tout notre langage, c'est-à-dire toute notre pensée, tout notre être repose sur cette conviction. Hors de là, l'œil de l'homme ne réfléchit plus une âme, ce n'est plus qu'un cristal mort ; notre être tout entier croule, nous ne sommes plus des agents, nous ne sommes plus nous-mêmes que des actes, machines impuissantes à se mouvoir, êtres en qui il n'y a plus une personne.

La vieille route qui conduisit les Aryens du visible à l'invisible, du fini à l'infini, était longue et escarpée ;

---

[1] « Quid enim aliud est natura quam Deus et divina ratio toti mundo et partibus ejus inserta? » Sénèque, *Benef.*, IV, 7, 1. — Pfleiderer, *Philosophie de la Religion*, p. 345.

[2] Voir la dernière Leçon.

mais c'était la bonne, et, si ici-bas nous ne devons jamais en toucher le terme, nous pouvons pourtant la suivre en confiance, car il n'y en a pas d'autre. De station en station, l'homme s'est avancé de plus en plus loin sur cette route. A mesure que nous montons, le monde devient plus petit et le ciel est plus proche. A chaque nouvel horizon notre vue s'élargit, notre cœur devient plus vaste, et le sens de nos mots plus profond.

Permettez-moi de citer les paroles de l'un de mes plus chers amis, dont la voix, naguère encore, retentissait dans Westminster Abbey, et dont beaucoup de ceux qui m'écoutent ont devant les yeux l'image vivante telle que l'a tracée une main amie :

« Ces cœurs simples, nos ancêtres, dit Charles Kingsley, regardèrent autour d'eux sur la terre et se dirent: Où est le Père universel, si le Père universel existe? Non sur la terre, car elle périra ; non dans le soleil, la lune ni les étoiles, car ils périront. Où est-il celui qui demeure à jamais ?

« Alors ils levèrent les yeux et crurent voir, par-delà le soleil, la lune et les étoiles, et tout ce qui change et changera, le clair azur, l'infini firmament des cieux.

« Cette chose là ne changeait pas ; éternellement elle était la même. Loin au-dessous d'elle roulaient les nuages et les tempêtes, et tout le fracas de ce monde bruyant. Mais le ciel là-haut restait tranquille, aussi brillant et aussi calme que jamais. C'est là que doit être le Père universel, immuable dans le ciel qui ne change pas ; brillant et pur et infini comme les cieux ; — et comme les cieux, silencieux et lointain. »

Comment appelèrent-ils ce Père universel? Il y a cinq mille ans et plus tôt peut-être, les Aryens parlant encore une langue qui n'était ni le sanscrit, ni le grec, ni le latin, l'appelaient *Dyu pater*, le Ciel-père.

Il y a quatre mille ans, plus tôt peut-être, ceux des

Aryens qui s'étaient dirigés vers le Sud, vers les rivières du Penjâb, l'appelaient *Dyaush-pitâ*, le Ciel-père.

Il y a trois mille ans, plus tôt peut-être, les Aryens établis aux bords de l'Hellespont, l'appelaient Ζεὺς πατήρ, le Ciel-père.

Il y a deux mille ans, les Aryens d'Italie, levant les yeux vers le ciel lumineux au-dessus de leur tête, vers ce *sublime candens*, l'appelaient *Ju-piter*, le Ciel-père.

Il y a mille ans, les Aryens Teutoniques invoquaient ce même Ciel-père, ce même Père universel, dans les forêts sombres de la Germanie, et son vieux nom de *Tiu* ou *Zio* retentissait peut-être alors pour la dernière fois.

Mais il n'est pas de pensée, pas de mot qui se perde tout entier. Et quand ici, dans cette vieille Abbaye, bâtie sur les ruines d'un ancien temple romain, nous cherchons un nom pour l'invisible, pour l'infini qui nous enveloppe de toute part, un nom pour l'inconnu, pour l'Etre réel du monde et de nous-mêmes ; — nous aussi, nous sentant à notre tour comme des enfants, agenouillés dans une petite pièce sombre, le mot suprême qui nous vient aux lèvres, c'est : « Notre Père qui êtes dans les Cieux ! »

CINQUIÈME LEÇON.

LES IDÉES D'INFINI ET DE LOI.

I

Origine sensible des idées religieuses.

Tous les jours, toutes les semaines, tous les mois, tous les trimestres, des feuilles publiques et des plus lues nous disent à l'envi que la religion a fait son temps, que la foi est une hallucination ou une maladie de l'enfance, que les dieux montrent la corde et sont devenus impossibles, que la seule connaissance est celle qui vient des sens, que nous devons nous contenter de faits et de choses finies, et rayer ces mots d'infini, de surnaturel, de divin, du dictionnaire de l'avenir.

Ce n'est pas mon objet dans ces leçons d'attaquer ou de défendre aucune forme de religion : les plumes ne manquent pas pour l'une et l'autre besogne. Tout autre est ma tâche, telle que je me la suis tracée, et telle que la traçait, je crois, l'esprit même du fondateur de ces cours. Elle est historique et psychologique. Que les théologiens, Brahmanes ou Çramanas, Mobeds ou Mollahs, Rabbins ou Docteurs en théologie, essayent de déterminer si telle ou telle forme de religion est parfaite ou imparfaite, vraie ou fausse ; ce que je veux savoir, moi, c'est comment la religion est possible ; comment des êtres humains, constitués comme nous le sommes, en sont venus à posséder une religion ; ce que la religion est et comment elle s'est faite ce qu'elle est.

Quand nous traitons de la science du langage, notre objet n'est pas de rechercher si telle langue est plus parfaite que telle autre, si une langue contient plus de noms anormaux que l'autre ou plus de verbes irréguliers. Nous ne partons pas avec la conviction arrêtée qu'il n'y avait qu'une langue, et qu'il n'y en a à présent ou qu'il n'y en aura plus tard qu'une seule qui mérite le nom de langue. Non, nous réunissons les faits, nous les classons, nous essayons de les comprendre, et nous espérons ainsi découvrir de mieux en mieux les antécédents réels de toute langue, les lois qui gouvernent la formation et la déformation des langues humaines, et le but auquel tend tout langage.

Il en est de même pour la science de la religion. Chacun de nous peut avoir sa prédilection personnelle en faveur de sa langue maternelle ou de sa religion maternelle; mais en tant qu'historiens, nous devons les traiter toutes sur le même pied. Nous n'avons qu'à recueillir tous les témoignages que l'on peut trouver sur l'histoire de la religion par tout l'univers, nous n'avons qu'à les trier, à les classer, et à essayer ainsi de découvrir les antécédents nécessaires de toute foi, les lois qui gouvernent la formation et le dépérissement de la religion humaine et le but auquel tend toute religion. Y aura-t-il jamais une religion parfaite universelle, c'est une question aussi difficile à résoudre que l'autre : y aura-t-il jamais une langue parfaite universelle ? Quand l'étude des religions nous enseignerait seulement que la religion la plus imparfaite, comme la langue la plus imparfaite, est souvent une œuvre merveilleuse au-delà de toute idée, elle nous aura appris une leçon qui vaut mainte leçon des théologiens de toute école.

C'est un vieil aphorisme que nous ne connaissons jamais une chose que si nous connaissons ses commencements. Nous pouvons savoir beaucoup de choses sur la religion, nous pouvons avoir lu les bibles, les credo, les catéchismes, les liturgies de vingt religions, et la religion même nous restera parfaitement inconnue, si nous ne pouvons la suivre jusqu'à sa source première.

En poursuivant cette œuvre, en essayant de découvrir les sources vivantes et naturelles de la religion, nous ne prendrons pour accordé que ce que nous accordent tous les philosophes, ceux qui nient comme ceux qui affirment. J'ai expliqué dans ma première leçon que j'étais prêt à accepter leurs conditions, et j'entends m'en tenir à notre convention jusqu'au bout. On nous a dit que toute connaissance, pour être connaissance, doit passer par l'une de ces deux portes : les sens ou le raisonnement, et par celles-là seulement. La connaissance religieuse, elle aussi, doit passer par là. C'est donc à ces deux portes qu'il faut nous tenir, l'œil ouvert. Tout ce qui prétend entrer par une autre issue, révélation ou instinct religieux, sera refusé comme contrebande ; et tout ce qui veut entrer par le raisonnement sans avoir d'abord passé par les sens sera également refusé comme suspect, ou du moins renvoyé à la première porte, pour prouver là qu'on est en règle.

Ayant accepté ces conditions, nous avons dans nos premières leçons arrêté les idées religieuses à leur premier passage par la porte des sens ; en d'autres termes, nous avons essayé de découvrir quels sont les commencements sensibles et matériels des idées qui constituent le principal élément de la pensée religieuse.

J'ai essayé de montrer, tout d'abord, que l'idée de l'infini, qui est à la racine de toute idée religieuse, n'est pas une création de la raison qui la tirerait du néant, mais que ce sont les sens mêmes qui la lui fournissent dans sa forme originelle. S'il s'était trouvé que l'idée de l'infini ne reposât pas sur une perception sensible, j'étais tenu de la rejeter, conformément à nos conventions. Il ne suffirait pas de dire avec Hamilton que l'idée de l'infini est une nécessité logique ; que nous sommes faits de telle sorte que si loin que, nous reculions les bornes du temps et de l'espace, nous avons la conscience qu'il y a du temps et de l'espace par delà. Je ne nie pas qu'il n'y ait du vrai dans ce raisonnement ; mais je reconnais que, nos adversaires ne sont pas tenus de l'admettre.

J'ai donc essayé de montrer que par-delà le fini, derrière le fini, au-dessous du fini, au sein même du fini, l'infini est toujours présent à nos sens. Il nous presse, nous déborde, nous pénètre de toute part. Ce que nous appelons le fini, dans le temps et dans l'espace, n'est que le voile, le filet que nous jetons nous-mêmes sur l'infini. Le fini seul sans infini est aussi inconcevable que l'infini sans fini. De même que le raisonnement travaille avec les matériaux finis qui nous sont fournis par les sens, de même la foi, appelez-la autrement si vous voulez, travaille sur l'infini caché sous le fini. Sens, raison et foi, sont les trois fonctions de l'être qui perçoit ; mais sans les sens, la raison et la foi sont impossibles, au moins pour des êtres organisés comme nous sommes.

L'histoire de l'ancienne religion de l'Inde, aussi loin que nous avons pu la suivre, n'a été jusqu'ici rien autre chose que l'histoire de ses diverses tentatives pour nommer l'infini, qui se dérobe sous le voile du fini. Nous avons vu comment les anciens Aryens de l'Inde, les poètes du Véda, rencontrèrent l'invisible, l'inconnu, l'infini, dans l'arbre, la montagne et la rivière ; dans l'aurore et le soleil ; dans le feu, le vent d'orage et le tonnerre ; comme ils prêtèrent à tous ces êtres une personnalité, une substance, un substratum divin ; sentant toujours la présence d'un quelque chose qu'ils ne pouvaient voir derrière ce qu'ils voyaient, d'un surnaturel derrière le naturel, d'un infini derrière le fini. Les noms qu'ils lui donnèrent, les *nomina*, ont pu être faux ; la recherche des *numina* mêmes était légitime. En tout cas, nous avons vu comment cette recherche conduisit les anciens Aryens aussi loin qu'elle a conduit la plupart d'entre nous, à la connaissance d'un Père dans les Cieux.

Nous verrons même qu'elle les a conduits plus loin encore. Cette idée que Dieu *n'est pas* un père, qu'il est *comme* un père, et enfin qu'il est un père, paraît dans le Véda dès les premiers temps. Dès le premier hymne du Rig, hymne adressé à Agni, nous lisons : « Sois bon pour nous, comme un père à son fils ! » Cette idée se présente à chaque pas. Nous lisons, Rig-Véda, I, 104, 9 : « Ecoute-nous, Indra, comme un père ! » Ailleurs (III, 49, 3), le poète dit qu'Indra nous donne la nourriture, entend notre appel, et qu'il est bon pour nous comme un père. Ailleurs (VII, 54, 2), on lui demande d'être bon comme un père, pour ses enfants. Ailleurs encore (VIII, 21, 14), nous lisons : « Quand tu tonnes et rassembles les nuages, alors tu es invoqué comme un père. » — « Les soucis me rongent, moi ton adorateur, dieu tout-puissant ! Pour une fois, ô puissant Indra, sois gracieux pour nous ! Sois pour nous comme un père (X, 33, 3). » — « Tu l'as porté comme un père porte son enfant sur son sein (X, 69, 10). » — « Comme un enfant saisit son père par le pan de son vêtement, je te saisis avec cet hymne très doux (II, 53, 2). » En fait, il n'y a guère de nation qui n'applique ce nom de *Père* à son dieu ou à ses dieux.

Cependant, si c'était un soulagement pour les premiers Aryens, dans l'enfance de leur foi, comme c'en est un pour nous dans la foi de notre enfance, d'appeler leur dieu du nom de Père, ils reconnurent bientôt que ce n'était, après tout, qu'un nom humain, et que, comme tous les noms humains, il exprimait bien peu en comparaison de ce qu'il voulait exprimer. Nous pouvons envier nos premiers ancêtres, comme nous envions l'enfant qui vit et meurt dans la confiance qu'il ne fera qu'aller d'un foyer à l'autre, et d'un père à un autre père. Mais comme l'enfant apprend en grandissant que son père n'était qu'un enfant, fils d'un autre père; comme l'enfant, en devenant homme, est souvent obligé de laisser tomber l'une après l'autre toutes les idées qui constituaient pour lui l'idée du père; de même les anciens apprirent, et tous nous avons dû apprendre que, pour appliquer ce nom à Dieu, il faut en retirer attribut sur attribut, en retirer, en fait, tout ce qui le rend concevable à l'esprit. En tant que le mot peut s'appliquer à l'homme, il ne peut s'appliquer à Dieu; et tout ce qui le rend applicable à Dieu le rend inapplicable à l'homme : « Ici-bas n'appelez nul homme votre père ; car vous n'avez qu'un Père, celui qui est dans les Cieux (St. Math. XXIII, 9). » La comparaison finit souvent, comme elle a commencé, par la négation. *Père* est sans doute un nom meilleur que feu, vent d'orage, ciel, Seigneur, ou qu'aucun des noms que l'homme a essayé de donner à l'infini, cet infini dont il sentait partout la présence. Mais le nom de père est, lui aussi, un de ces faibles noms humains, le meilleur peut-être que les poètes du Véda pussent trouver, mais qui était aussi loin de celui que cherchait leur cœur que le levant l'est du couchant.

Après avoir vu comment les anciens Aryens cherchèrent l'infini dans toutes les parties de la nature, après avoir essayé de comprendre les noms qu'ils lui donnèrent, à commencer par l'arbre, la rivière et la montagne, et à finir par le Ciel-Père, nous allons à présent considérer l'origine de quelques autres idées, qui tout d'abord semblent absolument hors du cercle des sens et qui pourtant, nous le verrons, ont leurs racines les plus profondes et leur véritable origine dans ce monde fini et naturel que nous sommes portés à dédaigner, je ne sais pourquoi, et qui cependant a toujours été et est toujours la seule route royale qui nous porte du fini à l'infini, du naturel au surnaturel, et de la nature à son Dieu.

II

L'Infini dans le Véda : Aditi.

Nous nous sommes imaginés jetés soudainement au sein de ce monde merveilleux et nous nous sommes demandé quels étaient les objets qui devaient surtout étonner, fasciner, frapper nos premiers ancêtres ; quels étaient ceux qui devaient les faire sortir de l'étonnement brut, et, pour la première fois, les porter à rêver, à méditer, à penser sur les visions qui flottaient et passaient devant leurs yeux. Cela fait, nous avons essayé de vérifier nos inductions, en les comparant avec ce que nous offre le Véda, dont les chants nous ont conservé les plus anciennes annales de la pensée religieuse, au moins en ce qui touche la race à laquelle nous appartenons. Sans doute, entre la première aube de la pensée humaine et le premier hymne de louange, composé dans le mètre le plus parfait et dans la langue la plus polie, il peut, il doit y avoir eu un abîme, qui ne peut se mesurer que par générations, par centaines, par milliers d'années. Telle est, néanmoins, la continuité de la pensée humaine, une fois que le langage est là pour la dominer, qu'un examen attentif des hymnes védiques nous montre nos prévisions réalisées au-delà de tout ce que nous avions le droit d'espérer. Les objets que nous avions distingués comme étant les plus propres à pénétrer l'esprit du sentiment qu'il y a en eux quelque chose au delà de ce qu'on peut en voir, en entendre et en toucher, ce sont ces objets mêmes qui, si nous pouvons en croire les Védas, ont été « les premières fenêtres par où les anciens Aryens ont aperçu l'infini. »

Quand je dis l'infini, ne prenez pas le mot au sens quantitatif, au sens de l'infiniment grand ou de l'infiniment petit. C'est peut-être la conception la plus générale de l'infini, mais c'est en même temps la plus pauvre et la plus vide. Chez les anciens Aryens, l'aspect de l'infini variait avec celui de chacun de ces objets finis, dont il était l'arrière plan toujours présent et le complément nécessaire. Plus il y avait de visible, de tangible, de fini, moindre était la part, dans la conscience de l'homme, de l'invisible, de l'intangible et de l'infini ; et avec le cercle réel du sensible variait le cercle idéal du supra-sensible.

Par exemple, la rivière ou la montagne dessinait derrière elle un arrière plan d'invisible moins large et moins profond que l'aurore ou le vent de la tempête. L'aurore approche de nous chaque matin ; mais qui dira d'où elle vient et où elle va ? « Le vent souffle où il veut, et tu en entends le son ; mais tu ne peux dire d'où il vient et où il s'en va. » On comprenait aisément les ravages causés par l'inondation d'une rivière ou la chute d'une montagne ; il était plus difficile de concevoir ce qui courbe les arbres à l'approche de l'ouragan, ce qui brise les montagnes et renverse les étables et les huttes dans la sombre nuit de l'orage.

Les semi-divinités, restant toujours, par une grande partie d'elles-mêmes, dans le cercle des sens, revêtaient rarement ce caractère dramatique qui distingue les autres ; et parmi celles-ci, celles qui étaient entièrement invisibles et n'avaient point de représentant visible dans la nature, telles qu'Indra, celui qui pleut, Rudra, celui qui hurle, les Maruts, ceux qui pulvérisent, Varuna même, le dieu qui embrase tout, devaient bientôt revêtir un aspect bien plus personnel et

plus mythique que le ciel brillant, l'aurore ou le soleil.
Mais, naturellement, l'infini et le surnaturel de tous ces
êtres devait aussitôt revêtir un vêtement purement humain. On ne les appelait pas les infinis, mais les invincibles, les impérissables, les immortels, les êtres sans
décrépitude, sans naissance, partout présents, omni-
scients, tout-puissants, et ce n'est que tout à la fin que
nous devons attendre un nom aussi abstrait que celui
d'infini.

Que nous devons attendre, disais-je ; car je dois ajouter
que ces attentes sont souvent dangereuses. Quand on
explore ces couches nouvelles de la pensée, il vaut toujours mieux ne rien attendre et se contenter de réunir
les faits, de prendre tout ce que l'on trouve et d'essayer
de comprendre.

Ainsi vous serez surpris, comme je l'ai été moi-même
la première fois que le fait s'est présenté à moi, quand
je vous dirai qu'il y a réellement dans le Véda une divinité appelée l'Infini, *Aditi*.

Aditi dérive de *diti* et de la négation *a*. *Diti* est un
dérivé régulier de la racine *dâ* (dyati), lier, d'où le participe *dita*, lié, et le substantif *diti*, « action de lier » et
« lien ». *Aditi* a donc signifié d'abord « qui est sans lien,
non enchaîné, non enfermé », d'où : « sans limites, infini, l'Infini. » La même racine se présente dans le grec
δέ-ω, je lie, διάδημα, diadème, ce qui se lie autour de la tête.
Le substantif *diti* serait en grec δέσις, et *a-diti*, ἄ-δεσις.

Il est aisé de dire qu'une divinité de ce nom *doit* être
d'origine tardive ; il est plus sage d'essayer d'apprendre
ce qu'elle est que d'imaginer ce qu'elle doit être. Considérant comme moderne le concept purement abstrait de
l'infini, quelques-uns de nos védisants les plus distingués ont, sans discussion, relégué Aditi parmi les abstractions récentes, ayant été inventée pour expliquer le
nom de ses fils, les Adityas ou divinités solaires. Du

fait qu'il n'y a pas un seul hymne entier adressé à Aditi, ils ont conclu qu'elle n'a paru, comme déesse, que dans les derniers temps de la poésie védique.

A ce compte, on pourrait en dire autant de Dyaus, l'équivalent de Ζεύς. Pas plus qu'Aditi, il n'est le héros de longs hymnes dans le Véda. Et loin d'être une création moderne, nous savons qu'il existait déjà avant qu'on eût parlé un seul mot de sanscrit en Inde, un seul mot de grec en Grèce ; nous savons que c'est une des plus anciennes divinités aryennes, plus tard expulsée par les dieux purement indiens, les Indra, les Rudra, les Agni.

C'est, je crois, le cas d'Aditi. Son nom paraît dans les invocations à côté de Dyaus, le Ciel, de Prithivî, la Terre, de Sindhu, les rivières, et autres divinités réellement primitives, et loin d'être la mère hypothétique des Adityas, elle est représentée comme la mère de tous les dieux.

Pour la comprendre, il faut essayer de déterminer la place de sa naissance, il faut déterminer l'objet qui a pu suggérer ce nom d'Aditi, et la partie visible de la nature à laquelle il fut attaché à l'origine.

L'on ne peut guère douter, je crois, qu'Aditi, l'illimitée, ne fût un des noms les plus anciens de l'aurore, ou, plus exactement, de cette partie du ciel d'où, chaque matin, sort en rayonnant la lumière et la vie du monde.

Regardez l'aurore et oubliez un instant votre astronomie ; je vous le demande, quand le voile de la nuit lentement se soulève, quand l'atmosphère devient transparente et vivante, quand le torrent de la lumière s'élance on ne sait d'où, ne sentez-vous pas votre regard, s'étendant aussi loin qu'il peut, mais sans succès, chercher à plonger dans l'œil même de l'infini ? Les anciens poètes voyaient l'aurore ouvrir les portes d'or d'un autre monde, et, quand ces portes s'ouvraient à la marche triomphale du soleil, leurs yeux et leur âme d'enfant faisaient effort pour percer les limites de ce monde fini. L'aurore venait et passait, mais, par derrière elle, restait toujours cette mer mouvante de lumière et de flamme d'où elle était sortie. N'était-ce pas là l'Infini visible? Et quel nom meilleur lui donner que celui que leur donnèrent les Rishis védiques, Aditi, celle qui est sans borne, ce qui est au-delà de toute chose, l'au-delà ?

Nous pouvons comprendre de cette façon comment une divinité, d'apparence si abstraite que la nature, semble-t-il, n'offre point d'élément d'où elle ait pu sortir, d'apparence si moderne qu'on croirait impossible de la rencontrer dans le Véda, a pu être l'une des premières intuitions, l'une des premières créations de la pensée indienne[1]. Plus tard, l'infinie Aditi a pu s'identifier avec le ciel, et même avec la terre; mais elle était, à l'origine, bien au-delà et du ciel et de la terre.

Ainsi, nous lisons dans un hymne adressé à Mitra et à Varuna, représentants du ciel et de la nuit : « O Mitra et Varuna, vous montez votre char couleur d'or au point de l'aurore, aux colonnes de fer quand le soleil se couche[2] : de là, vous voyez Aditi et Diti[3], » c'est-à-dire l'au-delà et l'ici-bas, l'infini et le fini, l'immortel et le mortel.

Un autre poète appelle l'aurore la face d'Aditi[4], indi-

---

[1] J'ai traité en détail la question d'Aditi, dans ma traduction du Rig, vol. I, p. 230-251. M. Alfred Hillebrandt a publié sur ce sujet une excellente étude : *Ueber die Gœttin Aditi*, 1876. Il dérive le mot de *dâ*, lier (p. 11), mais il préfère expliquer Aditi comme signifiant : « la qualité d'impérissable », et repousse l'idée qu'Aditi puisse signifier l'omniprésent.

[2] Rig, V, 62, 8. — Le contraste des deux métaux, or et fer, semble exprimer le contraste de la lumière du matin et de la lumière du soir.

[3] Rig, I, 35, 2.

[4] Ibid., I, 113, 19, aditer anîkam.

quant qu'ici Aditi n'est pas l'aurore même, mais quelque chose au-delà de l'aurore.

Comme le soleil et toutes les divinités solaires se lèvent de l'orient, nous comprenons comment Aditi fut appelée la mère des dieux de lumière, en particulier de Mitra et de Varu*n*a (X, 36, 3), d'Aryaman et Bhaga, et enfin des sept ou des huit Adityas, c'est-à-dire des divinités solaires qui se lèvent de l'Orient. Sûrya, le soleil, est appelé Aditya (VIII, 90, 11) : « Ba*n* mahân asi sûrya, ba*l* âditya mahân asi. » « En vérité, Soleil, tu es grand ; en vérité, ô Aditya, tu es grand ; » il est encore appelé Aditeya (X, 88, 11).

C'est sans doute la mention fréquente de ces fils d'Aditi qui lui donne, dès l'origine, le caractère féminin. Elle est la mère aux fils puissants, terribles, royaux. Mais il y a des passages où Aditi semble conçue comme une divinité mâle, ou tout au moins comme une divinité neutre.

Quoiqu'Aditi soit en rapport plus étroit avec l'aurore, cependant elle est bientôt invoquée, non-seulement au matin, mais à midi et même au soir [1]. Quand nous lisons dans l'Atharva (X, 8, 16) : « Cette chose d'où le soleil se lève, cette chose où il se couche, cela est, je crois, la chose la plus ancienne et nul ne va au-delà, » nous pourrions presque traduire « la chose la plus ancienne » par Aditi. Aditi reçoit bientôt sa part directe et entière de respect et de culte, et on l'implore, non-seulement pour repousser les ténèbres et les ennemis embusqués dans la nuit, mais pour délivrer l'homme de son péché.

Ces deux idées, ténèbres et péché, si éloignées l'une de l'autre à nos yeux, étaient étroitement liées dans l'esprit des anciens Aryens. Je vous lirai quelques extraits pour vous montrer comment la crainte de l'ennemi

---

[1] Rig, V, 69, 3.

évoque souvent la crainte du péché, ou, comme dirait un théologien, de notre pire ennemi : « O Adityas, délivrez-nous de la gueule des loups, comme un voleur enchaîné, ô Aditi [1] ! » — « Puisse Aditi, de jour, protéger notre troupeau ! puisse-t-elle, elle qui ne trompe pas, le protéger de nuit ! puisse-t-elle, dans une prospérité constante, nous protéger du péché (*Amhasas*, littéralement de l'anxiété, de l'*étranglement* que produit la conscience du péché) ! Et puisse-t-elle, la sage Aditi, venir de jour à notre secours ! puisse-t-elle, bienveillante, nous apporter le bonheur et repousser tous les ennemis [2] ! »

Et ailleurs : « Aditi, Mitra, et toi Varu*n*a, pardonnez-moi si j'ai commis quelque péché envers vous ! Puissé-je obtenir la large lumière qui chasse la crainte, ô Indra ! Puissent ne pas descendre sur nous les longues ténèbres [3] ! — Puisse Aditi nous donner d'être sans péché ! [4] »

Il est une autre idée, semble-t-il, qui sortit naturellement de la conception d'Aditi. Chez tous les peuples, nous voyons l'arrivée et le départ quotidiens du soleil et des autres corps célestes fournir ses premières images au rêve de la vie future [5]. Nous disons encore de celui qui s'en va : son soleil s'est couché (his sun has set); les premiers hommes croyaient que l'homme, en quittant cette vie, s'en allait dans l'Ouest, dans les régions du soleil couchant. L'on supposait que le soleil naît le matin et meurt le soir, ou si on lui prêtait une vie plus longue, c'était la courte vie d'une année. Au terme de l'année, il mourait ; nous disons encore : la vieille année meurt (the old year dies).

Mais à côté de cette conception s'en élevait une

---

[1] Rig., VIII, 67, 14.
[2] Ibid., VIII, 6, 18, 7.
[3] Ibid., II, 27, 14.
[4] Ibid., I, 162, 22.
[5] Spencer, *Sociology*, I, p. 221.

autre. C'est de l'est que viennent la lumière et la vie : aussi beaucoup de nations dans l'antiquité le regardaient-elles comme la demeure des dieux brillants, comme l'éternel foyer des immortels, et quand l'idée prit naissance, que les bienheureux allaient rejoindre les dieux, c'est dans la région de l'orient qu'ils se rendirent eux aussi.

C'est dans ce sens sans doute qu'Aditi est appelée « le lieu de naissance des immortels » et qu'un poète védique s'écrie : « Qui me rendra à la grande Aditi, que je puisse voir le père et la mère ? » N'est-ce pas une belle expression du sentiment de l'immortalité, et une expression simple et parfaitement naturelle , suggérée par les phénomènes de la vie de chaque jour et interprétée par la seule sagesse du cœur humain ?

C'est là la grande leçon que le Véda nous enseigne. Toutes nos pensées, même les plus abstraites en apparence, ont leur source naturelle dans les choses qui, chaque jour, passent devant nos sens. *Nihil in fide quod non antea fuerit in sensu.* L'homme peut rester un temps sourd à ces voix de la nature, mais elles viennent et reviennent, de jour en jour, de nuit en nuit, jusqu'à ce qu'enfin il les écoute. Et sitôt qu'elles sont écoutées, elle font entendre leur secret d'une façon de plus en plus claire : un lever de soleil devient à la fin la révélation visible de l'infini, et son coucher transfiguré devient la première vision de l'immortalité.

III

L'idée de loi dans le Véda. — Le *Rita*.

Examinons encore une de ces idées qui semblent trop artificielles et trop abstraites pour appartenir aux premières couches de la pensée humaine, et qui pourtant, à en juger par le Véda, se sont levées dans le cœur humain avec la première vague de la pensée. Je ne veux pas faire le Véda plus primitif qu'il n'est. Je connais fort bien l'interminable série des antécédents. Il y a couche sur couche au cœur du vieil arbre, à ne plus les compter, et à se perdre d'étonnement au spectacle de la longue, de la lente croissance de la pensée humaine. Mais à côté des voix nouvelles, il y a bien des échos anciens. Il faudrait ici profiter de l'expérience de l'archéologie et ne pas diviser dès le début la pensée en périodes tranchées et distinctes. Longtemps les archéologues ont enseigné qu'il y a eu d'abord un âge de pierre, durant lequel il n'a pu y avoir une seule arme, un seul outil de bronze ou de fer. Puis serait venu l'âge du bronze ; les tombes de cet âge pouvaient fournir des instruments de bronze ou de pierre en abondance, mais pas une trace de fer. Enfin venait la troisième période, nettement caractérisée par la prédominance du fer, qui, une fois introduit, élimine le bronze et la pierre.

Cette théorie des trois âges, avec leurs subdivisions secondaires, contenait sans doute une part de vérité : mais, acceptée comme une sorte de dogme archéologique, elle entrava longtemps, comme tout dogme, les progrès de l'observation indépendante, jusqu'au moment où l'on reconnut enfin que l'usage successif ou simultané des métaux dépendait en grande partie de conditions purement locales et que dans les localités où le fer minéral ou météorique se présentait sous une forme facilement accessible, l'on pouvait trouver et l'on trouvait le fer avec la pierre avant le bronze.

Il y a là un avertissement à notre adresse ; gardons-nous de théories préconçues sur l'ordre de succession des périodes de la pensée. A côté de telle pensée aussi rude que la plus grossière des armes paléolithiques, le Véda en offre qui ont le tranchant du fer et le brillant du bronze. Est-ce à dire que ces pensées polies et brillantes sont plus modernes que les rudes outils de silex que l'on trouve dans la même couche ? Peut-être bien mais n'oublions pas le nom de l'ouvrier, n'oublions pas qu'il y a eu du génie dans tous les temps, et que le génie n'est pas l'esclave d'une date. Pour qui a foi en lui-même et dans le monde qui l'entoure, un regard vaut mille observations : devant l'œil du vrai philosophe, les phénomènes de la nature, les noms qu'on leur fait porter, les dieux qu'on y a installés, tout cela s'évanouit comme le brouillard du matin, et le penseur s'écrie dans le poétique langage du Véda : « Il n'y a qu'un être, bien que les poètes l'appellent de mille noms : *Ekam sad viprâ bahudhâ vadanti.* »

On peut dire sans doute que les poètes ont dû venir d'abord avec leurs mille noms, avant que les philosophes vinssent pour protester. Mais les poètes ont pu, durant des siècles, continuer à invoquer Indra, Mitra, Varu*n*a, Agni, et les philosophes de l'Inde élever en même temps l'impuissante protestation qu'Héraclite élevait contre les mille noms, les mille temples et les mille légendes des dieux grecs.

L'on a souvent dit que s'il est une idée qu'il soit inutile de chercher chez les sauvages et les peuples primitifs, c'est l'idée de loi. Il serait difficile de trouver même en grec et en latin une expression qui rende exactement le titre du livre du duc d'Argyll, *le Règne de la loi.* Et pourtant cette idée, sous une forme à demi consciente, est dans le Véda, et elle y est aussi vieille que tout ce qu'il contient de plus vieux. On a beaucoup parlé dans ces derniers temps, et avec beaucoup d'exagération, de cérébration inconsciente. Néanmoins, il est certain qu'il se produit une grande quantité de travail mental que l'on peut appeler du travail inconscient : c'est le travail mental qui n'a pas encore trouvé son expression dans le langage. Les sens reçoivent sans cesse des milliers d'impressions, dont la plupart passent inaperçues, et semblent effacées pour toujours des tablettes de la mémoire. Mais il n'y a rien qui s'efface : la loi de la conservation des forces le défend. Chaque empreinte laisse sa marque, et la répétition, accumulant ces marques, allonge le point invisible en lignes tranchées, et finit par dessiner toute la surface, ombre et lumière, et par déterminer la physionomie générale du champ de notre intelligence.

Ainsi, tandis que les grands, les écrasants phénomènes de la nature excitaient la stupeur, la terreur, l'admiration, la joie dans le cœur de l'homme, le retour journalier des mêmes spectacles, le retour infaillible de la nuit et du jour, la marche de la lune rétrécissant et allongeant son croissant de semaine en semaine, la danse rhythmique des étoiles, tout cela éveillait à la longue un sentiment de soulagement, de repos, de sécurité, un simple sentiment, rien de plus, et qu'il était aussi difficile d'exprimer alors qu'il l'est encore aujourd'hui d'exprimer en français ou en italien le *feeling at home* de l'Anglais, une sorte de cérébration inconsciente, si vous le voulez, mais qui devait s'élever à la hauteur d'une conception, aussitôt que le langage conscient aurait pu saisir et exprimer les mille perceptions d'où était sorti le sentiment.

Ce sentiment a trouvé son expression de différentes façons chez les anciens philosophes de la Grèce et de Rome. N'est-ce pas là ce qu'entendait Héraclite, quand il disait que le soleil (ou Hélios) ne franchira pas les bornes (τὰ μέτρα), c'est-à-dire le sentier qui lui est mesuré ; et que les Erinys, gardiennes du droit, le découvriraient s'il le faisait [1]? Quelle preuve plus évidente

[1] Heracliti Reliquiæ, **XXIX**.

qu'il avait reconnu l'existence d'une loi, pénétrant toutes les œuvres de la nature, d'une loi à laquelle Hélios même, soleil ou dieu du soleil, doit se soumettre? Cette idée a été fertile dans la philosophie grecque : dans la religion, elle est, je crois, le germe de la Μοῖρα ou Destin.

Nous ne pouvons attendre chez les philosophes de Rome des idées bien anciennes ou bien originales : cependant, je citerai le mot bien connu de Cicéron et qui est le commentaire pratique de la pensée d'Héraclite : « L'homme, dit-il, n'est pas seulement né pour contempler l'ordre des corps célestes, mais pour imiter cet ordre dans l'ordre et la constance de sa vie[1]. » C'est exactement, comme nous allons le voir, l'idée que les poètes du Véda essayaient d'exprimer dans leur simple langage.

Demandons-nous maintenant, comme nous l'avons fait quand nous cherchions l'origine du concept de l'infini, où a pu naître cette idée d'ordre, de mesure, de loi dans la nature. Quels en furent le premier nom et la première expression consciente?

Ce premier nom fut, je crois, le sanscrit *rita*, un mot qui est comme la tonique de toute la gamme de la poésie religieuse de l'Inde, bien que les historiens de l'ancienne religion des brahmanes en aient à peine parlé[2].

Presque tous les dieux reçoivent des épithètes dérivées de ce mot *rita*, et destinées à exprimer deux idées : en premier lieu, que les dieux ont fondé l'ordre de la nature, et que la nature obéit à leurs commandements; en second lieu, qu'il y a une loi morale à laquelle

----

[1] *De Senectute*, XXI : « Sed credo deos immortales sparsisse animos in corpora humana ut essent qui terras tuerentur, quique cœlestium ordinem contemplantes imitarentur eum vitæ ordine et constantia. »

[2] La meilleure description du *Rita* est celle qu'en donne Ludwig, *Anschauungen des Veda*, p. 15.

l'homme doit obéir, et pour la transgression de laquelle il est puni par les dieux. Des épithètes de ce genre nous font pénétrer plus profondément dans la religion de l'Inde, et par suite sont plus importantes que les simples noms des dieux et que leur relation à tel ou tel phénomène de la nature; mais il est bien difficile d'arriver au sens précis.

Les mots comme *rita* se présentent souvent dans un seul et même hymne avec le sens primaire, le sens secondaire et le sens tertiaire; le poète même n'a peut-être pas toujours bien distingué entre tous ces sens, et peu d'interprètes risqueront de faire pour lui ce qu'il n'a pas fait pour lui-même. Nous-mêmes, quand nous parlons de *loi*, nous rendons-nous compte exactement de ce que nous entendons par ce mot? Et pouvons-nous attendre, chez les anciens poètes, plus de précision dans la parole et dans la pensée que chez les philosophes modernes?

Sans doute, dans la plupart des passages où le mot paraît, on peut, sans soulever grande opposition, le rendre par les termes vagues et généraux de loi, ordre, usage sacré, sacrifice; mais si nous prenons une traduction quelconque des hymnes védiques, et si nous nous demandons quel est le sens défini que l'on peut bien attacher à ces mots sonores, nous serons souvent tentés de fermer le livre de désespoir. Voilà Agni, le dieu du feu, ou quelque autre dieu solaire, appelé « le premier-né de la vérité divine »; que peut bien signifier une pareille phrase? Par bonheur, il reste assez de passages qui nous permettent de suivre le développement graduel des sens du mot.

La conjecture doit nécessairement jouer un grand rôle dans ces restitutions paléologiques, et je ne donne qu'à titre d'hypothèse et de premier essai mes idées personnelles sur l'histoire du mot *rita*, sur sa valeur primitive et son développement postérieur.

Je crois que ri*ta* a servi d'abord à désigner le mouvement régulier du soleil et des corps célestes. C'est le participe d'un verbe *ri*, verbe qui, d'après les deux valeurs de la racine *ri*, peut signifier soit « ce qui est joint, adapté, fixé », ou bien « ce qui est en marche, le mouvement, la marche suivie dans le mouvement ». Pour ma part, je préfère la seconde dérivation, et je reconnais dans ri*ta* la même racine que dans *nir-riti*, littéralement « le mouvement de s'en aller », plus tard « le dépérissement, la destruction, la mort », et aussi « la place de la destruction, l'abîme », et plus tard enfin (comme An-*ri*ta, le négatif de *Ri*ta), la mère de Naraka, l'enfer.

La marche, le grand mouvement quotidien, le chemin suivi chaque jour par le soleil de son lever à son coucher, le chemin suivi par l'aurore, par le jour et la nuit, et par leurs divers représentants, ce chemin que les puissances de la nuit et des ténèbres sont impuissantes à barrer, devient bientôt le chemin du bon mouvement, de la bonne œuvre, le droit chemin [1].

Mais l'idée qui dominait dans la pensée des poètes védiques, quand ils parlaient du Rita, c'était moins l'idée du mouvement quotidien et du chemin suivi, que celle de la direction de ce mouvement, celle du point fixe d'où il partait et où il revenait. De là cette expression de « chemin du Rita », ri*tasya panthâ*, que nous ne pouvons traduire autrement que par « le droit chemin », mais qui, pour eux, était le chemin déterminé par la puissance inconnue qu'ils essayaient de saisir sous ce nom.

Si vous vous rappelez qu'Aditi, l'illimitée, désignait d'abord l'Orient, qui, chaque matin, semblait dévoiler

____
[1] Rig-Véda, VII, 40, 4.

un infini lointain, par delà le ciel, d'où le soleil se levait pour sa course de chaque jour, vous ne serez pas étonné de voir le Ri*ta*, qui est à la fois le lieu où est tracé le mouvement du soleil et la puissance qui le détermine, prendre, par instant, la place d'Aditi,[1]. Si l'aurore est la face d'Aditi, le soleil est la face brillante du Ri*ta*; dans certaines invocations, le grand *Ri*ta prend place à côté d'Aditi[2], du ciel et de la terre. La demeure du *Ri*ta est évidemment l'Orient[3], où, suivant de vieilles légendes, les dieux de lumière brisaient chaque matin la caverne sombre, la retraite du voleur, et poussaient au dehors les vaches, c'est-à-dire les journées[4], chaque journée étant comparée à une vache, qui va lentement de l'étable nocturne à travers les lumineuses prairies de la terre et du ciel. Quand l'image change, quand le soleil attelle ses chevaux au matin, le *Ri*ta est la place où il les dételle[5]. Quelquefois l'on dit que les aurores habitent dans l'abîme du *Ri*ta[6], et il y avait des histoires à n'en pas finir, comment les Aurores étaient reconquises, et comment l'Aurore elle-même aidait Indra et les autres dieux à reconquérir le troupeau dérobé ou le trésor dérobé, caché dans l'étable sombre de la nuit.

L'une de ces histoires les plus connues était celle d'Indra envoyant Saramâ, l'aube du jour, à la recherche des vaches cachées. Saramâ entend le mugissement des vaches, et revient en informer Indra, qui livre bataille aux voleurs et délivre le troupeau brillant. Plus tard, cette Saramâ devint la chienne d'Indra et l'identification

[1] Rig, VI, 51, 1.
[2] Rig, X, 66, 4.
[3] Rig, X, 68, 4.
[4] Quelquefois elles représentent les nuées emportées hors du ciel visible dans l'abîme ténébreux au-delà de l'horizon.
[5] Rig, V, 62, 1.
[6] Rig, III, 61, 7.

du nom'de ses deux fils, les Sârameya, avec Hermeias ou Hermès[1], est un des premiers fils conducteurs qui aient indiqué à la science comparative le droit chemin, le *panthâ* ri*tasya*, dans le labyrinthe de la vieille mythologie aryenne. Et bien, cette Saramâ, ce doigt de l'aurore, a trouvé les vaches « en allant le chemin du *Ri*ta, le droit chemin », ou « en allant au Rita, la droite place[2] ». Un poète dit : « Quand Saramâ a trouvé la fente du rocher, elle a fait aboutir le grand chemin antique. Elle, de pieds légers, a conduit la marche; la première, elle a reconnu le cri des impérissables (les vaches ou les jours) et a couru vers elles (Rig, III, 31, 6). »

Dans le vers qui précède, le chemin suivi par les dieux et leurs compagnons, les vieux poètes, dans leur tentative pour recouvrer les vaches, c'est-à-dire la lumière du jour, est appelé la voie du *Ri*ta, *pathyâ* ri*tasya;* mais ailleurs, il est dit qu'Indra et ses amis ont mis en pièces Vala (le nom du voleur ou de sa caverne), après avoir trouvé le *Ri*ta, le droit chemin[3].

C'est encore ce lieu, le lieu immuable, éternel, qui se présente au poète quand il cherche le *stabile quid*, sur lequel les dieux ont pu appuyer à jamais le ciel et la terre. « J'ai appuyé le ciel dans la demeure du Ri*ta*, » s'écrie Varu*na*[4]; et, plus tard, le *Ri*ta, comme Satya, la Vérité, devient le fondement éternel de tout ce qui existe.

Sans cesse on nous montre l'aurore, le soleil ou le jour et la nuit, suivant le chemin du *Ri*ta, et la seule traduction possible est « le chemin du droit » ou le « droit chemin ».

---

[1] Par M. Kuhn.
[2] Rig, V, 45, 7, *ri*tam yatî saramâ gâs avindat; V, 45, 8.
[3] Rig, X, 138, 1.
[4] Rig, IV, 42, 4.

Il est dit de l'aurore :

« L'aurore suit le chemin du *Ri*ta, le droit chemin ; comme si elle les connaissait d'avance, elle ne sort jamais de ses places [1]. »

« L'aurore, née dans le ciel, a éclaté dans le droit chemin ; elle s'est approchée, déployant sa grandeur. Elle a repoussé les mauvais esprits et les ténèbres ennemies [2]. »

Il est dit du soleil :

« Le dieu Savitar peine sur le droit chemin ; la corne du *Ri*ta s'élargit au loin ; le *Ri*ta prévaut même contre l'effort d'un fort combattant [3]. »

Quand le soleil se lève, le chemin du *Ri*ta est enveloppé de rayons [4] ; et la pensée d'Héraclite, « Hélios ne franchira pas les bornes », nous la retrouvons dans ces paroles védiques : « Sùrya ne viole pas les places indiquées [5]. » Le chemin appelé ici le *chemin du* Ri*ta* s'appelle ailleurs la *large voie*, gâtu [6], et comme le *Ri*ta, cette voie, le *gâtu*, prend quelquefois place parmi les anciennes divinités du matin [7]. Ce chemin est évidemment identique à cet autre que suivent tour à tour la nuit et le jour [8], et c'est parce que chaque jour ce chemin change, qu'on nous parle des chemins multiples où marchent les Açvins, c'est-à-dire le jour et la nuit, et les autres divinités similaires [9].

Un autre trait important, c'est que ce chemin, géné-

[1] Rig-Véda, I, 124, 3 ; cf. V, 80, 4.
[2] Rig, VII, 75, 1.
[3] Rig, VIII, 75, 5 ; X, 92, 4 ; VII, 44, 5.
[4] Rig, I, 136, 2 ; I, 46, 11.
[5] Rig, III, 30, 12 ; cf. I, 123, 9 ; 124, 3.
[6] Rig, I, 136, 2.
[7] Rig, III, 31, 15. Indra, en brillant, a produit pour les hommes le soleil, l'aurore, le *Gâtu* et Agni.
[8] Rig, I, 113, 3.
[9] Rig, VIII, 22, 7.

ralement appelé le *chemin du Ri*ta, devient quelquefois
le chemin que le roi Varu*n*a a frayé à la marche du soleil (I, 24, 8); nous commençons ainsi à comprendre
pourquoi ce qu'on appelle dans certains passages la loi
de Varu*n*a, s'appelle dans d'autres la loi du Ri*ta* [1]; et
comment cette loi, conçue sous le nom de Ri*ta* comme
un pouvoir indépendant, a pu être conçue quelquefois
comme l'œuvre de Varu*n*a, le dieu du ciel enveloppant.

Une fois reconnu que les dieux surmontent les puissances des ténèbres en suivant le droit chemin, le
chemin de droiture, il n'y avait à leurs adorateurs qu'un
pas à faire pour leur demander la faveur de pouvoir
suivre, eux aussi, ce droit chemin : « O Indra, conduis-
nous sur le chemin du *Ri*ta, sur le droit chemin, pour
surmonter tous les maux [2]. » — « Puissions-nous, ô Mitra
et Varu*n*a, sur votre chemin de droiture, passer par-
dessus tous les maux, comme on passe dans un vaisseau
par-dessus les vagues [3]. »— On dit de ces mêmes dieux,
Mitra et Varu*n*a, qu'ils proclament les louanges du
grand *Ri*ta [4]. Un autre poète s'écrie : « Je sais suivre
bien la route du *Rita* [5]. » Les malfaiteurs, au contraire,
ne franchissent jamais le chemin du *Rita* » [6].

Si nous songeons au grand nombre de sacrifices qui
se réglaient sur le cours du soleil, sacrifices quotidiens
au lever du soleil [7], à midi et au coucher du soleil ; sacrifices à la pleine lune et à la nouvelle lune ; sacrifices
des trois saisons, sacrifices marquant l'arrivée du soleil
au milieu de sa course et au terme de sa course, nous

---

[1] Rig, I, 123, 8, 9, Varu*n*asya dhàma et *ri*tasya dhàma.
[2] Rig, X, 133, 6.
[3] Rig, VII, 65, 3.
[4] Rig, VIII, 25, 4 ; cf. I, 151, 4-6.
[5] Rig, X, 66, 13.
[6] Rig, IX, 73, 6.
[7] Manu, IV, 21, 26.

comprendrons comment le sacrifice lui-même s'appela avec le temps le chemin du *Rita*[1].

A la fin, *Rita* prit le sens général de Loi. Les rivières ne suivent pas toujours le *chemin du Rita*[2], elles suivent aussi le *Rita de Varuna*, c'est-à-dire la loi de Varuna. Le mot avait encore bien des sens et bien des nuances, qui, d'ailleurs, importent moins pour notre objet. J'ajouterai seulement que *Ri*ta exprime tout ce qui est droit, bon et vrai, et An*ri*ta tout ce qui est tortu, mauvais et faux.

Je ne sais si j'ai réussi à vous donner une idée claire du *Ri*ta védique et de son histoire : il désigne à l'origine le mouvement régulier du monde, du soleil, du matin et du soir, du jour et de la nuit ; puis la source de ce mouvement est localisée dans les profondeurs de l'Orient, l'œil le suit sur le chemin que suivent les corps célestes ou, comme nous dirions, dans la succession du jour et de la nuit ; enfin, ce droit chemin sur lequel les dieux apportaient la lumière, devient le chemin que l'homme doit suivre, soit dans le sacrifice, soit dans sa conduite morale[3]. N'attendez pas dans le développement de ces vieilles conceptions trop d'exactitude ni de précision. La précision de la pensée n'existait, ne pouvait pas exister encore ; et à faire entrer de force ces imaginations poétiques dans les cadres d'une pensée rigoureuse, nous ne gagnerons que de leur briser les ailes et d'étouffer leur âme : nous n'aurons plus qu'un squelette sans chair, sans sang ni vie.

La grande difficulté dans les discussions de ce genre

---

[1] Rig, I, 128, 2 ; X, 31, 2 ; 70, 2 ; 110, 2 ; etc.

[2] Rig, II, 28, 4 ; I, 105, 12 ; VIII, 12, 3.

[3] On peut observer un développement analogue dans l'hébreu *yâshâr*, droit, de *âshar*, aller droit devant soi, racine qui a fourni aussi à l'hébreu le germe de quelques idées mythiques. Voir Goldziher, *Mythologie des Hébreux*.

vient de ce que nous sommes forcés de jeter des pensées anciennes dans des moules modernes. C'est une opération qui ne peut se faire sans violence. Nous n'avons pas de mot aussi pliant que le *Ri*ta du Véda, d'une capacité aussi large, et aussi prêt à refléter les nuances nouvelles de la pensée. Tout ce que nous pouvons faire, c'est de trouver, s'il se peut, le foyer primitif de l'idée et de suivre de là les diverses directions prises par les rayons qui s'en échappent. C'est ce que j'ai essayé de faire, et si en le faisant j'ai quelquefois l'air de mettre un vêtement neuf par-dessus le vieux, tout ce que je puis dire, c'est que je ne vois pas moyen de faire autrement, à moins de parler sanscrit, et encore sanscrit védique.

On a reproché dernièrement à un grand poète, à un grand philosophe anglais, d'avoir traduit la vieille croyance juive en un Jéhovah personnel par la croyance « en un pouvoir éternel, qui n'est pas nous, et qui travaille pour la justice ». On a objecté qu'il serait impossible de trouver en hébreu une expression pour une idée si abstraite, si moderne, si purement européenne. Cela peut être vrai. Mais si les vieux *Ri*shis revenaient aujourd'hui pour penser la pensée moderne et parler la parole moderne, je crois qu'ils ne refuseraient pas d'accepter « ce pouvoir éternel qui n'est pas nous-mêmes et qui travaille pour le bien », comme une définition exacte de leur antique *Ri*ta.

IV

Antiquité de l'idée de loi.

Reste un point à éclaircir. Nous avons vu que dans le Véda, *ri*ta appartient à une des couches les plus anciennes de la pensée ; le *ri*ta est-il purement védique ou, comme Dyaus, Ζεύς, Jupiter, est-ce une conception commune aux Aryens ?

Il est difficile de répondre avec certitude. Le latin et les langues germaniques expriment, nous le verrons, des idées du même ordre par des mots dérivés de la racine *ar ;* mais il n'y a pas de preuve suffisante pour établir que ces mots et ces idées partaient, comme le *Rita* védique, de la conception du mouvement des corps célestes dans le jour, la semaine, le mois, l'année, et de là seulement.

Le sanscrit, à côté de *rita*, a un mot *ritu*, qui est le nom des saisons, et qui désignait primitivement les pas, les mouvements réguliers de l'année. Le mot *ratu*, en zend, est identique à *ritu*, et signifie à la fois l'ordre et celui qui établit l'ordre [1].

On a souvent essayé d'identifier le sanscrit ri*tu*, saison, et ri*ta*, fixe, régulier, considérés particulièrement dans leur application à la course des corps célestes et à la succession des sacrifices, avec le latin *rite*, « conformément à l'usage religieux », et avec *ritus*, « rite, forme des cérémonies religieuses. » Mais *ri* ne répond jamais en latin au sanscrit *ri*, qui est, en réalité, une forme écourtée de *ar* ou *ra*, et est rendu en latin par *or, er, ur*, et plus rarement par *re*.

Mais il n'y a pas de difficulté, je crois, à rattacher à notre racine *ar* ou *ri* le latin *ordo*, et Benfey a montré que *ordo*, *ordinis*, répondrait à un sanscrit *ri*-tvan. *Ordiri*, ourdir, faire une trame, aurait été primitivement « l'arrangement » en général, et en particulier celui des fils.

Le mot le plus proche de *rita* est le latin *ratus*, surtout si l'on considère que *ratus* s'appliquait aussi originairement au mouvement régulier des astres : *motus*

---

[1] Darmesteter, *Ormazd et Ahriman*, p. 12. — Dans le Kaushîtaki Upanishad, I, 2, *ri*tavas (génitif de *ritu*), semble signifier « l'ordonnatrice, la lune ».

(*stellarum*) *constantes et rati*, trouvons-nous dans Cicéron
(*Tusc.*, V, 24, 29); et ailleurs : *astrorum rati immutabi-
lesque cursus* (N. D., II, 20, 51). Je suis disposé à croire
que *ratus* est identique pour l'origine et le sens premier
au sanscrit *rita*, que seulement il ne s'est pas développé
et fixé en concept religieux, comme le *rita* védique.
Mais il y a à cela une difficulté, je ne dois pas le dissi-
muler. *Rita*, s'il était resté en latin, serait devenu *artus*,
ortus, *ertus* ou *urtus*, mais non par *ratus*, ni même *ritus*
(cf. *irritus*, « vain »; littéralement, « non régulier »). J'admets parfaitement qu'au point de vue phonétique, l'identification, proposée par M. Kuhn, de *ratus* avec le sanscrit *râta* est bien plus régulière. Il dérive *ratus* de *râ*,
donner, et comme la racine *dâ* a donné *datum* et *red-
ditum*, *râ* aurait régulièrement donné *ratum* et *irritum*.
Ici, ce qui fait difficulté, c'est le sens. *Râta* signifie
donné, et bien qu'il prenne le sens de « accordé à, assigné à », bien que le zend *dâta*, loi, vienne de la racine *dâ*
(*dhâ*), donner et établir, il n'y a pas d'indice, comme le
remarque Corssen, que tel ait jamais été le sens primitif
du latin *ratum*[1].

Mais les difficultés qui s'opposent à l'identification de
ratus et de *rita* ne sont pas insurmontables. Le latin
ratis, « radeau », est généralement rattaché à la racine
sanscrite *ar*, « ramer », et *gracilis* au sanscrit « *kriça* ».
Si le mot *ratus* est identique au mot *rita*, il y a tout lieu
de penser qu'à l'origine, il s'appliquait également aux
mouvements fixes et réglés des corps célestes, et que ce
n'est que plus tard qu'il prit un sens moins spécial,
comme *considerare*, *contemplari* et autres mots de ce
genre. Dans ce cas, il serait intéressant de remarquer

---

[1] M. Kuhn compare ingénieusement le superlatif *râtatamâ* brah-
mâni au *beneficia ratissima et gratissima* de Festus, ed. Lindemann,
p. 236.

que, tandis qu'en sanscrit *rita* passait avec le temps de l'expression de l'ordre céleste à l'expression de l'ordre moral et de la justice, *ratus*, parti du même point, passait, en latin et en germanique, à l'expression de l'ordre intellectuel et de la raison. Car c'est de la même racine que le latin a tiré *ratio*, règlement, compte, raison, et le gothique *rathjô*, nombre, *rathjan*, compter; vieil haut allemand, *radja*, parole, et *redjon*, parler; tous mots étroitement liés pour la forme au latin *ratus*[1].

Mais si nous cherchons en vain chez les autres races aryennes un équivalent exact du *rita* védique et si par suite il est impossible de lui attribuer, comme à Dyaus et Ζεύς, une antiquité remontant au-delà de la première séparation des races aryennes, nous pouvons montrer que le mot et l'idée existaient avant que les Aryens de l'Iran, dont nous connaissons la religion par le Zend-Avesta, se fussent définitivement séparés des Aryens de l'Inde, dont nous lisons les hymnes sacrés dans le Véda. On a depuis longtemps reconnu que ces deux membres de la famille aryenne, qui se dirigèrent vers le sud-est de l'Asie, vécurent d'une vie commune longtemps encore après s'être séparés des autres branches qui prirent leur route vers le nord-ouest. Ils ont en commun des mots et des pensées dont nous ne retrouvons, nulle part ailleurs, l'équivalent. En particulier, dans la religion et la liturgie, ils ont en commun des mots *techniques*. L'équivalent zend du *rita* est *asha*. Au point de vue phonétique, *asha* semble loin de *rita*, mais *rita* est proprement *arta*, et le passage du sanscrit *rt* au zend *sh* est possible[2].

---

1 Voir d'autres dérivés dans Corssen, *Aussprache der Lateinischer Sprache*, I, p. 477.

2 L'identité de *arta* (rita) avec *asha* a d'abord été indiquée par de Lagarde (*Gesammelte Abhandlungen*, p. 152) et par Oppert (*In-*

Jusqu'ici on traduisait *asha*, la pureté, et les Parses
modernes le prennent toujours dans ce sens. Mais ce
n'est là qu'un sens secondaire, comme l'a montré récemment un orientaliste français[1], et en donnant à *asha*
les sens que *rita* a dans le Véda, un certain nombre de
passages dans l'Avesta reçoivent, pour la première fois,
leur véritable caractère. On ne peut nier que dans
l'Avesta, comme dans le Véda, *asha* ne puisse souvent se
traduire par « pureté », et qu'il ne s'emploie très souvent
en parlant de l'exécution régulière du sacrifice. L'Asha
consiste alors en « bonnes pensées, bonnes paroles,
bonnes actions », bon signifiant : liturgiquement bon,
correct, sans faute de prononciation, sans erreur dans
le sacrifice. Mais il y a des passages qui montrent que
l'Avesta reconnaissait aussi l'existence d'un kosmos,
d'un *rita*. Il nous dit aussi, comme vont le matin, le
midi et la nuit, comme ils suivent la voie qui leur est
tracée ; il admire la parfaite amitié qui règne entre le
soleil et la lune et les harmonies de la nature vivante,
les merveilles de la naissance, et comment, à l'heure
voulue, se gonflent de lait les mamelles maternelles.
Dans l'Avesta, comme dans le Véda, l'univers suit
l'Asha, les mondes sont une création de l'Asha. Le
fidèle, sur terre, prie pour le maintien de l'Asha, et
après sa mort va rejoindre Ormazd au plus haut du

scriptions *des Achéménides*, p. 105). Elle a été admise par Haug (le
XVIII° chapitre de Vendidad, *Comptes rendus de l'Académie des sciences
de Bavière*, 1868, p. 526) et défendue par Hübschmann (*Ein Zoroas-
triches Lied*, p. 76). Ainsi le sanscrit *martya* = zend *mashya* ; *pritand*
= *peshana* ; *bhartar* = *bâshar* ; *mrita* = *mesha* ; *peretu* = *peshu*. Spie-
gel (*Études aryennes*, p. 33) repousse quelques-unes de ces identifi-
cations et les explique différemment ; il admet néanmoins la possibilité de la correspondance du sanscrit *rt* et du zend *sh*. Voir *Pischel,
Goett. gel Anzeigen*, 1877, p. 1554.

[1] *Ormazd et Ahriman, leurs Origines et leur Histoire*, par James
Darmesteter, Paris, 1877.

ciel dans la demeure de l'Asha. Le fidèle, par le culte, défend l'Asha, le monde croît et prospère par l'Asha. La loi suprême du monde est l'Asha, et l'idéal suprême du croyant est d'être un *Ashavan*, un homme d'Asha, c'est-à-dire un juste [1].

Ceci suffira pour montrer que la croyance en un ordre universel existait avant la séparation des Indiens et des Iraniens, que c'était un des éléments de leur vieille et commune religion, et qu'elle est plus ancienne que la plus ancienne Gâthâ de l'Avesta, que l'hymne le plus ancien du Rig-Véda. Ce n'est pas le résultat de spéculations plus tardives ; ce n'est pas une idée née après que se fut usée la croyance aux différents dieux et à leur gouvernement plus ou moins absolu. Non, c'est une intuition qui était au fond de la plus ancienne religion des Aryens d'Asie et qui la pénétrait tout entière, et pour qui veut apprécier leur religion à sa juste valeur, elle est bien plus importante que toutes les histoires de l'aurore, d'Agni, d'Indra et de Rudra.

Songez à tout ce qu'il y a dans cette croyance, en un Rita, en un ordre du monde, ne fût-ce d'abord rien de plus que cette simple croyance que le soleil ne franchira pas les bornes de son orbite. C'est toute la différence du chaos au cosmos, du jeu aveugle du hasard à un plan intelligible, à une providence intelligente. Que d'âmes, même de nos jours, quand tout a croulé autour d'elles, quand elles ont vu partir les plus chères convictions de leur enfance, quand leur foi en l'homme a été empoisonnée, quand devant le triomphe apparent de tout ce qui est égoïste et ignoble elles ont abandonné la cause même de la vérité, de la justice et de l'innocence, comme ne valant plus la peine qu'on lutte pour elle ici-bas, combien d'âmes, dis-je, ont trouvé un der-

---

[1] *Ormazd et Ahriman*, p. 14 sq.

nier asile, un dernier soulagement dans la contemplation du *Rita*, de l'ordre du monde, soit qu'il éclate dans
l'immuable mouvement des étoiles ou se révèle dans le
nombre invariable des pétales et des étamines du plus
humble myosotis! Combien ont senti que de savoir que
l'on appartient à ce cosmos, à ce bel ordre du monde,
c'était, après tout, un dernier refuge, une dernière conviction, une dernière foi, qui reste dans l'évanouissement
de toutes les autres. Pour nous, cette perception du
Rita, de la loi, de l'ordre du monde, peut sembler bien
peu de chose : pour les anciens habitants de la terre,
qui n'avaient guère autre chose pour les soutenir, c'était
tout ; c'était plus que leurs êtres de lumière, que leurs
Dévas, plus qu'Agni et Indra ; c'était un bien qui, une
fois conquis et une fois bien compris, à jamais ne pouvait plus leur être arraché.

Voici donc ce que nous a appris le Véda : c'est que les
ancêtres de notre race, dans l'Inde, ne croyaient pas
seulement en des puissances divines qui se manifes-
taient plus ou moins à leurs sens dans la rivière et la
montagne, dans le ciel et le soleil, dans le tonnerre et
la pluie; mais que leurs sens leur avaient aussi suggéré
deux des éléments les plus essentiels de toute religion,
la conception de l'infini et celle de la loi, qui se révé-
laient à leurs yeux, l'une dans la mer d'or derrière l'aurore, l'autre dans le sentier quotidien du soleil. Ces
deux perceptions, qui doivent, tôt ou tard, pénétrer et
éclairer la pensée de toute créature humaine, n'étaient
d'abord qu'une vague et inconsciente impression, mais
qui ne cessait de revenir, de jour en jour, battre au
cerveau des ancêtres de notre race, jusqu'à ce qu'elle y
eût imprimé, en traits profonds et indélébiles, la conscience que tout est bien, et l'espérance, plus que l'espérance, que tout sera bien.

SIXIÈME LEÇON.

HÉNOTHÉISME, POLYTHÉISME, MONOTHÉISME
ET ATHÉISME.

I

Le monothéisme est-il la religion primitive ?

On a beaucoup discuté pour savoir si l'humanité a commencé par le monothéisme ou par le polythéisme. Si vous vous rappelez comment sont nées et ont grandi les principales divinités du Véda et comme les choses ont suivi un cours naturel, simple et inévitable, vous penserez peut-être avec moi que toute cette controverse mérite à peine qu'on s'y arrête, au moins en ce qui touche les Hindous et même les Indo-Européens[1]. La question, je crois, ne se serait jamais posée d'elle-même : c'est un legs de cette théorie du moyen âge, que la religion a commencé par une révélation primitive, laquelle naturellement ne pouvait être qu'une religion vraie et parfaite, et par suite un monothéisme. Ce monothéisme primitif ne se serait conservé que chez les Juifs : les autres nations l'auraient abandonné pour tomber dans le polythéisme et l'idolâtrie, d'où elles

[1] On trouvera dans le livre de M. Muir, *Textes sanscrits*, V., p. 412, un excellent résumé des divers arguments produits pour ou contre la théorie du monothéisme primitif, en particulier par Pictet, Pfleiderer, Schérer, Réville, Roth. On m'a quelquefois cité comme partisan de cette théorie. On verra plus loin dans quel sens je le suis.

auraient émergé plus tard à une lumière plus pure,
soit par la religion, soit par la philosophie.

Il est étrange qu'il faille tant de temps pour en finir
avec ces hypothèses gratuites. On a eu beau les réfuter
des centaines de fois, les théologiens les plus sensés et
les savants les plus sérieux ont eu beau reconnaître depuis des années qu'elles ne reposent pas sur la moindre
base solide, on les retrouve toujours là même où elles
sont le plus dangereuses, dans les livres d'enseignement et les manuels, et l'ivraie, semée à pleines mains,
repousse de toutes parts.

Sous ce rapport, il en est de la religion comme il en a
été du langage. Sans avoir même l'autorité de la Bible
ou aucune autre autorité à invoquer, sans pouvoir même
attacher à leur théorie aucune idée claire et définie, nombre de théoriciens, au moyen âge et même de nos jours,
ont soutenu que le langage, lui aussi, est sorti d'une révélation primitive ; c'était le premier pas de la théorie ;
second pas : cette langue primitive ne peut être que
l'hébreu ; troisième pas : toutes les langues dérivent
de l'hébreu. On ne saurait s'imaginer tout ce qui s'est
dépensé d'érudition et d'esprit pour prouver que le grec
et le latin, le français et l'anglais, sont tous dérivés de
l'hébreu. Comme néanmoins avec toutes les tortures auxquelles on soumettait l'hébreu, on ne pouvait lui arracher
la reconnaissance de ces fils dégénérés, d'échec en échec,
on fut bien forcé de reconnaître à la fin que c'était un
procès à recommencer sur pièces nouvelles, et qu'il fallait réunir impartialement tous les témoignages que l'on
pourrait trouver sur l'origine et le développement de
la parole humaine. Cette enquête historique sur le langage amena une classification généalogique des principales langues du monde, qui donna enfin à l'hébreu la
place qui lui revient à côté des autres dialectes sémitiques ; du même coup la question de l'origine du langage

prit une forme toute nouvelle : quelle est l'origine des racines, et des concepts afférents, dans chacune des grandes familles de la parole humaine ?

La science de la religion est arrivée à des résultats de même nature. Au lieu d'aborder les diverses religions du globe avec l'idée préconçue qu'elles sont des formes corrompues du judaïsme ou qu'elles dérivent avec le judaïsme d'une révélation primitive parfaite, elle a reconnu que son premier devoir est de recueillir tout ce qu'on peut trouver de témoignages sur l'histoire ancienne de la pensée religieuse dans les livres sacrés des peuples ou dans la mythologie, les usages et même les langues des diverses races. Plus tard, on a entrepris une classification de tous les matériaux jusque-là réunis, et c'est alors seulement que l'on a abordé la question de l'origine de la religion, mais dans un esprit tout nouveau : on a essayé de découvrir comment avaient pu se développer les racines des différentes religions, les conceptions primitives dont elles dérivent, et, avant tout, la conception de l'infini ; et l'on n'a fait entrer dans cette recherche que les éléments dont l'existence est accordée de tous, les sens d'une part et le monde de l'autre.

Autre ressemblance entre les deux sciences. On sait qu'une langue est un organisme en perpétuel développement, qui, comme tout organisme qui vit et se développe, rejette continuellement les éléments usés et corrompus : l'histoire a montré de même que toute religion est en perpétuel développement et que sa vie consiste précisément à écarter sans cesse les éléments usés, opération indispensable pour conserver en santé les parties saines et vigoureuses et pour laisser pénétrer les influences nouvelles de cette source intarissable d'où toute religion jaillit. Une religion immuable est comme ces langues classiques, qui règnent un instant en reines absolues, pour être à la fin emportées par les courants sous-jacents de la langue populaire, par la voix du peuple, cette voix de Dieu.

Personne ne parle plus de langue innée, et je me demande ce que l'on pourrait bien entendre par là ; le jour approche où l'idée d'une religion innée semblera tout aussi inintelligible. L'homme, nous le savons maintenant, ne peut rien gagner qu'à la sueur de son front ; mais s'il doit manger son pain dans l'amertume tous les jours de sa vie, nous savons aussi que, toutes les fois qu'il a travaillé honnêtement, le sol porte autre chose encore que des épines et des chardons.

Il est clair qu'une grammaire et un dictionnaire qui leur tomberaient tout à coup du ciel, seraient parfaitement inutiles à des êtres qui n'auraient pas déjà transformé leurs perceptions en conceptions et qui ne sauraient pas encore découvrir les relations de deux conceptions entre elles. Ce serait pour eux une langue étrangère ; et comment apprendre une langue étrangère, si l'on ne possède déjà une langue à soi ? Nous pouvons recevoir du dehors une langue nouvelle : le langage vient de l'intérieur. Il en est de même de la religion. Demandez à un missionnaire s'il peut prêcher avec succès les mystères du Christ à des gens qui n'ont pas une idée de ce qu'est la religion. Tout ce qu'il peut faire, c'est de découvrir les quelques germes de religion qui se cachent dans le cœur même des races les plus infimes sous la couche épaisse du gravier ; il arrache, pour les faire pousser, l'herbe folle qui les étouffait et attend patiemment que le sol, qui ne peut développer que des germes naturels, soit prêt à recevoir et à nourrir les germes d'une religion plus forte.

Si nous abordons l'étude des religions dans cet esprit, la question du monothéisme primitif ne se posera jamais devant nous. Quand l'homme est arrivé à un état de pensée où il peut donner à quelque chose le nom de Dieu, que

ce Dieu soit un ou multiple, il est plus qu'à moitié chemin. Il a trouvé l'idée de Dieu, et il n'a plus qu'à chercher les objets auxquels il doit l'appliquer. La question
intéressante, c'est de savoir comment l'homme est arrivé
pour la première fois à cette idée du divin, et de quels
éléments il l'a formée : c'est alors seulement qu'il y a
lieu de se demander comment il l'a appliquée à ceci ou
à cela, à l'Etre Un ou aux êtres multiples. On nous
montre quelquefois « l'homme primitif déifiant les grands
objets naturels qui l'entourent [1]. » Autant parler de
l'homme primitif embaumant ses morts avant d'avoir
la cire pour les embaumer.

II

L'hénothéisme védique.

Je ne suis pas de ceux qui s'imaginent que les Védas
nous donnent la clef de ce problème comme de tous les
autres problèmes religieux. Ce serait la plus étrange
des erreurs que de s'imaginer que toutes les nations ont
passé exactement par le même développement religieux
que nous trouvons dans l'Inde. Au contraire, le principal intérêt de ces études comparatives, c'est de nous
mettre en état de voir combien de chemins différents
ont pu conduire et ont conduit au même but. Tout ce

---

[1] « Si vifs qu'aient pu être les sentiments religieux des Aryens primitifs, si énergique qu'ait été leur sentiment du surnaturel, si puissant qu'ait été l'instinct qui les poussait à *déifier* les grands objets
naturels dont ils se voyaient entourés et se sentaient écrasés, il est
clair que l'impression physique produite par ces objets sur leurs
sens était encore l'élément prédominant, et cela en raison directe
de la fréquence du phénomène et de son éclat ; dès lors le ciel, la
terre, le soleil, même considérés comme *divinités*, devaient naturellement être nommés d'après leurs caractères extérieurs, plutôt
que d'après les attributs divins qu'on leur supposait. » — J. Muir,
Textes sanscrits, V. p. 414.

que je veux dire, c'est que le Véda nous présente un des
principaux courants de l'évolution religieuse, et que si
nous l'étudions sans porter dans cette étude aucune
idée préconçue, la question de savoir si les Aryens de
l'Inde ont débuté par le monothéisme nous fera l'air
d'une question vide de sens.

S'il nous faut un nom pour désigner la forme première de la religion védique, ce ne sera ni le *monothéisme* ni le *polythéisme*, mais l'*hénothéisme*, c'est-à-
dire le culte de.divers objets pris tour à tour isolément[1];
le culte successif des divers objets tangibles ou intangibles, les premiers où l'homme ait soupçonné la
présence de l'invisible et de l'infini, et dont chacun,
comme nous l'avons vu, s'élevant peu à peu et cessant
d'être purement fini, purement naturel, purement concevable, devint à la fin un *Asura*, une chose vivante, un
Deva, un être brillant, un *Amartya*, un être qui ne
meurt pas, et plus tard un être immortel et éternel;
autrement dit un Dieu, doué des qualités les plus hautes
que l'intelligence humaine pût concevoir aux différentes
périodes de son développement.

Cette phase de la pensée religieuse, on ne peut nulle
part l'étudier mieux que dans le Véda; et, sans le
Véda, à peine aurions-nous soupçonné son existence.

Prenons un exemple de ce passage de l'objet naturel
à l'objet surnaturel et à l'objet divin. Le soleil a plusieurs noms : Sûrya, Savitar, Mitra, Pûshan, Aditya, etc.
Il est intéressant de voir comment chacun de ces
noms prend une sorte de personnalité active, et, dans
l'étude de la religion védique, il est essentiel de tenir
chacun de ces noms distinct des autres autant que possible. Mais, pour notre objet spécial, il est plus important de voir comment ils rayonnent tous d'un même

---

[1] De εἷς, ἑνός, par opposition à μόνος.

centre et n'aspiraient primitivement à exprimer qu'un seul et même objet, vu sous des aspects différents.

Les descriptions ordinaires du soleil, soit sous ses noms de Sûrya, de Savitar, de Pûshân, de Mitra ou d'Aditya, sont de celles que chacun comprendra, pour peu qu'il voie la nature en poète. Sûrya, le soleil, est le fils du ciel[1]. L'aurore est sa femme[2] ou sa fille[3]; l'aurore est encore la fille du ciel[4], ce qui ne l'empêche pas d'être sa sœur. Indra engendre le soleil et l'aurore[5] : à un autre point de vue, ce sont les aurores qui ont enfanté le soleil[6]. Voilà ample matière, vous le voyez, à la mythologie et au drame; mais ce n'est point là ce qui doit nous arrêter pour l'instant.

Dans le Véda, comme dans la poésie grecque, Sûrya a un char, traîné par un coursier[7] ou par sept coursiers[8], les sept *Harits*, les brillants coursiers, qui, malgré toutes les différences, nous donnent le prototype des Charites grecques. Il est la face des dieux[9], et il est l'œil d'autres dieux plus personnels, tels que Mitra, Varuna, Agni[10]. Quand il dételle ses chevaux, la nuit étend son vêtement[11].

---

[1] Rig, X, 27, 1 ; divas putrâya sûryâya çansata ; chantez à Sûrya, le fils de Dyaus (le fils du ciel).

[2] Rig, VIII, 75, 5 : Sûryasya yoshâ (l'épouse de Sûrya).

[3] Rig, IV, 43, 2 : Sûryasya duhità (la fille de Sûrya).

[4] Rig, V, 79, 8 : duhità divas (la fille du ciel).

[5] Rig, II, 12, 7 : Yas sûryam ya ushasam jajâna, « lui qui engendra le soleil, qui engendra l'aurore. »

[6] Rig, VII, 78, 3 : Ajijanan sûryam yajnam agnim, « elles ont donné naissance à Sûrya, au sacrifice, au feu. »

[7] Rig, VII, 63, 2 : Yad etaço vahati.

[8] Rig, I, 115, 3 : Açvâ haritas sûryasya; VII, 68, 3 : Ayukta sapta haritas.

[9] Rig, I, 115, 1 : Citram devânàm ud agâd anikam, « elle s'est levée, la face brillante des dieux. »

[10] Rig, I, 115, 1 : Cakshur mitrasya varunasya agnes, « l'œil de Mitra, de Varuna, d'Agni. »

[11] Rig, I, 115, 4 : Yadà id ayukta haritas sadhasthâd, âd râtrî vâsas

Tout cela, ce n'est encore que de la mythologie solaire, comme on en trouve partout.

Bien que Sûrya, le soleil, reçoive directement l'épithète de *pra-savitar*, le créateur [1] (ne pas prendre le mot au sens chrétien), sous le nom de *Savitar*, il prend un caractère plus personnel et plus dramatique. Savitar se tient debout sur un char d'or [2], avec des cheveux d'or [3], des bras d'or [4], des mains [5], des yeux [6], une langue d'or [7], des joues de fer [8]. Il revêt une armure ou un manteau aux fauves reflets [9], et il s'avance dans le chemin sans poussière [10].

Mitra aussi était d'abord le soleil, mais sous un nouvel aspect, par suite avec un nouveau nom [11]. C'est avant tout le brillant et joyeux soleil du matin, ou bien le jour [12],

tanute simasmai, « quand il a retiré du joug les Harits (ses chevaux), alors la nuit étend son vêtement sur chacun. »

[1] Rig, VII, 63, 2 : Prasavitâ janânâm.
[2] Rig, I, 35, 2 : Hiranyayena savitâ rathena.
[3] Rig, X, 139, 1 : Harikeças.
[4] Rig, I, 35, 10 : Hiranyahastas.
[5] Rig, I, 22, 5 : Hiranyapânis.
[6] Rig, I, 35, 8 : Hiranyâkshas.
[7] Rig, VI, 71, 3 : Hiranyajihvas.
[8] Rig, VI, 71, 4 : Ayohanus.
[9] Rig, IV, 53, 2 : Piçangam drâpim prati muncate kavis.
[10] Rig, I, 35, 11 : Panthâ arenavas.
[11] Mitra, « l'ami », est pour *mit-tra*, mot dérivé, comme le suggéraient déjà les grammairiens de l'Inde, de *mid*, être gras, engraisser, rendre luisant, réjouir, aimer. La racine *snih* offre le même développement de sens. De *mid*, viennent : *meda*, graisse, et *medin*, qui réjouit, ami, compagnon : cf. Atharva-Véda, X, 1, 33 : Sûryena medinâ. L'Atharva (V, 20, 8) présente encore *indra-medin*, au sens de *indra-sakhâ* (Rig, VII, 37, 24).
[12] Atharva-Véda, XIII, 3, 13 : Sa Varunas sâyam agnir bhavati sa mitro bhavati prâtar udyan, sa savitâ bhûtvâ antarikshena yâti, sa indro bhûtvâ tapati madhyato divam, « lui, Agni, devient au soir Varuna ; au matin, se levant, il devient *Mitra* ; Savitar, il court dans l'atmosphère ; Indra, il brûle le ciel au zénith ; » cf. Rig-Véda, V, 3.

soleil et jour étant souvent synonymes, même dans les langues modernes [1]. Quelquefois le poète dit que Savitar est Mitra [2], ou du moins qu'il accomplit la même œuvre que Mitra. Mitra est souvent invoqué conjointement avec Varuna, tous deux debout sur le même char, couleur d'or au lever de l'aurore, avec des colonnes de fer au coucher du soleil [3].

Autre nom du soleil, Vishnu. Vishnu était d'abord un être solaire, comme le prouvent les *trois pas de Vishnu* [4], sa position au matin, au midi et au soir. Mais son caractère matériel s'efface bientôt sous la splendeur du rôle divin auquel il s'élève.

Pûshan, au contraire, reste toujours dans une position assez humble. C'était d'abord le soleil des bergers. Ses chevaux, pour parler avec le Véda, ses chevaux sont des chèvres [5]. Il porte un aiguillon pour sceptre [6], et un poignard d'or [7]. Sûryâ, l'aurore, ou le soleil conçu comme divinité féminine, est sa sœur ou son amante [8]; comme tous les autres dieux solaires, il voit toutes choses [9].

Aditya, plus. tard nom assez ordinaire du soleil, est employé dans le Véda surtout comme une épithète géné-

[1] Cf. l'anglais yester*sun*, pour yester*day*.

[2] Rig, 81, 4 : Uta mitro bhavasi deva dharmabhis.

[3] Rig, 62, 0 : Hiranyarûpam ushaso vyushtau ayassthûnam udità sûryasya. *Ayas*, « fer », désigne ici les teintes noires de fer du soleil couchant de l'Inde (v. s. p. 210). Dans *ayohanu*, « aux mâchoires de fer », *ayas* exprime la force.

[4] Rig I, 22, 17 ; 1, 154.

[5] Rig, VI, 58, 2 : Ajàçvas.

[6] Rig, VI, 53, 9 : Yà te ashtrà goopaçà âghrine paçusâdhanî.

[7] Rig, I, 42, 6 : Hiranyavàçîmattama.

[8] Rig, VI, 55, 4 : Svasur yo jâra ucyate ; VI, 58, 4 ; yam devàso adadus sûryàyài.

[9] Rig, III, 62, 9 : Yo viçvà abhi vipaçyati, bhuvanà samca paçyati ; cf. X, 187, 4.

rale d'un certain nombre de divinités solaires. Je dis solaires, bien que M. Roth les considère comme de pures abstractions morales, parce que leur caractère solaire primitif se montre clairement dans plusieurs hymnes védiques. Ainsi Sûrya est un Aditya, Savitar est un Aditya, Mitra est un Aditya ; et quand Aditya paraît seul et comme personnage indépendant, on peut en général, surtout dans les dernières parties du Rig-Véda, traduire « le soleil[1] ».

Jusqu'ici tout est simple et conforme à ce que nous trouvons dans les autres mythologies.

Dans d'autres passages, le ton du poète change. Le soleil n'est plus simplement le Déva brillant qui accomplit sa tâche de chaque jour dans le ciel : son œuvre est plus haute : il gouverne, il a organisé, il a créé le monde.

On peut suivre dans les hymnes, pas à pas, ce développement, qui, du soleil, simple luminaire, fait le créateur, le gouverneur, le justicier du monde ; en un mot, l'être divin, l'être suprême.

Premier pas : on considère dans le soleil non plus la lumière en général, mais la lumière du matin, qui réveille l'homme endormi et semble donner une vie nouvelle et à l'homme et à la nature entière. Celui qui nous réveille au matin et ranime la nature entière devient bientôt « celui qui donne la vie de chaque jour ».

Second pas, plus hardi : celui qui donne la lumière et la vie de chaque jour donne ensuite la lumière et la vie en général. Celui qui les a apportées aujourd'hui a dû les apporter au premier jour. Comme la lumière est le commencement du jour, elle a dû être le commencement de la création, et le soleil, après avoir apporté la

---

[1] Rig, I, 50, 13 : Udagâd ayam âdityo viçvena sahasà saha. — Grassmann fait justement observer que les derniers vers de cet hymne ont tous les caractères de l'Atharva.

lumière, après avoir donné la vie, crée enfin, et, par suite, gouverne le monde.

Troisième pas : comme il chasse les terreurs de la nuit et comme il fertilise les terres, il est la divinité bienfaisante qui défend et protège toute chose vivante.

Quatrième pas : le soleil voit tout, le bien et le mal ; le malfaiteur apprend que le soleil voit ce que l'œil humain n'a pas vu, et l'innocent, quand tout secours l'abandonne, en appelle au soleil de son innocence : « Mon âme attend Dieu avec plus d'ardeur que les gardes de nuit n'attendent le jour, que les gardes de nuit n'attendent le jour. »

Passons en revue quelques passages qui éclaircissent chacune de ces transitions si naturelles.

Le nom même du soleil, *Savitar*, signifie « celui qui donne la vie », et on l'appelle encore « celui qui donne la vie aux hommes », *prasavitâ janânâm* [1].

Voici le début d'un hymne (Rig, VII, 63) :

« Il se lève, le bienfaisant qui voit toutes choses, — le soleil commun à tous les hommes ; — l'œil de Mitra et de Varuna, le dieu — qui a enroulé les ténèbres comme une peau. »

Et plus loin (vers 4) :

« Il se lève du ciel, le soleil brillant, — il va à sa tâche lointaine, éclatant de lumière ; — allons ! que les hommes aussi, ramenés à la vie par le soleil, — s'en aillent à leur place et à leur tâche ! »

Ailleurs (VII, 60, 2), nous le trouvons invoqué, comme « le protecteur de tout ce qui se meut et de tout ce qui reste immobile, de toute chose qui existe ».

Le poète fait souvent allusion à la faculté qu'il a de tout voir. Les étoiles fuient devant le soleil qui voit tout, comme des voleuses [2]. Il voit le bien et le mal parmi les

---

[1] Rig, VII, 63, 2 : Ud u eti prasavitâ janânâm.

[2] Rig, I, 50, 2 : Apa tye tàyavo yathâ nakshatrâ yanti aktubhis.

hommes [1]. L'œil fixé sur le monde, il connaît ses pensées dans l'homme [2].

Comme il voit tout, comme il sait tout, on lui demande de pardonner et d'oublier ce que lui seul voit et connaît :

« Si nous avons péché envers la race des dieux par légèreté, par faiblesse, par orgueil, étant hommes, rends-nous innocents, ô Savitar, et devant les dieux et devant les hommes (IV, 54, 3). »

On lui demande de chasser la maladie et les mauvais rêves [3]. L'homme demande aux dieux de le délivrer du péché et de l'*infandum* (avadya) au lever du soleil [4].

A force d'être invoqué comme celui qui apporte la vie, il devient le souffle de la vie du mobile et de l'immobile [5], et enfin l'artisan universel, Viçvakarman, celui qui a organisé l'univers, et Prajâpati, le seigneur de l'homme et de toutes les créatures [6] : « Savitar, dit un poète, a attaché la terre avec des cordes ; il a fixé le ciel

---

[1] Rig, VIII, 80, 2 : *Riju* marteshu *vrijinà* ca paçyan.

[2] Rig, VII, 61, 1 : Sa manyum martyesu â ciketa.

[3]
Yena sûrya jyotishâ bâdhase tamas,
jagac ca viçvam ud iyarshi bhânunâ,
tena asmât viçvâm anirâm anâhutim
apa amivâm apa dushvapnyam suva (X, 37, 4).

« Par cette lumière, ô Soleil, dont tu abats les ténèbres — et par la splendeur de laquelle tu fais lever le monde entier, — avec cette lumière chasse de nous toute faiblesse, toute négligence, toute maladie, toute insomnie ! »

[4] Rig, I, 115, 6 : Adyâ devâs uditâ sûryasya
nir anhasas piprita nir avadyât.

[5] Rig-Véda, I, 115, 1 : Sûrya âtmâ jagatas tasthushaçca.

[6]
Vibhrâjan jyotishâ svar agaccho rocanam divas
Yena imâ viçvâ bhuvanâni âbhrita
Viçvakarmanâ viçvadevyavatâ (X, 170, 4).

« Brillant au loin tu es allé au ciel, dans l'espace lumineux du firmament ; toi, par qui toutes ces créatures ont été portées au jour, toi l'artisan de toutes choses, doué de toute force divine. »

sans support [1]. » Il est le soutien du ciel, le Prajâpati de l'univers [2], et pourtant, même sous ces titres, il n'en continue pas moins à porter le manteau éclatant qui semblait plutôt l'attribut du dieu soleil aux cheveux d'or.

Un autre poète proclame que le ciel est soutenu par le soleil, et la terre par *le vrai*, Satya, τὸ ὄν [3]. Enfin, l'expression monte aux dernières limites de l'hyperbole; Sûrya est le dieu parmi les dieux [4], c'est le chef divin des dieux [5].

L'élément personnel et divin est encore plus fortement développé dans Savitar. Nous avons déjà eu occasion de le voir dans quelques-unes des citations précédentes. En voici d'autres où on le voit plus clairement encore. Savitar seul gouverne le monde entier [6]. Les lois qu'il a posées sont stables [7], les autres dieux le louent [8], et le suivent comme leur chef [9]. Il a conféré l'immortalité aux autres dieux, et la vie sans cesse renouvelée des hommes est un présent de ses mains [10]. Autrement dit, c'est de

---

[1]   Savitâ yantrais *pri*thivîm aram*n*âd
       askambhane Savitâ dyâm ad*ri*nhat (**X**, 149, 1).
[2] Divo dhartâ bhuvanasya prajâpatis (**IV**, 53, 2).
[3] Satyena uttabhitâ bhumis sûrye*na* uttabhitâ dyaus (**X**, 85, 1).
[4]   Ud vayam tamasas pari jyotir paçyanta uttaram
       devam devatra sùryam agauma jyotis uttamam (**I**, 50, 10).
« Voyant la lumière s'élever de plus en plus haut au-dessus des ténèbres, nous sommes entrés dans la lumière suprême, Sûrya, dieu parmi les dieux. »
[5] Mahnà devânâm asuryas purohitas.
[6] Uta îçishe prasavasya tvam eka it (**V.**, 81, 5).
[7]   Adâbhyo bhuvanàni pracak*ò*çat
       vratàni devas savitâ abhi rakshate (**IV**, 53, 4).
[8]   Api sh*t*utas savità devo astu
       yam à cid viçve vasavo g*ri*nanti (**VII**, 38, 3).
[9]   Yasya prayànam anu anye id yayus
       devà devasya mahimânam ojasâ (**V**, 81, 3).
[10]   Devebhyo hi prathamam yajniyebhyo
        am*ri*tatvam suvasi bhâgam uttamam

Savitar, le soleil vivifiant, que dépendent et l'immortalité des dieux et la vie des hommes [1].

Enfin, il ne faut pas oublier que le vers le plus sacré de tout le Véda, c'est la Gâyatrî adressée à Savitar :

« Puissions-nous obtenir (ou, suivant la tradition indienne : puissions-nous méditer) cette adorable splendeur de Savitar! puisse-t-il animer nos âmes [2]! »

Pûshan lui-même s'élève quelquefois au-dessus de son rôle purement solaire et pastoral. Si, dans un passage, on se contente de dire qu'il est au-dessus des mortels et égal aux dieux [3], ailleurs il est le maître du monde mobile et du monde immobile [4]. Comme toutes les divinités solaires, il voit tout, et, comme Savitar, il conduit les âmes des morts dans la demeure des bienheureux [5].

Quant à Mitra et à Vishnu, l'on sait qu'ils ont atteint le rang suprême. Mitra est plus grand que le ciel et la terre [6], il supporte tous les dieux [7]. Vishnu est le support des mondes [8], il est le compagnon d'Indra dans

  âd id dâmânam savitar vi ûrnushe
  anûcînâ jîvitâ mânushebhyas (IV, 54, 2).
« Car le premier aux dieux adorables — tu donnes l'immortalité, comme le lot suprême ; — puis, ô Savitar, parmi les hommes, tu répands tes dons, les vies successives des hommes. »

[1] Le sens est tout différent quand Savitar confère l'immortalité aux *R*ibhus, fils de Sudhanvan (I, 110, 3) ; les *R*ibhus sont toujours représentés comme d'anciens mortels élevés au rang des dieux.

[2]   Tat savitur varenyam bhargo devasya dhîmahi,
  dhiyo yo nas pracodayàt (III, 62, 10).

[3] Paro hi martyair asi samo devais (VI, 48, 19).

[4] Tam içânam jagatas tasthushas patim (I, 89, 5).

[5]   Pûshâ tvâ ita cyavayatu pra vidvàn
  sa tvâ etebhyas pari dadat pit*r*ibyo (X, 17, 3).

[6]   Abhi yo mahinâ divam mitro babhûva saprathâs,
  abhi çravobhis p*r*ithivîm (III, 59, 7).

[7] Sa devàn viçvàn bibharti (III, 59, 8).

[8]   Ya u tridhâtu p*r*ithivîm uta dyâm
  Eko dâdhâra bhuvanâni viçvà (I, 154, 4).

« Lui qui en trois lieux soutient le ciel et la terre, qui à lui seul soutient tous les êtres. »

les batailles [1], nul ne peut atteindre les limites de sa grandeur [2].

Si nous ne connaissions rien d'autre de la poésie religieuse des Aryens védiques, nous dirions peut-être, après avoir lu ces louanges ferventes adressées au soleil, que les anciens Brahmanes reconnaissaient pour leur divinité suprème le soleil adoré sous différents noms ; et, dans ce sens, on pourrait dire qu'ils n'adoraient qu'un dieu et étaient monothéistes. Rien ne serait plus loin de la vérité. Sans doute, dans tous ces passages, le soleil a revêtu le caractère de divinité suprème ; mais, il n'y a guère de trait dans ces passages, qui ne reparaisse ailleurs pour affirmer la divinité suprème de tel autre Déva. En cela, il diffère absolument de Zeus et de Jupiter. Ces mêmes Rishis, qui viennent de représenter le soleil comme celui qui a créé et qui maintient toutes choses, n'hésitent pas à le représenter, l'instant d'après, comme le fils des eaux, comme né des aurores, un dieu comme les autres, qui n'est ni au-dessus, ni au-dessous.

C'est ce caractère particulier de la religion védique, ce culte successif de différents dieux suprêmes, que je demande la permission de désigner sous le nom d'*Hénothéisme*, ou d'un nom plus barbare encore, mais plus précis, de *Kathénothéisme* ; je veux par ce nom distinguer cette phase religieuse de celle qui subordonne les dieux multiples à un dieu suprême, et qui, par suite,

[1] Rig-Véda, VI, 69.

[2]   Na te vishno jàyamâno na jâtas,
    deva mahimnas param antam âpa,
    ud astabhnà nâkam *ri*shvam *bri*hantam,
    dâdhartha prâcîm kakubham prithivyâs (VII, 99, 2).

« Nul, maintenant vivant, nul ayant autrefois vécu, n'a atteint, ô Deva, l'extrême limite de ta grandeur ; tu as étayé le ciel, le brillant, le vaste ciel ; tu as fixé la pointe orientale de la terre. »

donne une satisfaction plus complète à la recherche de l'*Un* sans second. Le Véda porte au trône un dieu après l'autre. Chacun, à son heure, s'entend dire tout ce que l'homme peut dire d'un dieu. Le poète qui s'adresse à lui semble à peine savoir qu'il y a d'autres dieux ; mais dans la même collection d'hymnes, bien plus, dans le même hymne, voici d'autres dieux qui paraissent aussi vraiment divins, aussi indépendants, aussi suprêmes. La vision de l'adorateur a changé tout à coup, et le poète qui, un instant auparavant, ne voyait que le soleil, maître du ciel et de la terre, voit à présent le ciel et la terre, père et mère du soleil et de tous les dieux.

Nous pouvons avoir de la peine à entrer dans cette phase de la pensée religieuse ; mais c'est une phase parfaitement intelligible, et je dirai inévitable, si nous songeons que l'idée de divinité, telle que nous la comprenons à présent, n'était pas encore fixée ni arrêtée, et qu'elle n'était qu'en voie de se faire. Le poète attribuait les puissances suprêmes au soleil, il en attribuait de non moins hautes aux autres phénomènes naturels. Son objet, c'était de louer les montagnes, les arbres, les rivières, la terre et le ciel, l'orage et le feu, avec les louanges les plus hautes qu'il lui fût possible de trouver. Sous l'éloge suprême, chacun de ces objets devenait, tour à tour, un pouvoir suprême ; mais dire qu'ils étaient tous des dieux ou même des Dévas, c'est faire un anachronisme de pensée, car la première fois que le Rishi prononçait ces louanges, il ne possédait encore ni le mot ni l'idée de Dieu. Sans doute, dans tous ces phénomènes, il essayait déjà de saisir cette puissance cachée, que, plus tard, il appela divine ; mais, au début, il ne pouvait qu'accumuler sur les divers objets de sa louange les épithètes les plus relevées qu'il pût imaginer. Cela fait, ou pendant même qu'il le faisait, quelques-uns des attributs qui convenaient à tous ces objets ou à la plupart d'entre eux, prenaient un caractère indépendant, et fournissaient ainsi les premiers noms et les premières idées de ce que nous appelons le divin. Si les montagnes, les rivières, le ciel, le soleil étaient tous vivants et agissants (*asura*), tous impérissables (*ajara*), tous immortels (*amartya*), tous brillants (*deva*), chacun de ces attributs devenait, à la longue, le nom d'une classe d'êtres spéciale, dont il exprimait non seulement la force de vie, la jeunesse éternelle, ou la splendeur, mais encore toutes les autres idées connexes à ces mots. C'était, dès lors, tout autre chose de dire simplement qu'Agni, le feu, est brillant, ou de dire qu'il fait partie des *brillants*, des Dévas ; de dire que Dyaus, le ciel, ou Sûrya, le soleil, sont vivants et actifs, et qu'ils ne connaissent pas le dépérissement ; ou de dire que ce sont des *asuras*, des *amartyas*. Tous ces termes généraux, *asura*, *ajara*, *deva*, vigoureux, impérissable, brillant, sont toujours un seul et même attribut qu'ils confèrent, tour à tour, aux divers objets de la religion, et si les partisans du monothéisme primitif entendent seulement que cette conception de dieu, si lentement poursuivie et si lentement conquise, que l'*intention du divin*, est *une* de sa nature, il y aurait quelque chose à dire en faveur de cette théorie.

Mais ce qui nous intéresse à présent, c'est de voir comment cette intention fut réalisée, combien de noms furent imaginés pour nommer l'inconnu, combien il fallut de pas pour approcher l'infini et atteindre enfin le divin. Ces êtres, que le Véda appelle les Dévas, dans bien des passages sont encore loin des Θεοί d'Homère ; car les Grecs, dès Homère, avaient commencé à sentir que, quels que soient la nature et le nombre des prétendus dieux, il faut quelque chose de suprême, Dieu ou Destin, qu'il faut au moins un père unique des dieux et des hommes. Çà et là, dans le Véda, le même sentiment se fait jour, et je pense qu'en Inde, comme en Grèce, comme en Italie, en Germanie et dans le reste du monde aryen, l'aspiration religieuse, après l'*Un*, trouva un moment sa satisfaction dans un polythéisme monarchique. Mais l'esprit indien alla plus loin, et nous verrons comment il en vint enfin à nier tous les Dévas, tous les dieux, et à chercher quelque chose qui fût plus haut que les Dévas, que Dyaus même, que Varuna, qu'Indra, que Prajâpati. Pour l'instant, ayant à tracer la genèse des dieux védiques ou Dévas, ce que je veux montrer avant tout, c'est que, partant d'origines différentes, il était naturel qu'ils grandissent tous côte à côte, sans se pénétrer l'un l'autre, chacun parfait dans sa sphère et capable de remplir pour un temps l'horizon tout entier de la vision de son adorateur.

C'est là qu'est l'intérêt et la valeur principale des hymnes védiques. Par malheur, il est presque impossible de rendre dans nos langues modernes toute la plénitude de leurs pensées. Quand le poète, invoquant les montagnes pour qu'elles le protègent, et les rivières pour qu'elles lui donnent leurs eaux, les invoque sous le nom de *deva*, *deva* est déjà plus que l'être brillant, mais il est encore aussi loin que possible de notre *divin*. Comment rendre le vague de ces vieilles langues avec nos termes modernes si nettement tranchés? La rivière et la montagne étaient sans doute pour le Rishi ce qu'elles sont pour nous, mais elles étaient conçues comme éminemment actives, parce qu'un objet ne pouvait tomber sous les prises du langage que s'il manifestait quelque genre d'activité que l'homme connût par l'expérience propre de sa conscience : un objet n'avait d'intérêt pour lui, il n'existait dans son esprit qu'à condition d'être conçu comme actif. Mais il y a loin encore de cette conception de la nature, comme force active, à la personnification, à la déification. Même quand le poète nous montre le soleil debout sur son char, vêtu de l'armure d'or, les bras étendus, il n'y a là que la perception poétique de quelque chose dans la nature qui lui rappelle ses propres allures. Poésie pour nous, prose pour eux. Ce que nous prenons pour les images de la fantaisie venait plus souvent de l'impuissance à saisir le monde environnant et de la pauvreté du langage cherchant à les nommer, que du désir artistique d'étonner ou de charmer l'auditeur. Si nous pouvions demander à Vasish*t*ha, à Viçvâmitra ou à quelque autre des vieux poètes védiques, s'ils pensaient réellement que le soleil, le globe d'or qu'ils voyaient, était un homme avec des jambes et des bras, avec un cœur et des poumons, ils riraient fort, je crois, et nous diraient que nous comprenons mieux leur langue que leur pensée.

Un mot comme *Savitar*, le nom du soleil, ne signifie d'abord rien de plus que ce qu'il dit. *Savitar* vient de la racine *su*, enfanter, donner le jour, et, appliqué au soleil, il servait simplement à exprimer le pouvoir qu'il a de vivifier et de fertiliser, rien de plus. Ce n'est que plus tard que Savitar devint le nom d'un être mythique, de qui l'on contait certaines histoires applicables au soleil en tant qu'il vivifie le monde, tandis que, d'autre part, ce nom même devenait un nom traditionnel et incompris du soleil.

Tout le développement que nous venons de suivre dans l'histoire du soleil, nous pourrions le suivre dans la plupart des divinités védiques. Non dans toutes cependant. Ce que nous avons appelé les semi-divinités, les rivières, les montagnes, les nuées, la mer et d'autres encore, telles que l'aurore, la nuit, le vent, l'orage, ne s'élèvent jamais au rang de divinité suprême ; mais Agni, le feu ; Varu*n*a, le ciel enveloppant ; Indra, Vish*n*u, Rudra, Soma, Parjanya et autres, reçoivent des épithètes et sont les héros de descriptions qui, dans nos idées, ne peuvent convenir qu'à un Dieu suprême.

Considérons l'origine et l'histoire d'un autre dieu, un des plus anciens, non seulement des Aryens védiques, mais de toute la race aryenne, je veux dire le Dyaus du Véda, le Ζεύς des Grecs. Quelques savants semblent encore douter de l'existence d'un dieu de ce genre dans le Véda, et un fait certain, c'est que, dans la littérature postérieure de l'Inde, il n'y a pas trace d'un dieu Dyaus, et le mot lui-même ne paraît pas au masculin : on n'a qu'un féminin *dyaus*, qui signifie simplement le ciel. J'ai toujours regardé comme une des plus belles découvertes des études védiques qu'un dieu qui avait existé en Grèce, en Italie, dans l'Edda, en Germanie, sous les noms de Ζεύς πατήρ, de Jupiter, de Tyr, de Zio, qui *devait* avoir existé en Inde, et dont il n'y avait plus trace, eût soudain reparu au jour dans les hymnes les plus anciens du Véda. Non seulement Dyaus paraît dans le Véda comme substantif masculin, mais il y est en combinaison avec *pitâ*, père, et l'on a Dyaus pitâ, dont Jupiter et Ζεύς πατήρ sont la reproduction exacte. Ce Dyaus pitâ, retrouvé dans le Véda, c'est l'étoile que l'œil, armé d'un télescope plus puissant, trouve à la place même du ciel où le calcul l'avait annoncée.

Mais dans le Véda même, c'est déjà une étoile à son déclin. On traduit généralement le mot par « ciel »; il serait plus exact de traduire « le brillant », car il dérive de *div*, *diu*, briller, éclairer, la même racine qui a donné *deva*, et c'était cette activité qui brille et illumine le monde, que l'on incarnait dans le mot *Dyaus*. Quel était l'être même qui exerçait cette activité; le mot ne l'indique pas. C'était un Asura, un être vivant, et c'est tout. Ce n'est que plus tard que Dyaus devint le centre de récits mythiques, tandis que, dans la langue courante, son nom, comme il était arrivé pour Savitar, devenait un des vingt noms traditionnels du ciel.

Ce Dyaus, cette lumière, cet illuminateur du ciel, était bien fait, dès l'abord, pour prendre une sorte de suprématie parmi les autres *devas*, parmi les autres êtres brillants, et nous savons comment Zeus et Jupiter conquirent cette suprématie et la rendirent absolue. Le Dyaus védique marque la même tendance, mais elle fut tenue en échec par la tendance analogue, commune dans l'Inde à presque tous les Dévas.

Dyaus, le ciel, est fréquemment invoqué avec la terre et avec le feu (VI, 51, 5) :

« Dyaus (ciel), père ; P*r*ithivî (terre), bonne mère. Agni (feu), frère, et vous, Vasus (les brillants), ayez pitié de nous. »

Dyaus, comme nous voyons, occupe la première place, et c'est l'ordinaire dans ces vieilles invocations. Il est toujours appelé père : « Dyaus est père ; P*r*ithivî est votre mère ; Soma, votre frère ; Aditi, votre sœur » (I, 131, 6). Ailleurs (IV, 1, 10) : « Dyaus, le père, celui qui a engendré : Dyaus pitâ janitâ, Ζεύς πατήρ γενετήρ.»

Dyaus est invoqué avec P*r*ithivî, la terre, plus souvent que seul, et les deux mots réunis forment une sorte de couple divin, *Dyâvâ-Prithivî*, le ciel et la terre.

Il y a de nombreux passages où le ciel et la terre sont invoqués comme divinités suprêmes. Les dieux sont leurs fils[1]. Les deux divinités les plus populaires du Véda, Indra[2] et Agni[3], sont cités en particulier comme leurs enfants. Ce sont les deux parents qui ont donné le jour au monde[4], qui le protègent[5], et qui soutiennent par leur pouvoir toute chose qui est[6].

[1] Devaputre (I, 159, 1).
[2] Rig-Véda, V, 17, 4.
[3] Yam tvâ dyâvâpr*i*thivî yam tvâ âpas
  Tvash*t*â yam tvâ sujanimâ jajâna (X, 2, 7).
[4] Suretasâ pitarâ bhûma cakratus (I, 159, 2).
[5] Pitâ mâtâ ca bhuvanâni rakshatas (I, 160, 2).
[6] Viçvam tmanâ bibhr*i*to yad dha nâma (I, 185, 1).

Eh bien, après avoir entendu donner au ciel et à la terre toutes les épithètes que l'on peut inventer pour exprimer leur impérissable nature, leur toute-puissance, leur éternité, nous entendons parler tout à coup d'un habile artisan parmi les dieux qui a fait Dyâvâp*rithivî* [1] ou Rodasî [2], c'est-à-dire le ciel et la terre. Dans quelques passages, c'est Indra qui produit et conserve le ciel et la terre [3]; cet Indra qui, naguère, était le fils de Dyaus, le fils du ciel et de la terre [4].

En fait, nous assistons ici à la première lutte des dieux, à la rivalité de deux divinités du premier ordre, à la lutte d'un dieu plus jeune et plus personnel, Indra, contre les vieilles divinités primitives, le Ciel et la Terre. Indra est primitivement le *donneur de pluie*, un Jupiter pluvius, investi d'un caractère héroïque par sa lutte de chaque jour et de chaque année contre les puissances ténébreuses de la nuit et de l'hiver, et, en particulier, contre les brigands qui ont enlevé les nuages pluvieux qu'il reconquiert avec le tonnerre et l'éclair. Bien que d'abord fils du Ciel et de la Terre, n'a-t-on pas le droit de dire qu'à sa naissance le Ciel et la Terre ont tremblé [5]? Aussi, « devant Indra, le divin Dyaus s'est incliné; devant Indra s'est inclinée la grande P*rithivî* (I, 131, 1). O Indra! tu as ébranlé le sommet du ciel (1, 54, 4). » Ces expressions,

---

[1] Sa it svapâ bhuvaneshu àsa ya ime dyàvàp*rithivî* jajàna (IV, 56, 3).

[2]   Ayam devànâm apasàm apastamas
      yo jajâna rodasî viçvasambhuvà (I, 160, 4).

[3] Janitâ divo janità p*rithivyâs (VIII, 36, 4); dadhàra yas p*rithivîm uta dyâm (III, 32, 8).

[4] Voir les Lectures sur la Science du Langage, II, p. 473, note. Le ciel et la terre sont quelquefois remplacés par le jour et la nuit (*dyu-niçé*); de là Dionysos (*dyuniçya-Διόνιξος), leur fils et leur représentant, comme dieu de la lumière, de la nuit et de la pluie, λαμπτήρ, νυκτέλιος, ὕης.

[5] Ibid., II, p. 473.

matériellement exactes, puisqu'elles s'appliquent au dieu
de la tempête devant qui « la terre frissonnera, le ciel
tremblera, le soleil et la lune s'obscurciront et les étoiles
retireront leur lumière », devaient bientôt s'interpréter
au sens moral, et inspirer l'idée de la grandeur et de la
suprématie d'Indra. Un poëte dit : « La grandeur d'Indra excède, en vérité, le Ciel (Dyaus), et la Terre (P*ri*-
thivî) et l'atmosphère [1]. » Et un autre : « Indra dépasse le Ciel et la Terre ; devant lui, ils ne sont qu'une
moitié [2]. »

Alors, quand on se mettait à réfléchir sur les rapports des deux divinités, le père et le fils, il fallait reconnaître à la fin que le fils, ce vaillant Indra, avec les
carreaux de la foudre et les flèches de l'éclair, était plus
grand que son père, le ciel serein ; plus grand que sa
mère, la terre immobile ; plus grand que tous les autres
dieux : « Les autres dieux, dit un Rishi, on les a ren-
voyés comme des vieillards décrépits, et c'est toi, ô Indra, qui es devenu le souverain [3]. » Nous voyons là
comment Indra, à son tour, s'est élevé au rang de dieu
suprême : « Nul n'est au-dessus de toi, nul n'est plus
puissant que toi, nul n'est comparable à toi [4]. » Dans la
grande majorité des hymnes, il est le dieu suprême par
excellence, mais sans qu'on puisse cependant comparer
sa position à celle de Zeus. Les autres dieux ne lui sont
pas toujours subordonnés, et l'on ne peut pas dire, non
plus, qu'ils soient tous sur le même plan. Bien que, dans

---

[1]   Asya it eva pra ririce mahitvam
        divas p*ri*thivyâs pari antarikshât (I, 61, 9).
[2] Ardham id asya prati rodasî ubhe (VI, 30, 1); nahi me rodasî
ubhe anyam paksham cana prati (X, 119, 7).
[3]   Ava as*ri*janta jivrayo na devàs
        bhuvas samrà*t* indra satyayonis (IV, 19, 2).
[4]   Nakir indra tvad uttaro, na jyàyàn
        Asti v*ri*trahan, nakir eva yathà tvam (IV, 30, 1).

quelques cas, certains dieux, et Indra en particulier,
soient opposés aux autres dieux et mis au-dessus d'eux,
pourtant ces dieux aussi ont leur heure, et quand on
leur demande leurs bénédictions, il n'y a pas de langage assez fort pour exalter leur pouvoir et leur sagesse.

Je vais vous donner la traduction d'un hymne à Indra
et d'un hymne à Varuṇa, pour vous montrer ce que
j'entends par hénothéisme, c'est-à-dire par une religion,
où chaque dieu, à l'instant où il est invoqué, reçoit en
partage tous les attributs de l'être suprême. N'attendez
pas de la poésie, au sens moderne du mot. Ces vieux
poètes n'avaient pas le temps de chercher des ornements
poétiques ou de belles et brillantes expressions. Ce
qu'ils cherchaient au prix de tous les efforts, c'était
l'expression juste de ce qu'ils sentaient. Une expression heureuse était pour eux un véritable soulagement;
chaque hymne, si pauvre qu'il nous semble, était un
acte, un exploit, un sacrifice. Pas un mot qui ne pèse et
qui ne parle; mais quand nous essayons de le rendre
dans nos idiomes modernes, il y a de quoi abandonner la
tâche de désespoir. Voici l'hymne à Indra (IV, 17) :

1. Tu es grand, ô Indra! A toi la Terre, à toi le Ciel ont de bon
gré reconnu l'empire. C'est toi qui, ayant par ta force abattu Vritra,
as lâché les rivières dévorées par le Serpent.

2. A la naissance de ta splendeur tremble le Ciel, tremble la
terre, de terreur au courroux de leur fils. Les fortes montagnes dan-
sèrent, les déserts ruisselèrent, les eaux s'écoulèrent.

3. Il fendit la montagne, brandissant puissamment sa foudre, déployant énergiquement sa force. Joyeusement il tua Vritra de sa
foudre et rapidement ruisselèrent les eaux, leur fort gardien étant
tué.

4. (A cause de toi) ton père le Ciel est estimé un héros viril : qui
fit Indra, fut un très-puissant ouvrier ; car il engendra un fils tout de
lumière, de qui la foudre est bonne, et qui, comme la terre, ne peut
être ébranlé de sa place.

5. Lui qui seul peut ébranler la terre, le roi des races, Indra, de

beaucoup invoqué ; en lui, seul vrai, tous se réjouissent, chantant la bonté du dieu puissant.

6. A lui toujours ont appartenu les Somas (les libations) ; à lui, le grand dieu, les plus énivrantes des ivresses. Tu fus toujours le trésorier des trésors, et c'est toi, ô Indra, qui donnes leur part aux hommes.

7. Aussitôt que tu fus né, ô Indra, tu mis les hommes en terreur. C'est toi, ô héros, qui mis en pièces avec la foudre le serpent étendu le long des rivières qui s'écoulent.

8. Chantez Indra qui frappe toujours, le hardi, le puissant, le grand, l'infini, le viril héros de qui la foudre est bonne ! Il tue Vritra, conquiert le butin, il distribue la richesse, lui le riche, le généreux.

9. Il disperse les armées d'ennemies réunies, lui de qui seul l'on parle comme renommé dans les combats : il conquiert le butin, il l'emporte : puissions-nous être chers dans son amitié !

10. On parle de ses victoires, de ses massacres ; il fait sortir (de la caverne) les troupeaux dans la bataille ; quand Indra est irrité de vraie colère, ce qu'il y a de plus ferme est devant lui en peur et tremblement.

11. Indra a conquis les vaches, et les trésors d'or et les trésors de chevaux, lui le puissant qui brise les citadelles [1]. Très fort en hommes, par le secours de ces hommes, il partage le trésor et amasse la richesse.

12. Combien Indra a-t-il cure de sa mère et de son père qui l'a engendré, lui qui, soulevant sa force en un moment, va comme un tourbillon de vent dans les ondées tonnantes ?

13. Il rend sans maison celui qui avait une maison ; le puissant soulève la poussière en nuage ; il brise toute chose comme Dyaus (le ciel) qui manie la foudre [2] ; — installera-t-il celui qui le loue dans la fortune ?

14. Il poussa la roue du soleil, il arrêta Etaça dans sa maroho. Par un détour il le lança dans l'abîme noir de la nuit, dans le lieu de naissance de l'atmosphère [3].

16. Pour nous poètes, qui voulons des vaches, voulons des chevaux, voulons des biens, voulons des femmes, Indra, le puissant dieu donneur de femmes, aux infaillibles secours, est le vase avec lequel nous puisons comme le vase qu'on plonge au puits.

17. Sois notre protecteur, montre-toi notre ami ; jette tes yeux

---

[1] Je lis *pûrbhid* avec Grassmann, au lieu de *pûrvîs*.
[2] Cf. Rig, X, 45, 4, stanayan iva dyaus.
[3] Le sens reste obscur même en lisant *krishna* au lieu de *krishnas*.

sur nous, prends-nous en pitié, nous qui te sacrifions ; sois l'ami, le père, le plus paternel des pères, donnant la liberté et la vie à qui la demande.

18. Sois le protecteur, sois l'ami de ceux qui te demandent ton amitié ; quand tu es loué, donne la vie à qui te glorifie. Ensemble associés, ô Indra, nous t'avons offert ce sacrifice, te magnifiant, ô Indra, par ces œuvres.

19. Indra est loué comme puissant, parce que seul il tue d'innombrables et incomparables ennemis. Lui, dans la protection de qui se tient le chantre qu'il aime, ni dieux ni hommes ne lui peuvent résister.

20. Puisse Indra le tout puissant, qui déborde de force, le soutien des hommes, l'invulnérable, faire que tout cela se réalise pour nous ! Toi qui es le roi de toutes les générations, donne-nous ce qui est la gloire puissante du poète.

Ecoutons à présent un hymne à Varuna (II, 28) :

1. Ce monde appartient au sage souverain Aditya : puisse-t-il être par sa force au-dessus de tous les êtres ! Pour le dieu très gracieux aux sacrifices, pour le bon Varuna, je cherche un hymne d'éloge.

2. Puissions-nous être bénis dans ton service, nous qui songeons toujours à toi, ô Varuna, et te louons ; te saluant de jour en jour, comme les feux de l'autel à l'approche des riches troupeaux des aurores.

3. O Varuna, ô notre guide, puissions-nous être dans ta protection, toi qui es riche en héros et au loin loué ! Et vous, invincibles enfants d'Aditi, acceptez notre amitié, ô dieux.

4. Aditya, le gouverneur, a lancé les rivières : elles vont selon la loi de Varuna. Elles ne se lassent pas, ne s'arrêtent pas; comme des oiseaux, elles vont, elles volent en tout lieu.

5. Délie-moi de mon péché, comme d'une chaine, et nous ferons croître, ô Varuna, la source de ta loi. Que le fil ne soit pas tranché, tandis que je tisse mon hymne ! Que le moule de l'artisan ne soit pas brisé avant l'heure !

6. Enlève de moi cette terreur, ô Varuna, ô roi juste, aie pitié de moi ! Détache de moi le péché, comme la corde du cou du veau, loin de toi je ne suis pas maître même d'un clignement d'œil.

7. Ne nous frappe pas, ô Varuna, avec les armes qui, à ta volonté, frappent le malfaiteur ! Oh ! que nous n'allions pas où la lumière s'est évanouie ! Disperse nos ennemis pour que nous puissions vivre !

8. Nous t'avons chanté et te chantons, puissions-nous encore te

chanter, ô Varuna, ô puissant! Car sur toi, dieu invincible, reposent les lois, inébranlables comme sur le roc.

9. Ecarte de moi les fautes que j'ai pu commettre; puissé-je, ô roi, ne pas payer pour le crime d'autrui! Il est maintes aurores qui n'ont pas encore brillé : donne-nous de les voir, ô Varuna !

10. Soit compagnon, soit ami, qui dans mon sommeil m'a fait trembler de paroles effrayantes, ô roi; soit voleur ou loup qui veut me frapper, — protége-moi contre eux, ô Varuna !

Un poète grec pourrait-il dire plus de Zeus? Et pourtant, je pourrais vous lire d'autres hymnes où l'on parle d'Agni, de Mitra, de Soma et d'autres, dans le même langage, ou même en termes plus forts.

C'est là ce que j'entends par hénothéisme, phase religieuse que nous avons appris à connaître dans le Véda, mais par laquelle, je n'en doute pas, d'autres religions également ont dû passer. Dans une histoire de l'ancienne littérature sanscrite, publiée en 1859, j'avais déjà appelé l'attention sur cette phase de la religion : « Le pouvoir du dieu que l'on invoque, disais-je (p. 552), n'est jamais limité par le pouvoir des autres ; il n'est jamais conçu comme inférieur, ni comme supérieur. Chaque dieu, pour qui l'invoque, vaut tous les autres. Il est, pour le sentiment du suppliant, une divinité réelle, suprême et absolue, bien que, dans nos idées, la pluralité des dieux implique une limitation du pouvoir de chacun des dieux. Tout le reste disparaît de l'œil du poète, et le dieu seul qui doit accomplir son vœu remplit en pleine lumière tout le champ de sa vue. « Parmi vous, ô dieux, il n'en est pas de grands, il n'en est pas de petits ; il n'en est pas de vieux, ni de jeunes ; tous, vous êtes grands en vérité. » Ces mots du Rishi Manu Vaivasvata expriment le sentiment qui, sous une forme moins distincte, pénètre toute la poésie védique. Si l'invocation distingue quelquefois les dieux en grands et en petits, en vieux et en jeunes (Rig-Véda, I, 27, 13), ce n'est qu'une tentative pour trouver l'expression la plus compréhensive des puissances divines, et nulle part, aucun dieu n'est l'esclave des autres.

Il ne faut pas supposer que la phase que j'appelle l'hénothéisme, pour la distinguer du polythéisme au sens ordinaire du mot, ne se soit produite qu'en Inde. Nous en trouvons des traces en Grèce, en Italie, en Germanie. Nous la voyons très clairement durant la période qui précède la réunion des tribus indépendantes en nations. C'est l'anarchie précédant la monarchie, c'est le régime communal précédant l'impérialisme religieux. La meilleure expression serait : la période des dialectes religieux. Les dialectes précèdent la langue, je veux dire, ce qui, plus tard, est appelé la langue générale du peuple ; il en est de même en religion. Une religion s'élève autour du foyer de chaque famille. Quand les familles se réunissent en tribus, aux foyers indépendants succède l'autel du village ; quand les tribus se forment en État, des différents autels (ædes) se forme le temple, le sanctuaire de tout le peuple. Marche naturelle, et par suite universelle, mais nulle part si visible que dans le Véda, où on la suit tout entière.

Quelques exemples rendront tout ceci encore plus clair[1]. Dans le premier hymne du second Mandala, Agni, le Feu, est appelé le souverain du monde, le maître des hommes, le roi sage, le père, le frère, le fils, l'ami de l'homme ; bien plus, les attributs et les noms de tous les autres dieux lui sont expressément attribués. L'hymne appartient sans aucun doute au nombre des compositions plus récentes ; néanmoins, bien qu'Agni y soit si haut exalté, il ne s'y trouve pas un mot pour rabaisser le caractère divin des autres dieux.

---

[1] Le sujet est traité dans mon *Histoire de l'ancienne littérature sanscrite*, p. 532, et dans Muir, *Textes sanscrits*, IV, p. 119 ; V, p. 98.

Nous avons vu, dans l'hymne à Indra, tout ce qu'un
Rishi pouvait dire de lui. Dans les hymnes, comme plus
tard dans les Brâhma*n*as, il est célébré comme le plus
fort, le plus héroïque des dieux ; et l'un des hymnes du
dixième livre a pour refrain : *Viçvasmâd Indra uttaras*,
« Plus grand que tout est Indra ».

Un autre dieu, Soma, né grand, triomphant de tous[1],
est le roi du monde[2] ; il peut prolonger la vie de l'homme[3],
et même, dans un certain cas, les dieux lui doivent la
vie et l'immortalité[4]. Il est le roi du ciel et de la terre, des
hommes et des dieux[5].

Si nous lisons les hymnes à Varu*n*a (Οὐρανός), nous
trouvons là encore un dieu qui, dans la pensée du poète,
était suprême et tout-puissant. Dans l'effort pour rendre
l'idée d'un pouvoir divin et suprême, le langage humain
pouvait-il rien trouver de plus fort que ce que notre poète
dit de Varu*n*a : « Tu es le seigneur de toute chose, ciel
et terre (I, 52, 20) ; tu es le roi de tous, de ceux qui
sont dieux et de ceux qui sont hommes (II, 27, 10). »
Varu*n*a n'est pas seulement le maître de la nature : il
connaît l'ordre de la nature ; il le maintient ; il est le
dhrita-vrata. Les *vratas*, les lois de la nature, sont inébranlables à jamais ; car ils reposent dans Varu*n*a comme
dans le roc. Il connaît les douze mois, il connaît même
le treizième ; il connaît la course des vents, les oiseaux
dans l'air, les vaisseaux sur les flots. Il connaît toutes les
merveilles de la nature, et son œil plonge dans l'avenir
aussi bien que dans le passé. Il y a plus : il veille aussi
sur l'ordre du monde moral. Dans un hymne, le poète

---

[1] Jâyamâno 'bhavo mahân indo viçvàn abhi id asi (Rig, IX, 59, 6).

[2]   Abhiçastipà bhuvanasya ràjà (IX, 96, 10).

[3]   Pra *n*a âyur jîvase soma târîs (VIII, 48, 4).

[4]   Pitâ devânâm janitâ sudakskas
    Vish*t*ambho divo dharu*n*as prithivyâs (IX, 87, 2).

[5]   Ràjà devânâm uta martyânàm (IX, 97, 24).

débute par l'aveu qu'il a manqué aux œuvres de Varuna, qu'il a péché contre ses lois. Il implore son pardon, il invoque pour sa défense l'infirmité de la nature humaine; il le supplie de ne point punir son péché par la mort. Il espère apaiser le dieu par ses prières, comme on apaise un cheval avec des paroles caressantes. « Sois bon, dit-il à la fin, et que nous conversions encore ensemble ! » Qui ne songerait aux paroles du Psalmiste : « Car il sait comme nous sommes faits ; il se rappelle que nous sommes poussière » ?

Eh bien ! Varuna même n'est pas l'être suprême ; il n'est pas Un sans second. Il est presque toujours représenté en compagnie avec un autre dieu, Mitra, et rien n'indique que Varuna soit plus grand que Mitra, ou Mitra plus grand que Varuna.

C'est là l'hénothéisme, le culte des dieux isolés, culte également distinct du monothéisme, qui adore un seul dieu et nie tous les autres, et du polythéisme, qui adore des dieux multiples, réunis en république, sous la présidence d'un Dieu suprême.

III

Polythéisme et monothéisme.

Voyons à présent ce que devint l'hénothéisme dans son développement subséquent.

Tout d'abord nous remarquons que plusieurs de ces dieux isolés, nés d'une seule et même source, après avoir fourni quelque temps une carrière indépendante, ont une tendance à se confondre. Dyaus était le ciel vu dans la lumière toujours présente ; Varuna, le ciel qui embrasse tout ; Mitra, le ciel éclairé des rayons du matin ; Sûrya était le soleil brillant dans le ciel ; Savitar, le soleil, rapportant la lumière et la vie ; Vishnu, le soleil traversant le ciel en trois pas. Indra apparaissait dans le ciel pour donner la pluie ; Indra et les Maruts le traversaient dans l'ouragan. Vâta et Vâyu étaient les vents de l'atmosphère. Agni était le feu et la lumière, partout où ils se laissent apercevoir, se levant des ténèbres du matin ou se plongeant dans les ténèbres du soir. Mêmes rapports entre plusieurs des divinités inférieures.

Il suivait de là que ce que l'on disait de l'une pouvait se dire aussi bien de l'autre ; les mêmes épithètes appartenaient en commun à plusieurs, et l'on contait les mêmes histoires de différents dieux.

Ce n'étaient pas seulement les divinités solaires, comme Sûrya, mais Indra, le dieu de la pluie, les Maruts, les dieux de l'orage, qui prenaient le titre de fils de Dyaus, fils du ciel, et le Ciel étant l'époux de la Terre, la Terre devenait par là la mère de tous les dieux.

Le soleil, en se levant, n'éclairait pas seulement, il faisait paraître, il déployait le ciel et la terre ; de là, il n'y avait qu'un pas à le représenter comme ramenant, comme faisant le ciel et la terre. On attribuait d'ailleurs la même grande œuvre à Indra et à Varuna, à Agni, qui est la lumière du soleil, et à Vishnu, le dieu qui mesure le monde de ses trois pas.

A un autre point de vue, Agni ramène le soleil, exploit que d'autres poètes attribueront encore à Indra, à Varuna et à Vishnu.

La grande bataille contre les ténèbres et les nuées est surtout soutenue par Indra ; néanmoins, Dyaus aussi manie la foudre, Agni détruit les démons de la nuit ; Vishnu, les Maruts et Parjanya, tous prennent leur part dans la bataille du jour et dans celle de l'année.

Les vieux poètes voyaient tout cela aussi bien que nous-mêmes, et ils vont souvent jusqu'à déclarer l'identité de tel dieu avec tels autres [1]. Agni, qui est le dieu du feu, est proclamé identique à Indra et Vishnu, à Savitar, à Pûshan, à Rudra et Aditi; identique à tous les dieux [2]. Dans un vers de l'Atharva-Véda, nous lisons (XIII, 3, 13) :

« Le soir, Agni devient Varuna; il devient Mitra quand il se lève au matin; devenu Savitar, il traverse le ciel; devenu Indra, il brûle le ciel au zénith. »

Sûrya, le soleil, est identifié avec Indra et Agni; Savitar avec Mitra et Pûshan; Indra avec Varuna; Dyaus, le ciel, avec Parjanya, le dieu de la pluie. Toutes ces assimilations devaient sans doute aider les brahmanes à réduire le nom des divinités indépendantes, mais les laissaient encore bien loin du monothéisme.

Un autre expédient, adopté par les anciens poètes, et qui semble particulier au Véda, c'est la formation de dyades divines. Etant données deux divinités qui avaient certaines fonctions en commun, on formait de leurs noms un composé auquel on donnait la désinence du duel, et ce composé devenait le nom d'une nouvelle divinité [3]. Ainsi, à côté des hymnes adressés à Mitra et à Varuna, nous avons des hymnes à Mitrà-varunâu; quelquefois même on les appelle les deux Mitras, les deux Varunas.

Un troisième expédient consistait à embrasser tous les dieux sous un nom commun; on les appelait *Viçve devâs*, « tous dieux », et on leur adressait des prières et des sacrifices collectifs.

---

[1] Muir, *Sanskrit Texts*, V, p. 219.
[2] Rig, V, 3.
[3] Voici les plus importants de ces couples :

Agni-shomâu.	Indra-Brihaspatî.	Parjanya-vâtâu.
Indra-vàyû.	Indrà-varunâu.	Mitrà-varunâu.
Indra-agni.	Indrà-vishnû.	Somà-pûshanâu.
Indra-pûshanâu.	Indrà-somâu.	Somà-rudrâu.

Enfin, il y avait un dernier expédient, celui qui nous semble le plus naturel de tous et le plus propre à concilier l'aspiration après le dieu Un avec l'existence de plusieurs dieux : c'est l'expédient adopté par les Grecs et les Romains, et qui consistait à établir un dieu suprême au-dessus des autres ; c'est de cette façon que les Grecs avaient satisfait le besoin d'une puissance suprême, le besoin du εἷς κοίρανος ἔστω, sans briser entièrement avec la tradition du passé, et avec le culte rendu aux manifestations individuelles du divin, telles qu'Apollon et Athena, Poseidon et Hadès. S'il est vrai, comme on l'a supposé quelquefois, que l'introduction de la monarchie dans le ciel ne s'est faite que chez les peuples d'institutions monarchiques [1], on pourra conclure de l'absence d'un roi dans le ciel védique, à l'absence du gouvernement monarchique dans l'Inde védique.

Néanmoins, les Aryens védiques eux aussi ont fait quelques tentatives pour établir une sorte d'autorité suprême parmi leurs dieux, mais avec moins de succès que les Grecs, les Romains et les autres.

Nous avons déjà vu que certains dieux, tels que Savitar, Varuna et d'autres encore, ne faisaient pas seulement paraître le monde par leur lumière, mais déroulaient le ciel et la terre, les mesuraient, et enfin les créaient [2]. Ils recevaient donc non seulement les épithètes de *viçva-cakshas*, qui voit tout, *viçva-vyacas*, qui embrasse tout, *viçva-vedas*, qui sait tout, mais aussi

---

[1] Aristote, *Politique*, 1, 2, 7 : « Aussi tous les hommes disent que les dieux ont un roi, parce qu'eux-mêmes ont ou ont eu des rois : car les hommes créent leurs dieux à leur image, non seulement quant à leur forme, mais aussi quant à leurs mœurs. »

[2]   Mànena iva tasthivàn antarikshe
    vi yo mame prithivim sûryena (Rig, V, 85, 5).

« Lui qui, debout dans l'atmosphère, a mesuré le ciel avec le soleil pour instrument ».

celle de *Viçva-karman*, l'artisan universel, *Prajâpati*, le seigneur des hommes, et ces deux épithètes devinrent bientôt deux noms de divinités. Nous avons quelques hymnes à Viçvakarman[1], le créateur, et à Prajâpati, le seigneur, où il reste à peine trace de leur origine solaire. Quelques-uns d'entre eux nous rappellent le langage des Psaumes, et une divinité, telle que Prajâpati ou Viçvakarman, aurait été faite, semble-t-il, pour satisfaire les aspirations monothéistes et clore l'évolution religieuse des anciens Aryens de l'Inde. Il n'en fut rien, comme nous verrons.

Je vais vous lire quelques extraits de ces hymnes, attribués à une époque postérieure, et où l'idée du dieu Un, créateur et maître du monde, est clairement exprimée. Je commence par des vers adressés à Viçvakarman[2].

2. Quelle est la place, quel est le support et où était-il, d'où Viçvakarman, qui voit toutes choses, produisant la terre, déroula le ciel par sa puissance ?

3. Lui, le dieu *Un*, de qui les yeux sont partout, la bouche partout, les bras partout, les pieds partout, produisant la terre et le ciel, les forge du travail de ses bras et de ses ailes.

4. Quelle est la forêt[3], quel est l'arbre d'où ils ont taillé le ciel et la terre ? O sages, cherchez dans votre intelligence sur quel support il se tient pour appuyer les mondes.

7. Invoquons aujourd'hui, pour nous protéger dans la bataille, le maître de la parole, Viçvakarman, l'ouvrier de toute chose qui inspire notre esprit. Qu'il accepte nos offrandes, lui qui est bénédiction pour chacun, et qui accomplit de bonnes œuvres pour notre salut !

Dans un autre hymne, on dit de lui[4] :

3. Lui, le père qui nous a engendrés, le maître qui connaît les

---

[1] Indra aussi est viçvakarman (VIII, 98, 2).
[2] Rig, X, 81, 2.
[3] Nous dirions ὕλη ou matière ; Rig, X, 31, 7.
[4] Rig, X, 82.

lois et connaît tous les mondes, qui seul donne leurs noms aux dieux, de lui viennent s'enquérir toutes les autres créatures.

5. Par-delà le ciel, par-delà la terre, par-delà les Dévas et les Asuras [1], quel est le premier germe que portèrent les eaux, dans lequel furent vus tous les dieux ?

4. Les eaux ont porté ce premier germe au sein duquel tous les dieux furent réunis. L'*Un* en qui reposent toutes les créatures fut placé au sein du Non-né.

7. Vous ne saurez jamais celui qui créa ces choses : il y a quelque chose entre vous et lui. Enveloppés d'un brouillard et bégayant, les poètes s'en vont satisfaits de vivre.

Nous passons à Prajâpati, le seigneur de toutes les créatures, identique sous bien des rapports à Viçvakarman [2], le créateur de toutes choses, mais d'une personnalité encore mieux accusée, surtout dans les Brâhmaṇas. Dans certains hymnes du Véda, Prajâpati n'est encore qu'une épithète de Savitar :

« Lui, le sage, le soutien de l'Univers, le Prajâpati du monde, il revêt sa brillante armure ; répandant sa lumière, déployant et remplissant l'espace, Savitar crée le bonheur suprême (IV, 53, 2). »

Il est aussi invoqué comme donnant des enfants, et dans un hymne (X, 121), il est célébré comme le créateur de l'univers, comme le premier des dieux, et reçoit le nom de Hiraṇyagarbha, le germe d'or, l'œuf d'or :

1. Au commencement parut Hiraṇyagarbha (le germe d'or) ; il était le seul seigneur né du monde. Il établit la terre et ce ciel : — Quel est le dieu à qui nous offrirons notre sacrifice ?

2. Celui qui donne le souffle, qui donne la force, de qui tous les Dévas respectent l'ordre, de qui l'ombre est l'immortalité, et de qui l'ombre est la mort : — Quel est le dieu à qui nous offrirons notre sacrifice ?

3. Celui qui par sa puissance est devenu le roi de ce qui a souffle et de ce qui a sommeil, lui qui est le maître de tout être, bipède et quadrupède : — Quel est le Dieu à qui nous offrirons notre sacrifice ?

---

[1] Ou peut-être, par-delà les dieux vivants.

[2] Prajâpatir vai Viçvakarmà (Çatapatha Brâhmaṇa, VIII, 2, 1, 10).

4. Celui par la puissance de qui sont ces montagnes neigeuses et la mer, dit-on, avec la rivière lointaine (la Rasà), celui dont les régions de l'horizon sont les deux bras : — Quel est le dieu à qui nous offrirons notre sacrifice?

5. Celui par qui le ciel est brillant et la terre solide, par qui le ciel a été fixé, le firmament suprême, celui qui mesura l'espace dans le ciel : — Quel est le dieu à qui nous offrirons notre sacrifice ?

6. Celui que le ciel et la terre [1], affermis par sa volonté, contemplent en tremblant dans l'âme, celui au-dessus duquel le soleil se lève et brille : — Quel est le dieu à qui nous offrirons notre sacrifice ?

7. Quand les grandes eaux partout se répandirent, contenant le germe, engendrant le feu, alors s'éleva celui qui seul est la vie des dieux : — Quel est le Dieu à qui nous offrirons notre sacrifice ?

8. Celui qui par sa puissance apercevait les eaux qui contenaient la force et engendraient le feu du sacrifice ; celui qui *seul est dieu par-dessus tous les dieux* [2] : — Quel est le dieu à qui nous offrirons notre sacrifice?

9. Qu'il ne nous fasse point mal, lui qui est le créateur de la terre, ou lui, le juste, qui a créé le ciel ; lui qui a créé les eaux brillantes et puissantes : — Quel est le dieu à qui nous offrirons notre sacrifice ?

10. Prajâpati, nul autre que toi n'embrasse toutes ces choses créées. Ce que nous désirons quand nous t'offrons le sacrifice puisse-t-il nous advenir, puissions-nous être maîtres de la richesse ! (10).

A voir de pareilles idées naître chez les poètes védiques, on s'imaginerait que leur vieille religion ne pouvait, en se développant, qu'aboutir au monothéisme, au culte d'un dieu personnel, et qu'ainsi l'Inde également atteindrait la forme le plus haute que l'homme puisse donner à l'Infini, quand les autres formes et les autres noms sont devenus impuissants. Il n'en fut pas ainsi. Les hymnes de ce genre sont rares dans le Rig-Véda, et ils n'amènent rien de plus solide ni de mieux défini dans la période suivante, celle des Brâhma*n*as. Dans les Brâhma*n*as, Prajâpati, le seigneur des créatures

[1] Lire *rodasî* au lieu de *krandasî*.
[2] Τὸν ἐπὶ πᾶσι θεόν. Froude, Celsus : *Fraser's Magazine*, 1878, p. 131.

vivantes, le père des Dévas et des Asuras[1], a sans doute
une prééminence plus marquée que dans les hymnes ;
mais même là son caractère mythique perce par instant et de la façon la plus vive : par exemple, quand il
paraît comme père d'Agni, de Vâyu, d'Aditya (le soleil),
de Candramâs (la lune), d'Ushas (l'aurore)[2], et surtout
dans l'histoire de ses amours avec sa fille, primitivement l'aurore chassée par le soleil, cette histoire qui
devait plus tard scandaliser si étrangement les adorateurs de Prajâpati.

Par instant, quand on lit certains passages des Brâhmanas, on est près de croire que l'aspiration après un
dieu suprême personnel a enfin trouvé satisfaction dans
Prajâpati, le seigneur de toutes les choses vivantes, que
tous les autres dieux vont s'évanouir devant sa splendeur :

« Au commencement, Prajâpati seul était tout l'univers[3]. Prajâpati est Bharata, celui qui supporte, car il
supporte tout l'univers[4]. Prajâpati créa les créatures
vivantes. De son souffle supérieur il créa les dieux,
de son souffle inférieur il créa les hommes. Après cela,
il créa la mort, pour dévorer toutes les créatures vivantes. De ce Prajâpati, une moitié était immortelle,
l'autre moitié était mortelle, et par cette moitié qu'il
était mortel, il fut effrayé de la mort[5]. »

Nous voyons dans ce passage que même les auteurs
des Brâhmanas percevaient quelque chose de mortel
dans Prajâpati, et ailleurs ils vont jusqu'à dire qu'à la
fin il tomba en décomposition, et que tous les dieux le
quittèrent ; un seul resta, Manyu.

[1] Taittirîya Brâhmana, I, 4, 1, 1.
[2] Çànkhyàyana Brâhmana, VI, 1. — Muir, IV, p. 343.
[3] Çatapatha Brâhmana, II, 2, 4, 1. — Muir, IV, p. 28.
[4] Çatapatha Brâhmana, VI, 8, 1, 14.
[5] Ibid, X, 1, 3, 1.

C'était la vérité, quoique dans un autre sens que l'entendaient les brahmanes.

IV

Athéisme.

La pensée de l'Hindou avait grandi et grandissait en force de jour en jour. Dans sa recherche après l'infini, il avait pu un instant s'arrêter à la montagne et à la rivière, leur demandant leur protection, célébrant leur grandeur sans bornes, mais sentant toujours que ce n'étaient que les signes visibles de la puissance qu'il cherchait. Nos ancêtres aryens, en regardant le ciel, le soleil et l'aurore, avaient appris à y voir la présence d'une puissance vivante, à demi révélée, à demi dérobée à leurs sens, toujours à la poursuite d'une réalité nouvelle par-delà celle qu'ils pouvaient saisir.

Ils allèrent plus loin. Dans le ciel brillant, ils avaient vu l'illuminateur ; dans le firmament qui enveloppe tout un dieu qui embrasse ; dans le mugissement du tonnerre et la fureur de l'ouragan, ils entendaient la voix d'un être qui hurle, ils sentaient les coups d'un être qui frappe ; et de la pluie, ils avaient fait Indra, celui qui donne la pluie.

Mais au même instant commençait la première réaction, le premier doute. Tant que la pensée de l'adorateur avait un objet visible et tangible, elle pouvait, dans ses aspirations religieuses, dépasser de bien loin les limites de l'observation réelle ; nul ne pouvait mettre en question l'existence sensible de ce qu'il appelait ses *devas* ou ses *dieux*. Les montagnes et les rivières étaient toujours là pour parler pour elles ; et si les louanges qu'on leur prodiguait semblaient excessives, on pouvait en baisser le ton, sans que leur existence même fût mise en question. De même du ciel, du soleil, de l'aurore. Eux aussi étaient toujours là, et quand on les traiterait de simples visions, de simples apparences, l'esprit humain est fait de telle sorte, qu'il ne peut admettre d'apparences sans admettre, en même temps, l'existence d'une chose qui apparaît, d'une réalité ou substance. Mais arrivés à la troisième classe de Dévas, celle des dieux qui sont et intangibles et invisibles, tout change. L'Indra qui donne la pluie, le Rudra qui tonne, sont de pures créations de la pensée humaine. Tout ce que donne la nature, c'est la pluie, c'est le tonnerre, mais nulle image visible d'un dieu. Or, le tonnerre et la pluie n'étaient point considérés comme dieux, mais seulement comme l'œuvre d'êtres sans forme visible. L'homme voyait l'œuvre et c'était tout : nul moyen de montrer du doigt un point du ciel, ou le soleil, ou l'aurore, pour attester l'existence de Rudra et d'Indra dans leur sens et leur forme primitive. C'est ainsi que le savant, pour prouver la présence de la vie et de l'activité humaine dans les périodes lointaines de la vie du monde, n'a pas toujours un crâne humain à montrer et n'a parfois qu'une pierre taillée pour toute preuve.

Nous avons déjà vu qu'Indra, par cela même qu'il n'y avait rien dans la nature où il fût enchaîné, rien de visible qui pût arrêter son développement dans la pensée des adorateurs, développa à un plus haut degré que tous les autres dieux le caractère personnel, dramatique, mythologique. Il a livré plus de batailles, il est le héros de plus d'histoires, que toute autre divinité védique, et ceci nous sert à comprendre comment les poètes védiques eux-mêmes semblaient croire qu'il avait détrôné de l'empire Dyaus, le Zeus indien. Mais Némésis n'était pas loin.

Ce dieu qui semblait avoir rejeté dans l'ombre tous les autres et qui mérite d'être appelé, sinon le dieu

suprême, du moins le dieu le plus populaire du Véda,
fut précisément le premier à l'existence duquel le doute
s'attaqua.

Un fait singulier, au premier abord, c'est qu'Indra
est le dieu pour lequel les poètes védiques réclament le
plus instamment la *çraddhâ*, la foi. « Quand le fou-
gueux Indra lance la foudre, alors les hommes croient
en lui[1]. » — « Contemplez son œuvre grande et puissante et croyez au pouvoir d'Indra[2]. » — « Ne frappe pas,
ô Indra, notre proche parent, car nous croyons en ton
grand pouvoir[3]. » — « Le soleil et la lune se meuvent en
succession régulière, pour que nous puissions croire,
ô Indra[4]. » On dirait presque des arguments de théologie :
on ne s'attendrait guère à en rencontrer si tôt. Mais
l'histoire de l'esprit humain nous apprend, elle aussi,
que le nouveau est toujours vieux et que le vieux est
toujours neuf. Songez au lien étroit du monde et de la
pensée. Ce nom, le premier nom de la foi, *çraddhâ*, est
le mot même que nous trouvons dans le latin *credo*, et
qui survit encore dans le français *croire*. Où le romain
disait *credidi*, le brahmane disait *çraddadhau ;* où le
romain disait *creditum*, le brahmane disait *çraddhi-
tam*. Le mot et l'idée existaient donc déjà avant que la
famille aryenne se fût divisée, avant qu'il y eût du
sanscrit, avant qu'il y eût du latin. Déjà alors l'homme
croyait en des choses que ses sens ne pouvaient saisir
ni sa raison concevoir.

[1]   Adha cana çrad dadhati tvishimate
     Indrâya vajram nighanighnate vadham (I, 55, 5). — C'est le
Cœlo tonantem credidimus Jovem. Cf. Rig, I, 104. 7.

[2]   Tad asya idam paçyata bhûri push*t*am
     Çrad indrasya dhattana vîryâya (I, 103, 5).

[3]   Mà antaram bhujam à ririsho nas
     Çraddhitam te mahate indriyàya (I, 104, 6).

[4]   Asme sûryâcandramasâ abhicakshe
     Çraddhe kam indra carato vitarturam (I, 102, 2).

Il croyait, et non seulement il croyait, mais il le savait, il avait conscience de l'acte de foi, et il avait créé un mot pour l'exprimer et le consacrer, *çrad-dhâ*[1]. Je ne puis entrer dans le développement des conséquences qu'entraîne cette coïncidence, je ne puis qu'appeler votre attention sur la perspective infinie que ce seul mot ouvre devant nos yeux, par-delà les Alpes et le Caucase, jusqu'aux montagnes de l'Himâlaya.

Ce dieu, pour qui l'on se croyait obligé de demander la foi, tandis que pour les autres dieux l'on prenait leur existence comme accordée, c'est ce dieu qui, le premier, éveilla le scepticisme du fidèle :

« Offrez vos éloges à Indra, si vous désirez le butin; éloges vrais, s'il existe vraiment. Il n'y a pas d'Indra, disent certains. Qui l'a vu? Qui louerions-nous[2]? »

Mais le poète fait aussitôt volte-face et, introduisant Indra, lui fait dire :

« Me voici, ô mon adorateur! Regarde-moi, me voici! En grandeur, je dépasse toute créature[3]. »

---

[1] Je ne vois pas très clairement le sens de *çrat* dans *çrad-dhâ*. Je ne puis adopter, pour moi, l'étymologie qui fait de *çrad* un équivalent du sanscrit *hard* ou *hrid*, cœur, et donne comme sens primitif de *çrad-dhâ*, prendre à cœur : ce ne sont pas les difficultés phonétiques qui m'arrêtent, mais la présence dans les Védas de *çrat kar*; Dig, VIII, 75, 2, *çrad viçvâ vâryâ kridhi*, « rends tous nos désirs réalisés »! Je crois, avec Benfey, que *çrat* est parent de *çru*, « entendre », et que le sens primitif était « tenir une chose pour entendue, pour connue, pour vraie ». Mais j'avoue que je ne puis justifier l'étymologie d'une façon satisfaisante. Si *çrat* est contracté de *çravat*, *cravat* serait pour *çravas* comme *ushat* est pour *ushas*. Les contractions sont fréquentes devant *dhâ*, mais on attendrait *çrot* ou *cros* plutôt que *çrat*.

[2]   pra su stomam bharata vàjayanta
    Indrâya satyam yadi satyam asti ;
    na indro asti, iti nema u tva âha,
    ka îm dadarça, kam abhi sh*t*avâma (Rig, VIII, 89, 3).

[3]   ayam asmi jaritas, paçya mâ iha
    viçva jàtâni abhi asmi mahnâ (*Ibid*, 4).

Et dans un autre hymne :

« Le dieu terrible de qui l'on demande : où est-il? et de qui certains disent : il n'est pas ; il enlève la richesse de l'ennemi comme l'enjeu de l'adversaire au jeu. Croyez en lui, ô hommes! c'est Indra [1] ! »

Quand nous voyons ainsi le vieux dieu Dyaus détrôné par Indra, Indra lui-même nié, Prajâpati en décomposition, et que nous entendons un poète dire en propres termes que les dieux ne sont que des noms, nous avons le droit de penser que le courant religieux sorti de la montagne et de la rivière, après avoir gagné le ciel et le soleil et avoir été jusqu'aux dieux invisibles, était bien près d'avoir épuisé son cours. Nous avons le droit d'attendre en Inde la catastrophe prédite en Islande par les poètes de l'Edda, le crépuscule des dieux, avant-coureur de la destruction de l'univers. Nous avons, semble-t-il, atteint la période où l'hénothéisme, après avoir essayé vainement de s'organiser en polythéisme et de se simplifier en monothéisme, devait nécessairement aboutir à l'athéisme, à la négation des dieux.

C'est ce qui arriva. Mais l'athéisme n'est pas le dernier mot de la religion de l'Inde, bien qu'il semble l'avoir été un temps dans quelques-unes des phases du bouddhisme. Le mot même est déplacé, appliqué à l'Inde. Les anciens Hindous ne connaissaient ni les Θεοί des rapsodes, ni le Θεός des philosophes d'Elée. Leur athéisme, si athéisme il y a, doit s'appeler l'*adévisme*, la négation des vieux Dévas. Mais cette négation d'une croyance ancienne à laquelle on ne peut plus croire, loin d'être la ruine d'une religion, en est la vie et le principe. Les anciens Aryens sentirent dès le commen-

---

[1] Yam smâ prichanti kuha sa iti ghoram,
   uta îm âhur na esho asti iti enam
   so aryas pushṭir vija ivâ minâti
   çrad asmai dhatta sa janâsa indras (II, 12, 5).

cement, et peut-être alors plus vivement que dans la suite, la présence d'un Divin, d'un Infini, d'un Au-delà, et ils essayèrent, comme nous, de le saisir et de s'en emparer, en lui donnant nom après nom. Ils pensaient l'avoir trouvé dans la montagne et la rivière, dans l'aurore et dans le soleil, dans le ciel et dans le firmament, dans le Ciel-Père. Mais, à chaque fois, venait le Non ! inévitable. Ce qu'ils cherchaient était comme la montagne, comme la rivière, comme l'aurore, comme le ciel, comme le Père ; mais ce n'était pas la montagne, ce n'était pas la rivière, ce n'était pas l'aurore, ce n'était pas le ciel, ce n'était pas le Père. C'était quelque chose de tout cela, mais c'était quelque chose de plus que tout cela, au-delà de tout cela. Même ces noms généraux d'Asura et de Déva ne suffisaient plus à les satisfaire. « Il y a peut-être des Dévas et des Asuras, disaient-ils ; mais il nous faut davantage, il nous faut un mot plus haut, une pensée plus pure. » Et c'est ainsi qu'ils délaissèrent les brillants Dévas, non dans un déclin de la foi et du désir, mais parce que la foi et le désir cherchaient plus haut.

Leur pensée était en travail d'une conception nouvelle, et les cris d'angoisse annonçaient le nouveau-né.

C'est ainsi qu'il en a toujours été, qu'il en sera toujours. Il y a un athéisme qui tue, il y en a un autre qui est le sang même et la vie de la vraie foi. C'est la faculté d'abandonner la croyance dont nous avons, dans nos moments de sincérité, reconnu la fausseté : c'est la volonté de remplacer le moins parfait, si cher, si sacré qu'il puisse être, par le plus parfait, si odieux qu'il soit encore au monde. C'est là l'abnégation véritable, le vrai culte de la vérité, la vraie foi. Sans cet athéisme, il y a longtemps que la religion ne serait plus qu'une hypocrisie figée : sans lui, point de nouvelle religion, point de réforme, point de réformation, point de résurrection

possible : sans cet athéisme, une vie nouvelle ne serait
plus possible pour aucun de nous.

Consultons l'histoire de la religion. Que d'hommes,
dans tous les pays et tous les temps, qui ont été flétris
du nom d'*athées*, non pour avoir nié qu'il y ait rien au-
delà du visible et du fini, ni pour avoir proclamé que ce
monde peut s'expliquer sans l'hypothèse d'une cause,
d'un plan, d'un Dieu, mais simplement pour n'avoir pas
accepté la conception traditionnelle de la Divinité qui
régnait de leur temps, pour avoir aspiré après une conception de Dieu plus haute et plus pure que celle qu'on
leur avait enseignée dans leur enfance.

Aux yeux du brahmane, Buddha était un athée. Quelques-unes des écoles philosophiques du bouddhisme
étaient athées, sans aucun doute; mais il est douteux
pour le moins que le Buddha même, que Gautama
Çâkyamuni le fût, et la négation des Dévas populaires
ne suffit pas pour faire de lui un athée[1].

Aux yeux du juge athénien, Socrate était un athée;
pourtant il ne niait même pas les dieux de la Grèce ; il
réclamait seulement le droit de croire en quelque chose
de plus sublime et de plus vraiment divin que Héphaistos
et Aphrodite.

Aux yeux des Juifs, quiconque prenait le titre de *fils
de Dieu* était un blasphémateur, et quiconque adorait le
Dieu de ses ancêtres à la façon nouvelle était un héré-
tique. Quel était le nom des chrétiens chez les Grecs et
les Romains? Les *athées*, ἄθεοι[2].

Cet abus de langage ne cesse pas avec le christianisme. Aux yeux d'Athanase, les ariens sont « des

---

[1] Dans l'inscription de Rûpnâth (221 avant notre ère), Açoka se
fait honneur « de ce que les dieux qui de son temps étaient considérés
comme vrais dans le Jambudvipa, ont enfin été abjurés ». Voir G.
Bühler, **Trois nouveaux édits** d'Açoka (Bombay, 1877), p. 29.

[2] Eusebii Smyrnensis *Epist. de St. Polycarpi martyrio*, 3, 9.

diables, des antechrists, des fous furieux, des juifs,
des polythéistes, des *athées* [1] », et naturellement le jugement qu'Arius portait sur les athanasiens n'était pas
plus charitable. Et pourtant Athanase et Arius ne cherchaient l'un et l'autre qu'à réaliser, chacun à sa façon,
l'idéal le plus haut de la Divinité, craignant d'en voir
la vérité et la majesté obscurcies, l'un par les erreurs
des Gentils, l'autre par les erreurs des Juifs [2].

Dans les siècles qui suivent, le même abus d'expression continue dans la guerre des théologiens. Au
seizième siècle, Servet traite Calvin de *trinitaire* et
d'*athée* [3], et Calvin juge que Servet est digne du bûcher, parce qu'il ne pense pas comme lui sur la nature
de Dieu (1552).

Le siècle suivant, pour ne citer qu'un exemple que de
nouvelles recherches ont remis dernièrement en lumière, Vanini est condamné à avoir la langue arrachée
et à être brûlé vif, parce que le juge, suivant sa propre
déclaration, bien que beaucoup le considèrent comme
simple hérésiarque, le condamne comme athée. Comme
récemment quelques écrivains se sont déclarés de l'avis
de Grammont, écoutons comment cet athée parle de
Dieu :

« Vous me demandez ce que Dieu est : si je le savais,
je serais Dieu, car nul ne connaît Dieu que Dieu lui-
même. Si nous pouvons d'une certaine façon le décou-

---

[1] Le docteur Stanley, dans son livre de *l'Eglise orientale*, p. **246**,
donne une collection des épithètes appliquées à Arius et aux ariens
par saint Athanase, dans ses *Traités historiques* (éd. **Newman**, II,
p. **34**): « Démons, antechrists, fous furieux, juifs, polythéistes, athées,
chiens, loups, lions, lièvres, caméléons, hydres, anguilles, seiches,
cousins, scarabées, sangsues. »

[2] Grégoire de Nyssa, *Logos Katechelicos*, 3 ; Pfleiderer, *Philosophie
de la religion*, p. 381.

[3] Item. — Il appelle ceux qui croient en la Trinité, **trinitaires** et
athéistes. — *Procès contre Michel Servet.*

vrir dans ses œuvres, comme on découvre le soleil à travers les nuages, nous ne le comprenons pas mieux pour cela. Disons néanmoins qu'il est le plus grand Bien, le premier Être, le Tout ; qu'il est juste, compatissant, bienheureux, paisible ; qu'il est le créateur, le conservateur, le modérateur, l'omniscient, le tout-puissant ; le père, le roi, le seigneur, le rémunérateur, le maître ; le commencement, le milieu, la fin, l'éternel ; qu'il est l'auteur, celui qui donne la vie, celui qui observe ; qu'il est l'artiste, la providence, le bienfaiteur. Seul il est tout en tout [1]. »

L'homme qui écrivit ces lignes fut brûlé comme athée. Encore au dix-septième siècle le sens du mot *athéisme* était si mal défini, qu'en 1696 l'on voit le parlement d'Édimbourg passer un acte « contre les opinions athéistiques des déistes [2] », et que des hommes aussi différents que Spinoza et l'archevêque Tillotson furent tous deux flétris du nom d'athées [3] : on ne pouvait plus, malheureusement, les jeter dans le même bûcher.

Le dix-huitième siècle même parle encore ce langage, et beaucoup de philosophes furent traités d'athées, non pour avoir songé à nier Dieu, mais pour avoir voulu purifier l'idée de la Divinité de ce qui leur semblait exagération humaine et erreur humaine.

De nos jours nous avons trop bien appris à connaître l'athéisme vrai pour employer le mot aussi légèrement. Pourtant, si nous voulons être justes envers nous-mêmes et envers les autres, laïques ou pasteurs, nous ferons bien dans nos polémiques de toujours nous rappeler à quelle sorte d'hommes, avant nous, ont été appli-

---

[1] G. C. Vanini, par R. Palumbo (Naples, 1878), p. 27.

[2] Macaulay, *Histoire d'Angleterre*, ch. xxii ; Cunningham, *Histoire de l'Église d'Ecosse*, II, p. 313.

[3] « C'était un arien, un socinien, un déiste, un athée ; » Macaulay, *Histoire d'Angleterre*, ch. xvii.

qués ces noms de *blasphémateurs*, d'*hérétiques* ou d'*athées*.

Il y a des moments dans la vie où celui qui cherche Dieu le plus passionnément se croit oublié de lui, où il ose à peine se demander : « Est-ce que je crois encore en Dieu, ou non ? » Qu'il ne désespère pas, et que le monde ne le juge pas trop durement : son désespoir vaut peut-être mieux que la foi de beaucoup.

Je citerai, comme conclusion, les paroles d'un grand théologien, mort récemment, et dont la sincérité et la piété n'ont jamais été mises en question : « Dieu, dit-il, est un grand mot. Qui le sent et le comprend jugera avec plus de douceur et de justice ceux qui avouent qu'ils n'oseraient dire qu'ils croient en Dieu. »

Maintenant, je sais parfaitement que mes paroles seront mal comprises et peut-être interprétées à mal. Je sais que l'on m'accusera d'avoir défendu et glorifié l'athéisme et de l'avoir représenté comme le dernier point et le plus haut de l'évolution religieuse. Soit ! S'il en est seulement quelques-uns qui comprennent ce que j'entends par l'athéisme loyal et qui savent le distinguer de l'athéisme vulgaire, et d'un théisme sans sincérité, cela me suffit ; car je sais que cette idée pourra souvent nous soulager aux heures de détresse. Elle nous apprendra qu'au moment même où les vieilles feuilles tombent, les feuilles d'un brillant et heureux printemps, et où l'hiver semble avoir tout glacé et tout tué en nous et autour de nous, un nouveau printemps se prépare dans tout cœur chaud et loyal. Elle nous apprendra que le doute sincère est la source la plus profonde de la foi, et que celui-là seul peut retrouver qui a perdu.

Nous verrons, dans une dernière leçon, comment l'esprit hindou, arrivé là, saisit corps à corps ce dernier problème, le plus redoutable de tous, et, nouveau Laocoon, plus heureux que l'autre, se dégagea des replis de l'athéisme.

SEPTIÈME LEÇON.

PHILOSOPHIE ET RELIGION.

I

La fin des dieux.

Quand les Aryens de l'Inde arrivèrent à la conviction que tous leurs Dévas, que tous leurs dieux n'étaient que des mots, il semble qu'ils auraient dù se détourner avec désespoir et dégoût de ce qu'ils avaient adoré durant des siècles. Dupes d'autrui ou d'eux-mêmes, cette découverte que leur Indra, leur Agni, leur Varuna n'étaient que des noms et rien de plus, cette découverte, dis-je, devait produire sur eux l'impression que ressentit le Grec ou le Germain quand il vit démolir le temple de ses dieux ou abattre le chêne sacré, sans qu'Apollon ni Odin parussent pour punir le sacrilège. Le résultat fut tout différent de ce qu'on eût attendu.

Chez les Grecs, les Romains et les Germains, les anciens dieux, une fois leur carrière achevée, disparurent tout entiers, ou, s'il fut impossible de les anéantir, ils furent dégradés au rang d'esprits malfaisants; on avait sous la main une religion nouvelle, toute faite, le christianisme, pour satisfaire à ces aspirations du cœur que l'on ne peut jamais étouffer. Dans l'Inde, au contraire, point de religion venant du dehors et où pût se réfugier le brahmane, dépouillé de ses vieilles divinités. Aussi, au lieu de changer de route et de recommencer la

course à nouveau, comme les Grecs, les Romains et les
Germains, les Hindous continuèrent à chercher leur voie
dans la direction qu'ils avaient prise, avec la confiance
qu'elle les conduirait au terme, s'ils ne faiblissaient pas
dans leur recherche après cet être qui avait rempli leur
pensée dès le premier éveil de leur sens, et qu'ils
n'avaient pas encore réussi à saisir d'une prise ferme
et à nommer d'un nom durable.

Ils rejetèrent donc les vieux noms, mais sans rejeter
la croyance en la chose qu'ils avaient essayé de nommer.
Ils détruisirent les autels de leurs vieux dieux, mais des
briques dispersées ils érigèrent un nouvel autel au Dieu
Inconnu, inconnu, innomé, mais toujours omniprésent; ce dieu qu'ils avaient cessé de voir dans les montagnes et les rivières, le ciel et le soleil, mais qui ne
cessait pourtant pas d'être présent devant leurs yeux et
qui peut-être n'était que plus près d'eux, car il les enveloppait, non plus à la façon de Varuna, l'éther qui enveloppe et embrasse tout dans son cercle, mais d'une façon
plus intime et plus étroite; il était devenu, comme ils
disent eux-mêmes « l'éther même de leur cœur », ou,
si vous aimez mieux, « la voix légère et à demi muette »
qu'entendait le prophète.

Les vieux Rishis du Véda, ne l'oublions point, ne
disaient point que Mitra, Varuna, Agni, sont des noms
et rien de plus. Ils disaient : « On parle d'Indra, de
Mitra, de Varuna, d'Agni; puis c'est encore le divin oiseau Garutmat; — *l'être qui est, et qui est un*, les poètes
l'appellent de noms divers; ils parlent de Yama, d'Agni,
de Mâtariçvan [1]. »

Nous voyons là trois choses :

> Indram mitram varunam agnim âhus,
> atho divyas sa suparno garutmân,
> ekam sad viprà bahudhà vadanti,
> Agnim yamam mâtariçvànam âhus (Rig, I, 164, 46).

En premier lieu : les Rishis ne doutaient jamais de l'existence d'un être réel (sat), dont Agni, Indra, Varuna et les autres n'étaient que des noms ;

En second lieu : cet être était seul et unique ;

En troisième lieu : cet être n'était pas un être masculin, comme Prajâpati et autres dieux ; il s'appelait d'un nom neutre.

« Dieu » et « neutre » : deux mots qui jurent dans nos idées ; nous ne pouvons concevoir un nom neutre pour désigner le dieu. Chez nous le neutre donne l'idée de quelque chose de purement matériel, de mort, d'impersonnel. Mais il n'en était pas ainsi dans le langage ancien, c'est-à-dire dans la pensée ancienne, ni même à présent, dans certaines de nos langues. Au contraire, en choisissant le neutre, les anciens sages essayaient d'exprimer quelque chose qui ne fût ni mâle ni femelle et qui fût aussi éloigné de la faible nature humaine que le faible langage humain peut l'exprimer. Ils voulaient quelque chose qui fût au-dessus et du masculin et du féminin ; un être sans sexe, mais non pas un être sans vie, ou, comme l'on a dit quelquefois, sans voir la contradiction dans les termes, un dieu impersonnel.

Il y a d'autres passages où le poète, parlant du dieu *un* aux noms multiples, emploie encore le masculin. Nous lisons dans un hymne au soleil, où le soleil est comparé à un oiseau : « Les sages poètes représentent en leurs mots de façons multiples l'oiseau qui est un[1]. » Nous sommes ici encore dans la mythologie. Nous sommes encore, sinon dans la mythologie pure, du moins dans l'anthropomorphisme, dans les vers suivants :

« Qui l'a vu, à l'origine, quand il naissait, alors que l'Etre sans os porta l'Etre fait d'os? Où était le souffle,

---

[1]   Suparnam viprâs kavayo vacobhis
ekam santam bahudhâ kalpayanti (X, 114, 5).

le sang, l'âme de la terre? Qui est allé le demander à qui le sait [1]? »

Chacun de ces mots déborde de sens. L'Etre sans os est l'expression qui désigne ce que nous appellerions « l'Etre sans forme », et « l'Etre fait d'os » est l'être qui a pris consistance et forme. Le souffle et le sang du monde sont encore des expressions qui essayent d'exprimer le pouvoir inconnu et invisible qui soutient le monde. Le mot « souffle » est l'expression qui approche le plus de ce que nous appellerions à présent l'essence ou la substance du monde.

II

La recherche de l'Atman.

Le dernier mot, *âtman*, le souffle, que l'on traduit généralement par l'*âme*, était, nous le verrons, réservé à un grand avenir. Il signifie primitivement souffle, puis vie, quelquefois corps ; le sens de beaucoup le plus fréquent est l'essence, l'être intime ; *âtman* est devenu un pronom réfléchi, synonyme de ἑαυτόν, *semetipsum;* mais il ne s'est pas restreint à cet emploi purement grammatical, et il a commencé une nouvelle histoire comme désignation de l'abstraction philosophique la plus haute. Il exprime non pas le *moi*, car le *moi*, le *aham*, était trop fait des éléments flottants et fugitifs de cette vie, mais cette chose qui est au-delà du *moi*, cette chose qui servait pour un instant de support au *moi*, et qui bientôt se délivrait des chaînes et des conditions du moi humain et redevenait l'être pur.

Le mot *âtman* diffère des mots qui, dans les autres

[1]   Ko dadarça prathamam jàyamânam
        asthanvantam yad anasthâ bibharti,
        bhûmyà asur as*rig* âtmà kva svit
        ko vidvànsam upa gàt pras*th*um etat (I, 164, 4).

langues, ont passé du sens primitif de souffle à celui de vie, esprit, âme. Il a perdu de très bonne heure le sens de souffle, et après s'être dépouillé de sa signification matérielle, après avoir joué le simple rôle d'un pronom, il est devenu l'expression d'une abstraction plus abstraite que le πνεῦμα ou la ψυχή du Grec, que l'*anima* ou l'*animus* du Latin, que l'*asu* ou le *prâna* du Sanscrit. La croyance à l'*âtman*, à l'âme, comme principe de l'existence, marque un degré de la connaissance philosophique plus haut que la croyance au *prâna*, au souffle, que nous rencontrons dans les Upanishads. Comme chez nous l'âme s'élève au-dessus du moi, ainsi, chez les Hindous, l'*âtman* s'éleva au-dessus du *prâna* et l'absorba.

C'est ainsi que les anciens philosophes de l'Inde, dans leurs dernières spéculations, découvrirent, bien loin par-delà le moi, l'infini qui supportait leur être, leur être intime.

Voyons à présent leurs efforts pour découvrir l'infini dans le monde extérieur, dans le monde objectif.

Les Rishis avaient trouvé un instant leur point d'appui dans l'Etre Un, conçu comme le Dieu unique, mais encore masculin, actif, coloré de mythologie : un moi divin, mais non pas encore l'âme divine. Nous tombons tout à coup sur des passages d'un caractère tout différent : on se croirait dans un autre monde. Tout ce qui est drame et mythe, tout ce qui est forme et nom a disparu ; il ne reste que l'*Un* ou l'*Etre*, l'être neutre ; c'est le dernier effort pour saisir l'infini. Les poètes védiques ne glorifient plus le ciel et l'aurore, ils ne célèbrent plus la vaillance d'Indra, ou la sagesse de Viçvakarman et de Prajâpati. « Ils vont, comme ils disent eux-mêmes, comme enveloppés d'un brouillard et de paroles vides [1]. » — « Mes oreilles s'évanouissent, dit un autre,

Nihârena prâvritâs jalpyâ ca
asutrîpa ukthaçâsaç caranti (**X, 82, 7**).

mes yeux s'évanouissent, et aussi la lumière qui habite dans mon cœur ; mon âme avec ses aspirations lointaines m'abandonne ; que dirai-je ? que penserai-je [1] ? »

Et ailleurs : « Ne sachant rien moi-même, j'interroge les sages ici présents, qui savent ; ignorant, afin que j'apprenne ; celui qui a établi les six mondes, est-ce lui, l'*Un* qui existe sous la forme de l'Incréé [2] ? »

Ce sont là des orages qui annoncent un ciel plus brillant et un printemps nouveau, et enfin l'Un, l'Ame, s'affirme hardiment, comme existant de soi-même, comme existant avant toutes choses créées et comme existant si longtemps avant les dieux, qu'eux-mêmes, ces dieux, ne savent point d'où sort la création.

« Avant qu'il y eût rien, avant qu'il y eût ni mort ni immortalité, avant qu'il y eût aucune différence de jour et de nuit, était cet Etre Un. Il souffla, sans souffle, de lui-même, et il n'y a eu depuis rien d'autre que lui. Les ténèbres régnaient, toute chose était au début cachée dans l'obscurité, l'univers était comme l'océan, sans lumière. Alors la graine enfermée dans la balle, l'Un, sortit au dehors par la force de la chaleur. » Et le poète va couvant ce problème de l'origine des choses, comment l'Un devint le multiple, comment l'inconnu devint le connu et reçut un nom, comment l'infini devint le fini, et à la fin il s'écrie :

« Qui le sait ? qui le dira, d'où est sortie cette création ? Les dieux sont venus plus tard qu'elle : qui donc saura d'où elle vient ?

[1]   Vi me karnâ patayato, vi cakshus,
     vi idam jyotir hridaya âhitam yat,
     vi me manaç carati dura âdhis
     kim svid vakshyâmi kim u nû manishye (VI, 9, 6).
[2]   Acikitvàn cikitushaç cit atra
     kavîn pricchâmi vidmane na vidvân
     vi yas tastambha shal imâ rajânsi
     ajasya rûpe kim api svid ekam (1, 164, 6).

« D'où vient cette création et si elle est œuvre d'un créateur ou non, celui qui contemple du haut du firmament, celui-là le sait : peut-être lui-même ne le sait-il pas [1]. »

Ces idées, qui dans les hymnes n'apparaissent que par instant et comme les premières et pâles étoiles d'un beau ciel, grandissent avec le temps en nombre et en éclat, jusqu'au moment où elles constellent toute la philosophie indienne : ce mouvement s'opère dans les Upanishads, qui sont les dernières œuvres de la littérature védique et qui étendent leur influence bien au-delà de la période védique.

III

Les Upanishads.

Vous vous rappelez qu'après la période des Hymnes vint la période des Brâhmaṇas, ouvrages en prose destinés à décrire et à expliquer les anciens sacrifices.

A la fin des Brâhmaṇas nous trouvons généralement un Araṇyaka « ou livre de la forêt », livre écrit pour les ascètes qui ont quitté leur maison pour aller habiter dans la solitude de la forêt.

A la fin, ou dans le corps des Araṇyakas, nous trouvons les plus anciennes Upanishads : *Upanishad* signifie littéralement séance ou assemblée des élèves autour de leur maître. Toute la philosophie religieuse de la période védique est condensée dans ces Upanishads.

Pour vous donner une idée de la richesse de pensée de ces Upanishads, je vous dirai que ma première intention était de consacrer ces conférences à une exposition des doctrines des Upanishads. J'y aurais trouvé matière suffisante et au delà ; je ne puis vous en donner

[1] Rig, X, 129.

qu'un rapide aperçu dans les quelques instants qui nous restent.

Les Upanishads ne présentent pas ce qu'on pourrait appeler un système philosophique. Ce sont des conjectures sur la vérité, souvent en contradiction l'une avec l'autre, mais toutes dans le même sens. La note dominante, c'est le Connais-toi toi-même, mais dans un sens bien plus profond que le Γνῶθι σεαυτὸν de l'oracle de Delphes. « Connais-toi toi-même », c'est-à-dire connais l'Être réel qui est le support de ton Moi, et apprends à le trouver et à le reconnaître dans l'Être éternel et suprême, l'Un sans second, qui est le support du monde entier.

Tel fut le dernier terme de cette recherche de l'infini, de l'invisible, de l'inconnu, du divin, de cette recherche qui commence dans les hymnes les plus humbles du Rig-Véda et finit dans les Upanishads, ou, comme on les appela plus tard, dans le Vedânta, « la fin ou l'objet suprême du Véda ».

Je ne puis que vous lire quelques extraits des ces ouvrages, sans parallèle dans la littérature de l'Inde et peut-être dans aucune littérature.

PRAJAPATI ET INDRA.

Le premier extrait est pris de la Chândogya Upanishad (VIII, 7-12). C'est une légende qui montre Indra, le chef des Dévas, ou dieux, et Virocana, le chef des Asuras, ou démons, venant s'instruire auprès de Prajâpati. Voilà sans doute une donnée moderne, si l'on se reporte aux hymnes du Véda, mais qui néanmoins n'est rien moins que moderne, si l'on prend la littérature indienne dans tout son ensemble. L'opposition des Asuras, comme démons, aux Dévas, est sans doute une création secondaire ; mais on en trouve déjà des traces dans le Rig, en particulier dans le dernier livre. Asura « vivant » était primitivement une épithète de certaines puissances de la nature, et du ciel en particulier, et, dans certains passages, on serait tenté de traduire *devâ asurâs* par « dieux vivants ». Mais bientôt *asura* fut employé comme une épithète en parlant de certains mauvais esprits, et enfin on le rencontre au pluriel, dans ce sens, et en opposition aux Dévas, les brillants, les bons et bienveillants esprits. Dans les Brâhmanas, cette distinction est définitivement établie, et presque toutes les questions s'y résolvent par des batailles entre Dévas et Asuras.

Il est naturel qu'Indra représente les Dévas. Virocana est un personnage plus récent; son nom ne se trouve pas dans les hymnes. Il se trouve pour la première fois dans le Taittirîya Brâhmana (I, 5, 9, 1); il y paraît comme fils de Prahrâda et de Kayâdhû. Prajâpati a, dans cette légende, son caractère final; c'est une sorte de dieu suprême; il est même représenté comme le père d'Indra dans le Taittirîya Brâhmana (I, 5, 9, 1).

Le but de notre légende est évidemment de montrer les différents degrés par lesquels l'homme arrive à la connaissance de l'Atman, de l'être vrai dans l'homme. Prajâpati parle d'abord d'une façon équivoque : il dit que l'Atman, l'être réel, c'est la personne vue dans l'œil. Il entend la personne qui voit, considérée indépendamment de l'œil ; ses deux élèves se méprennent sur sa pensée : l'Asura comprend que la personne c'est le petit corps que l'on aperçoit dans la pupille de l'œil comme dans un miroir ; le Déva imagine que c'est l'ombre ou l'image que l'on voit dans le miroir ou dans l'eau. Virocana se contente de la réponse ; mais Indra n'est point satisfait, et il est conduit à chercher l'être d'abord dans la personne qui rêve, affranchie des impressions des sens ; puis dans celle qui a cessé de rêver et a perdu toute conscience. Mécontent de cette solution, où il voit l'annihilation pure et simple de l'être, Indra apprend à la fin que la personne c'est l'être qui se sert des sens, mais qui en est distinct, « la personne vue dans l'œil », c'est-à-dire le voyant qui est dans l'œil ; c'est l'être qui connaît qu'il est le connaissant, et que l'esprit, « l'œil divin », n'est que l'instrument. Nous trouvons ici l'expression la plus haute de la vérité, telle que la virent les habitants de la forêt, et la cime la plus élevée qu'ils aient atteinte dans la recherche de l'infini.

Septième Khanda. — Prajâpati dit : « L'Etre (l'Atman), affranchi du péché, affranchi de la vieillesse, de la mort et de la douleur, de la faim et de la soif, qui ne désire que le vrai et n'imagine que le vrai, voilà ce qu'il faut chercher, voilà ce qu'il faut essayer de comprendre. Celui qui a trouvé cet Être et le comprend, obtient tous les mondes et tout ce qu'il désire. »

Les Dévas et les Asuras entendirent ces mots et dirent : « Eh bien ! allons chercher cet Atman, puisque, l'ayant trouvé, l'on obtient tous les mondes et tout ce que l'on désire. » Ainsi parlant, sans s'être concertés, se mirent en route, parmi les Dévas Indra, parmi les Asuras Virocana ; ils vinrent près de Prajâpati, tenant le combustible dans leurs mains (comme c'est la coutume des élèves abordant leur maître).

« Ils séjournèrent là trente-deux ans, comme élèves. Alors Prajâpati leur demanda : « Dans quel dessein avez-vous séjourné ici ? »

« Ils répondirent : « Un mot de vous est répété, à savoir : l'Être qui est affranchi du péché, affranchi de la vieillesse, de la mort et de la douleur, de la faim et de la soif, et qui ne désire que le vrai et n'imagine que le vrai, voilà ce qu'il faut chercher, voilà ce qu'il faut tâcher de comprendre. Celui qui a trouvé cet Être, et le comprend, obtient les mondes et tout ce qu'il désire. Or, nous avons séjourné ici parce que nous cherchons cet Être.

Prajâpati leur dit : « La personne qui est vue dans l'œil, voilà l'Être [1]. Oui, dit-il, c'est là ce qui ne meurt pas, ce qui ne craint rien ; c'est là Brahma. »

Ils demandèrent : « Seigneur, celui qui est perçu dans l'œil ou dans le miroir, qu'est-il ? »

Il répondit : « C'est bien lui qu'on voit dans toutes ces choses [2]. »

Huitième Khanda. — « Regardez-vous dans un vase plein d'eau et venez me dire ce que vous ne comprenez pas de votre Atman [3]. »

Ils regardèrent dans un vase et Prajâpati leur dit : « Que voyez-vous ? » Ils répondirent : « Nous nous voyons tout entiers dans l'eau, ressemblants jusqu'aux ongles et aux cheveux. »

Prajâpati leur dit : « Parez-vous, mettez de beaux vêtements, faites votre toilette et regardez-vous dans le vase. » Ils se parèrent, mirent de beaux vêtements, firent leur toilette et regardèrent dans le vase.

Prajâpati leur demanda : « Que voyez-vous ? »

Ils répondirent : « O maître, tels exactement que nous sommes, bien parés, avec de beaux vêtements, notre

[1] Comme l'explique justement le commentaire, Prajâpati entend la personne qui est vue dans l'œil, c'est-à-dire l'agent réel de la vision que le sage voit, même l'œil fermé. Ses élèves se méprennent sur ses paroles. Ils entendent la personne vue, non la personne qui voit. La personne vue dans l'œil est pour eux la petite image qui y est réfléchie et c'est pour cela qu'ils demandent si l'image dans l'eau ou le miroir n'est pas l'Atman.

[2] Les commentateurs se donnent beaucoup de peine pour justifier Prajâpati de l'accusation de tromper ses élèves. Il entendait par *personne* « purusha », l'élément personnel dans le sens le plus haut du mot, et ce n'est pas sa faute si ses élèves prennent *purusha* pour la personne humaine, le corps.

[3] *Yad âtmano na vijânitas* : je prends *âtmano* comme un génitif dépendant de *yad*, non comme un accusatif pluriel.

toilette faite, tels nous sommes là tous deux, bien parés, avec de beaux vêtements et notre toilette faite. »

Prajâpati répondit : « C'est là l'Atman, c'est là ce qui ne meurt pas et ne craint rien, c'est là Brahma. »

Ils s'en allèrent tous deux, le cœur satisfait.

Prajâpati, les suivant de l'œil, se dit : « Les voilà qui s'en vont sans avoir perçu, sans avoir connu l'Atman ; qui des deux suivra cette doctrine[1], Déva ou Asura, il périra. »

Or donc, Virocana arriva satisfait chez les Asuras ; il leur prêcha cette doctrine, que l'on ne doit honorer qu'Atman (que soi-même, la personne matérielle)[2], que l'on ne doit servir qu'Atman (que soi-même, la personne matérielle), qu'en honorant, en servant Atman, on gagne les deux mondes, celui-ci et l'autre.

C'est pourquoi aujourd'hui encore, celui qui ne donne pas, qui ne croit pas, qui ne sacrifie pas, on l'appelle un Asura ; car c'est là la doctrine des Asuras. Ils chargent le mort d'offrandes, de fleurs, de parures et pensent que par là ils gagneront l'autre monde.

Neuvième Khanda. — Mais Indra, avant d'être arrivé chez les Dévas, sentit une inquiétude. « Si l'Atman (l'image dans l'eau)[3] est bien paré, quand le corps est bien paré ; bien vêtu, quand le corps est bien vêtu ; en toilette, quand le corps est en toilette, il sera donc aveugle quand le corps est aveugle, boiteux quand le corps est boiteux[4], mutilé quand le corps est mutilé, et périra quand le corps périt. Je ne vois rien de bon dans cette doctrine. »

---

[1] Le commentaire lit *yatare* au lieu de *yatas.*

[2] « Atman » étant pris par lui dans son sens grammatical ordinaire.

[3] Le commentaire remarque que bien qu'Indra et Virocana se soient tous deux mépris sur le sens des paroles du maître, l'erreur d'Indra est moins grossière : Virocana a pris l'Atman pour le corps ; Indra l'a pris seulement pour l'image du corps.

[4] Çrâma : le commentaire traduit « borgne », *ekanetra.*

Il prit du combustible dans la main et revint près de Prajâpati. Prajâpati lui dit : « Maghavat (Indra), tu étais parti satisfait avec Virocana ; pourquoi donc reviens-tu ? »

Il dit : « Seigneur, si l'Atman (l'image) est bien paré quand le corps est bien paré, bien vêtu quand le corps est bien vêtu, en toilette quand le corps est en toilette, il sera donc aveugle quand le corps est aveugle, boiteux quand le corps est boiteux, mutilé quand le corps est mutilé et périra quand le corps périt. Je ne vois rien de bon dans cette doctrine. »

Dixième Khanda. — « Cela qui s'en va flottant dans les jouissances du rêve, c'est là l'Atman, c'est là ce qui ne meurt pas, qui ne craint rien, c'est là Brahma. »

Indra partit le cœur satisfait. Mais avant d'être revenu chez les Dévas, il sentit une inquiétude. « Si cet Atman n'est pas aveugle quand le corps est aveugle, ni boiteux quand le corps l'est, s'il n'est pas affecté des défauts du corps, ni frappé quand le corps est frappé, ni estropié quand le corps l'est, cependant il se voit frappé en rêve, il se voit chassé en rêve, il souffre en rêve, il pleure en rêve. Je ne vois rien de bon dans cette doctrine. »

Il prit du combustible dans la main et s'en alla près de Prajâpati : « Maghavat, lui dit Prajâpati, tu étais parti le cœur satisfait, pourquoi t'en reviens-tu ? »

« Seigneur, répondit Indra, il est vrai que l'Atman n'est pas aveugle quand le corps est aveugle, ni boiteux quand le corps l'est ; il n'est pas affecté des défauts du corps ni frappé quand le corps est frappé, ni estropié quand le corps l'est ; cependant il se voit frappé en rêve, il se voit chassé en rêve, il souffre en rêve, il pleure en rêve. Je ne vois rien de bon dans cette doctrine. »

« En effet, Maghavat, répondit Prajâpati ; je vais

t'expliquer l'Atman plus profondément. Séjourne ici trente-deux ans encore. »

Indra séjourna trente-deux ans encore et Prajâpati lui dit :

Onzième Khanda. — « Quand l'homme est endormi, reposant au repos parfait[1], sans rêve, c'est là l'Atman ; c'est là ce qui ne meurt pas, ce qui ne craint rien, c'est là Brahma. »

Indra partit, le cœur satisfait. Mais avant d'être arrivé chez les Dévas, il sentit une inquiétude. « En vérité, il ne connaît pas l'Atman (il ne se connaît pas), il ne peut pas dire *moi ;* il ne connaît aucun des êtres qui sont : il est plongé dans le néant. Je ne vois rien de bon dans cette doctrine. »

Le combustible à la main, il revint près de Prajâpati. Prajâpati lui dit : « Maghavat, tu étais parti le cœur satisfait, pourquoi reviens-tu? » Indra répondit : « O maître, c'est qu'en vérité il ne connaît pas l'Atman, il ne peut pas dire *moi ;* il ne connaît aucun des êtres qui sont : il est plongé dans le néant. Je ne vois rien de bon dans cette doctrine. »

« En effet, Maghavat, répondit Prajâpati ; mais je t'expliquerai l'Atman plus profondément, l'Atman et rien d'autre[2]. Reste ici cinq ans encore. »

Il resta cinq ans encore. Cela fit en tout cent et un ans, et c'est pour cela qu'on dit que Maghavat resta cent et un ans comme élève de Prajâpati. Prajâpati lui dit :

Douzième Khanda. — « O Maghavat, ce corps est mortel et toujours tenu par la mort. Il sert de demeure à l'Atman, qui est immortel et sans corps[3]. Tant qu'il est

---

[1] Voir *Chândogya Upanishad,* VIII, 6, 3.

[2] C'est-à-dire, selon Çankara, le véritable et non quelque chose qui ne le soit pas.

[3] Selon quelques-uns, le corps naît de l'Atman ; les éléments du

retenu dans le corps (se disant : ce corps est moi ; je suis corps), l'Atman est la proie du plaisir et de la peine. Tant qu'il est dans le corps, il ne peut s'affranchir du plaisir et de la peine. Mais une fois sans corps (quand il reconnaît qu'il n'est point le corps), alors ni plaisir ni peine ne le touchent[1].

« Le vent est sans corps ; le nuage, l'éclair et le tonnerre sont sans corps (sans mains, sans pieds, sans membres). Or, de même que ces êtres, au sortir de cet éther céleste (l'espace), apparaissent dans leur forme propre, quand ils approchent la lumière suprême ; de même, cette âme sereine, au sortir de ce corps, paraît dans sa forme propre, quand elle approche la lumière suprême (la connaissance de l'Atman)[2]. L'être dans cet état est la personne suprême (uttama pûrusha). Là il va et vient, riant[3], jouant, se donnant du plaisir (par la pensée) avec femmes, chars, parents, sans souci du corps où il était né[4].

corps, lumière, eau et terre, viennent de l'Atman, puis l'Atman entre en eux.

[1] Les plaisirs ordinaires, les plaisirs mondains (*Comm.*)

[2] La comparaison n'a point l'exactitude qu'elle a d'ordinaire chez les anciens philosophes. Le vent est comparé à l'Atman, parce qu'il est quelque temps perdu dans l'éther (l'espace), comme l'Atman l'est dans le corps, puis en sort et prend sa forme propre, sa forme de vent. L'objet important de la comparaison, c'est la lumière suprême, qui est dans un cas le soleil d'été, dans l'autre la lumière de la connaissance.

[3] Ou « mangeant ».

[4] Ce sont là des plaisirs qui ne semblent guère compatibles avec l'état de paix parfaite où l'on suppose l'Atman arrivé. Le passage est peut-être interpolé ou bien destiné à montrer que l'Atman ne jouit de ces plaisirs que comme spectateur, sans s'identifier avec le plaisir ni la peine. Il les voit, comme il est dit plus loin, avec l'œil divin. L'Atman ne perçoit en toutes choses que lui-même. Dans son commentaire sur le Taittirîya Upanishad (p. 45), Çankara rapporte ce passage à Brahma naturé, non à Brahma naturant.

Tel qu'un cheval attaché à un char, ainsi l'esprit (prâ*n*a, prajnâtman) [1] est attaché à ce corps.

« Quand la vue entre dans le vide (l'espace qui lui est ouvert, la pupille noire de l'œil), il y a une personne dans l'œil qui voit, l'œil lui-même n'est que l'instrument de la vue. Celui qui se dit : sentons ceci, c'est lui qui est l'Atman, le nez n'est que l'instrument de l'odorat. Celui qui se dit : disons ceci, c'est lui qui est l'Atman, la langue n'est que l'instrument de la parole. Celui qui se dit : écoutons ceci ! c'est lui qui est l'Atman, l'oreille n'est que l'instrument de l'ouïe.

« Celui qui se dit : pensons ceci ! c'est lui qui est l'Atman ; l'esprit n'est que l'œil divin [2]. Lui, l'Atman, se réjouit, voyant par son œil divin ces plaisirs (cachés aux autres comme un trésor enfoui).

« Les Dévas qui sont dans le monde de Brahma adorent cet Atman (celui que Prajâpati a enseigné à Indra et Indra aux Dévas). Tous les mondes sont en leur puissance et tous les plaisirs. Celui qui connaît cet Atman et le comprend obtient tous les mondes et tout ce qu'il désire. Ainsi parla Prajâpati ; ainsi parla Prajâpati. »

YAJNAVALKYA ET MAITRÊYI.

L'extrait qui suit est tiré du B*ri*had-âra*n*yaka, où il se trouve deux fois avec de légères variantes, d'abord dans le second Adhyâya, puis dans le quatrième [3].

---

[1] L'esprit n'est pas identique au corps : il lui est attelé comme un cheval, ou le conduit comme un cocher. Ailleurs les sens sont l'attelage, la raison (*buddhi*) est le cocher, l'esprit (*manas*) est la rêne. L'esprit est attaché au char par le *retann*. Cf. Anandajnânagiri.

[2] Parce qu'il perçoit non seulement le présent, mais aussi le passé et l'avenir.

[3] Les variantes de la seconde recension sont indiquées par la lettre B.

1. « Yàjnavalkya avait deux femmes, Maitreyî et Kàtyayânî [1]; Maitreyî connaissait Brahma : Kàtyâyanî ne connaissait que ce que les femmes connaissent.

« Or Yâjnavalkya, étant prêt à embrasser un nouvel état, dit : Maitreyî, en vérité je vais quitter ma maison (pour la forêt) [2]. En vérité, je veux faire un arrangement entre toi et Kàtyâyanî que voici ».

2. Maitreyî dit : Mon seigneur, si tout l'univers avec tous ses trésors m'appartenait, dis-moi, en deviendrais-je immortelle [3] ?

Non, répondit Yàjnavalkya; ce qu'est la vie des riches, telle sera ta vie. Mais il n'y a pas espérance d'immortalité par la richesse.

3. Et Maitreyî dit : Qu'ai-je à faire d'un bien par lequel je ne serais pas immortelle ? Que mon seigneur me dise ce qu'il sait (de l'immortalité) [4].

4. Yâjnavalkya répondit : Toi qui m'es vraiment chère, tu parles des paroles chères [5]. Viens, assieds-toi, je vais t'expliquer la chose et remarque bien ce que je te dirai.

5. Et il dit : En vérité ce n'est pas l'époux que vous aimez dans l'époux ; c'est l'Atman que vous aimez en aimant l'époux.

En vérité, ce n'est pas l'épouse que vous aimez dans l'épouse ; c'est l'Atman que vous aimez en aimant l'épouse.

En vérité, ce n'est pas le fils que vous aimez dans le fils ; c'est l'Atman que vous aimez en aimant le fils.

En vérité, ce n'est pas la richesse que vous aimez dans la richesse ; c'est l'Atman que vous aimez en aimant la richesse [6].

En vérité, ce n'est pas le Brahma [7] que vous aimez dans le Brahma ; c'est l'Atman que vous aimez en aimant le Brahma.

En vérité, ce n'est pas le Kshattra [8] que vous aimez dans le Kshattra ; c'est l'Atman que vous aimez en aimant le Kshattra.

En vérité, ce ne sont pas les mondes que vous aimez dans les mondes ; c'est l'Atman que vous aimez en aimant les mondes.

---

[1] **Le paragraphe** d'introduction ne se trouve que dans la seconde version.

[2] Au lieu de *udyâsyan*, B. a *pravrajishyan*, qui est l'expression technique.

[3] En serais-je immortelle, ou non ? B.

[4] Dis-moi cela clairement. B.

[5] Toi qui m'es chère, tu m'es encore plus chère. Donc assieds-toi. B.

[6] B. ajoute : en vérité, ce ne sont pas les troupeaux que vous aimez, etc.

[7] La classe des Brahmanes et la qualité de Brahmane.

[8] La classe des Kshattriyas et la qualité de Kshattriya.

En vérité, ce ne sont pas les Dévas que vous aimez dans les Dévas ; c'est l'Atman que vous aimez en aimant les Dévas [1].

En vérité, ce ne sont pas les créatures que vous aimez dans les créatures ; c'est l'Atman que vous aimez en aimant les créatures.

En vérité, il n'est nulle chose que vous aimiez en elle-même ; c'est l'Atman que vous aimez en elle.

En vérité, c'est l'Atman qu'il faut voir, qu'il faut entendre, qu'il faut percevoir, qu'il faut observer, ô Maitreyî ! Quand nous voyons entendons, percevons, connaissons l'Atman, alors tout est connu [2].

6. Quiconque cherche le Brahma autre part que dans l'Atman, il sera abandonné du Brahma. Qui cherche le Kshattra ailleurs que dans l'Atman, il sera abandonné du Kshattra Qui cherche les mondes ailleurs que dans l'Atman, il sera abandonné des mondes. Qui cherche les Dévas ailleurs que dans l'Atman, il sera abandonné des Dévas [3]. Qui cherche les créatures ailleurs que dans l'Atman, il sera abandonné des créatures. Qui cherche aucune chose ailleurs que dans l'Atman, il sera abandonné de toute chose. Ce Brahma, ce Kshattra, ces mondes, ces Dévas [4], ces créatures, toute chose, tout est l'Atman.

7. Mais comme [5] les sons du tambour qu'on bat ne sont pas saisis au dehors par eux-mêmes, mais que le son est saisi par l'intermédiaire du tambour ou de celui qui le bat ;

8. Comme les sons de la conque où l'on souffle ne sont pas saisis au dehors par eux-mêmes, mais que le son est saisi par le moyen de la conque ou de celui qui en souffle ;

9. Comme les sons du luth dont l'on joue ne sont pas saisis au dehors par eux-mêmes, mais que ce son est saisi par le moyen du luth ou du joueur ;

10. Comme les nuages de fumée s'élèvent d'eux-mêmes d'un feu allumé avec du combustible humide, ainsi en vérité, ô Maitreyî, c'est de ce grand Être, que Rig-Véda, Yajur-Véda, Sàma-Véda, Atharvângirasas, Itihàsa (légendes), Purâna (cosmogonies), Vidyâ (science), Upanishads, Çlokas (mètres), Sùtras (règles en prose), Anuvyâkhyânas (gloses), Vyâkhyânas (commentaires) [6], c'est de lui, de son souffle, que sont sorties toutes ces choses.

[1] B. En vérité, ce ne sont pas les Védas, etc.....

[2] Quand l'Atman a été vu, entendu, perçu, connu. B.

[3] Qui cherche les Védas, etc. B.

[4] Ces Védas... B.

[5] Je construis *sa yathâ* avec *evam vai* du paragraphe 12 : le § 11 est probablement une addition postérieure.

[6] B : le sacrifice, l'offrande, la nourriture, la boisson, ce monde et les autres et toutes les créatures.

11. Comme toutes les eaux trouvent leur centre dans la mer, tous les touchers dans la peau, tous les goûts dans la langue, toutes les odeurs dans le nez, toutes les couleurs dans l'œil, tous les sons dans l'oreille, toutes les idées dans l'esprit, toutes les connaissances dans le cœur, toutes les actions dans la main, tous les mouvements dans le pied, tous les Védas dans la parole ;

12. Comme un morceau de sel, jeté dans l'eau, se dissout dans l'eau, et l'on ne peut plus le retirer, mais partout où l'on goûte l'eau, elle est sel ; ainsi, ô Maitreyî, ce grand Être, sans fin ni limites, tout entier fait de connaissance [1], sort de ces éléments et revient s'y évanouir. Une fois qu'il est parti, il n'y a plus connaissance, je te le dis, ô Maitreyî. — Ainsi parla Yàjnavalkya.

13. Alors, Maitreyî dit : Tu m'as étonnée, Seigneur [2], en me disant, qu'une fois parti, il n'y a plus de connaissance.

Yàjnavalkya répondit : O Maitreyî, je ne t'ai rien dit qui doive étonner. Cela suffit, ô ma bien-aimée, pour la sagesse [3].

14. Car tant qu'il y a une sorte de dualité, alors il y en a un qui voit l'autre, un qui sent l'autre, un qui entend l'autre [4], un qui salue l'autre [5], un qui perçoit l'autre [6], un qui connaît l'autre ; mais quand l'Atman est devenu tout, comment en sentirait-il un autre [7], comment en verrait-il [8] un autre [9], comment en entendrait-il [10] un autre, comment en saluerait-il un autre [11], comment en percevrait-il un autre [12], comment en connaîtrait-il un autre ? Comment connaîtrait-il celui par qui il connaît tout ce monde ? Comment, ô ma bien-aimée, connaîtrait-il celui qui connaît [13] ?

[1] B : Comme le sel solide, compacte, pur et entier, n'est plus que goût, ainsi, ô ma bien-aimée, cet Atman, compacte, pur et entier n'est que connaissance.

[2] B : « Ici, Seigneur, tu me surprends étrangement ; je ne comprends pas. »

[3] B : En vérité, ma bien-aimée, cet Atman est impérissable, et de nature indestructible.

[4] B : Un qui goûte l'autre.

[5] Un qui entend l'autre. (Addition de B.)

[6] Un qui touche l'autre. (Addition de B.)

[7] B : Comment en verrait-il ?

[8] Comment en sentirait-il ? (Addition de B.)

[9] B : Comment en goûterait-il ?

[10] B : Comment en saluerait-il ?

[11] B : Comment en entendrait-il ?

[12] Comment en toucherait-il un autre. (Addition de B.)

[13] A la place de cette dernière ligne B donne (IV, 5, 15) :

« Cet Atman on ne peut le définir que par Non ! Non ! Il est incom-

YAMA ET NACIKETAS.

Une des Upanishads les mieux connues est la Ka*tha* Upanishad. Le premier qui la fit connaître aux savants européens est Ram Mohun Roy, l'un des bienfaiteurs les plus éclairés de sa patrie, et peut-être un jour dira-t-on, de l'humanité. Depuis, elle a été souvent traduite, elle a fait l'objet de nombreuses discussions, et elle mérite l'attention de tous ceux qui s'intéressent à l'histoire des idées religieuses et philosophiques. Il ne semble pas que nous la possédions dans la forme originale, car elle contient des traces nombreuses d'additions tardives. Nous rencontrons la même histoire contée dans le *Taittirîya Brâhmana* (III, 11,8), avec cette seule différence que dans le Brâhma*na* l'affranchissement de la mort et de la naissance s'obtient par la célébration d'une certaine forme de sacrifice, tandis que dans l'Upanishad on ne l'obtient que par la connaissance.

L'Upanishad consiste en un dialogue entre un enfant nommé Naciketas, et Yama, le roi des morts. Le père de Naciketas a offert le sacrifice universel, *sarvamedha*, sacrifice dans lequel l'homme doit offrir tout ce qu'il a. Son fils, qui a entendu son vœu, lui demande s'il entend l'accomplir sans réserve. Le père hésite d'abord ; à la fin, il s'irrite et dit : « Oui, je t'offrirai aussi à la mort. »

Le père, enchaîné par ces paroles, doit sacrifier son

préhensible, il n'est pas compris ; affranchi du dépérissement, il ne dépérit pas ; soustrait au contact, on ne le touche pas ; sans chaînes, il ne tremble pas, il ne défaille pas. Comment, ô ma bien-aimée, connaîtrait-il celui qui connaît. A présent, ô Maitreyî, te voilà instruite : voilà ce qui en est de l'immortalité. » Ayant ainsi parlé, Yâjnavalkya s'en alla (dans la forêt) (15).

fils à la mort. L'enfant accepte de mourir, pour acquitter la promesse téméraire de son père.

« Je m'en vais, dit-il, tenant la tête des multitudes (qui mourront); je m'en vais, tenant le milieu des multitudes (qui meurent). Ce que Yama a à faire, il le fera de moi aujourd'hui.

« Regarde derrière toi le sort de ceux qui furent; regarde devant toi le sort de ceux qui seront. Le mortel mûrit comme le grain, et comme le grain il renaît. »

Quand Naciketas entra dans la demeure des morts, leur roi, Yama, était absent, et son nouvel hôte resta trois jours délaissé, sans qu'on lui offrît l'hospitalité.

Pour réparer cette négligence, Yama lui offre trois faveurs à demander.

La première faveur qu'il demande, c'est que son père cesse d'être irrité contre lui[1].

La seconde faveur, c'est que Yama lui enseigne une certaine forme de sacrifice[2].

Alors vient le tour de la troisième faveur.

Naciketas dit[3] : « Il y a doute, quand un homme est mort; les uns disent qu'il est, d'autres qu'il n'est plus. Que tu m'enseignes la vérité là-dessus, c'est là le troisième de mes vœux. »

La Mort répond : « Là-dessus les dieux mêmes ont douté autrefois : cela n'est point chose facile à comprendre. Le sujet est subtil. Demande une autre faveur,

---

[1] Dans le Brâhmana, il demande de retourner vivant à son père.

[2] Dans le Brâhmana, il demande que ses bonnes œuvres ne se perdent pas : Yama lui enseigne alors une certaine forme de sacrifice, qui s'appelle de là le Sacrifice de Naciketas.

[3] Dans le Brâhmana, il demande comment surmonter la mort : Yama lui répond encore par le Sacrifice de Naciketas, avec cette modification, dit le Commentaire, que la méditation, l'*upâsana*, devient l'élément principal; l'exécution matérielle, le *cayana*, n'est plus qu'un élément secondaire.

ô Naciketas ! Ne m'oblige pas, dégage-moi de cette promesse (21) !

« Les objets du désir les plus difficiles à obtenir dans le monde des hommes, demande-les. Les belles Apsaras, sur leurs chars, avec leurs instruments de musique, telles que les hommes n'en peuvent obtenir, je te les donnerai et tu vivras avec elles ; mais ne m'interroge pas sur la mort ! »

Naciketas répond : « Choses d'un jour, ô Mort ! et qui usent la vigueur de tous les sens. La vie entière est peu de chose. Garde tes chars, tes danses et tes chants. Ce n'est point la fortune qui rend heureux le mortel. La posséderons-nous, quand nous te verrons, ô Mort ? O Mort ! ce qui fait l'objet de mon doute, dis le nous, et ce qu'il y a dans le grand avenir. Naciketas ne demande d'autre faveur que celle de pénétrer dans le monde mystérieux (29). »

Les fous qui vivent dans l'ignorance, sages à leurs yeux et gonflés de leur vaine science, vont chancelant et à tâtons, comme des aveugles conduits par un aveugle (II, 5).

L'au-delà ne brille jamais devant les yeux de l'enfant insouciant, en proie à l'illusion de la richesse. Ceci est le monde, pense-t-il ; il n'y en a pas d'autre, et cette pensée le ramène sans fin sous ma loi (6).

Le sage qui, méditant sur son Atman, reconnaît comme Dieu l'être antique, insaisissable, enfoncé dans le mystère, caché dans les ténèbres, habitant de l'abîme, celui-là laisse derrière lui joie et douleur (12).

L'Atman qui sait ne naît point, ne meurt point ; il vient du néant, il devient néant[1]. L'être antique est sans naissance, d'éternité en éternité : il n'est point tué, quand le corps est tué (18).

L'Atman est plus petit que le petit, plus grand que le grand ; caché dans le cœur de la créature. L'homme qui n'a plus de désir ni plus de chagrin voit la majesté de l'Atman par la grâce du créateur (20).

Assis, il voyage au loin ; couché, il va en tout lieu. Qui, hors moi, peut connaître ce Dieu qui se réjouit et ne se réjouit pas (21) ?

____

[1] Rien ne vient de lui (*Comm.*).

Cet Atman on ne peut le conquérir par le Véda ; ni par l'intelligence, ni par l'instruction. Celui que l'Atman choisit, celui-là seul peut gagner l'Atman. L'Atman le choisit pour sien (23).

Mais celui qui ne s'est point d'abord éloigné de sa méchanceté, qui n'est point calme et soumis, dont l'âme n'est pas au repos, celui-là n'obtiendra jamais l'Atman, même par la science (24).

Le mortel ne vit point par le souffle qui part, ni par le souffle qui entre ; mais par un autre en qui tous deux ont leur source (V, 5).

Eh bien, je te dirai ce mystère, l'éternel Brahma, et ce qui arrive à l'Atman, quand il a atteint la mort (6).

Quelques-uns renaissent comme êtres vivants, d'autres entrent dans les arbres et les pierres, suivant leurs œuvres et leur connaissance (7).

Mais lui, la Personne suprême, celui qui veille en nous quand nous sommes endormis, qui crée des visions charmantes l'une après l'autre, on l'appelle le Brillant, on l'appelle Brahma, seul il est appelé l'Immortel. Tous les mondes sont fondés sur lui, et il n'en est pas au-delà de lui. Ceci est cela (8).

Comme le feu, en entrant dans le monde, quoique unique, devient différent d'après ce qu'il brûle, ainsi l'Atman, un qui est au cœur de toutes choses, change d'après le milieu où il entre et existe encore à part (9).

Comme le soleil, l'œil du monde, n'est point souillé par les impuretés extérieures que voit l'œil, ainsi l'Atman un, qui est au cœur de toutes choses, n'est jamais souillé par la souffrance du monde, car il est lui-même séparé de lui (11).

Il y a un penseur éternel, qui pense des pensées non éternelles ; un, il remplit les désirs de beaucoup. Les sages qui le perçoivent dans leur propre Atman, à ceux-là appartient la paix éternelle (13).

Tout ce qui est, le monde entier, sortant (de Brahma), tremble dans son souffle. Ce Brahma est la grande terreur, tel qu'une épée tirée. Qui le connaît devient immortel (VI, 2).

Le Brahma ne peut être atteint par la parole, par l'esprit, ni par l'œil. Il ne peut être saisi que par celui qui dit : *Il est* (12).

Quand se taisent tous les désirs qui habitent dans le cœur, alors le mortel devient immortel et obtient Brahma (14).

Quand sont brisées toutes les chaînes qui lient le cœur à la terre, alors le mortel devient immortel ; — ici finit mon enseignement. » (15).

A la fin, Yama, malgré lui, est forcé de révéler la science de l'Atman :

On dira probablement que cet enseignement des

Upanishads ne peut plus s'appeler de la religion, que c'est de la philosophie, quoique sous une forme encore vague et non réduite en système. Ce serait un nouvel exemple qui montre combien nous sommes esclaves du langage. On nous a habitués à distinguer entre la religion et la philosophie, et je ne contesterai pas l'utilité de cette distinction des deux choses, quant à la forme. Mais regardons les sujets mêmes que traite la religion ; nous voyons qu'ils sont et ont toujours été ceux-là mêmes qui ont arrêté les philosophes, et qui ont donné naissance à la philosophie. Si la religion ne vit que par le sentiment de l'infini, saisi dans le fini et par-delà le fini, qui déterminera la légitimité de ce sentiment ou de cette perception, sinon le philosophe ? Qui d'autre que lui déterminera si l'homme est capable de saisir l'infini par les sens, pour élaborer et transformer en concepts rationnels des impressions isolées et finies ? Qui d'autre décidera si l'homme peut en effet prétendre au droit d'affirmer l'infini, en dépit de l'opposition constante des sens et de la raison, pris dans leur sens ordinaire ? C'est faire tort à la religion que de la séparer de la philosophie ; c'est ruiner la philosophie que de la faire divorcer avec la religion.

Les vieux brahmanes, qui déployèrent encore plus de subtilité que les pères de l'Église à tracer la ligne de démarcation entre les livres sacrés et les livres profanes et à établir le caractère sacré et révélé de leurs Écritures, mettent toujours les Upanishads dans leur code religieux. Elles appartiennent à la Çruti, à la Révélation, par opposition à la Smriti ou Tradition, et à tout le reste de leur littérature, y compris les lois sacrées, l'épopée et les Purânas modernes. La philosophie des anciens Rishis était un domaine sacré, aussi bien que le sacrifice ou que les hymnes.

Tout ce que l'on rencontre dans les Upanishads,

quelles que soient les contradictions des doctrines, est,
pour la théologie orthodoxe, vérité absolue ; et il est
curieux de voir plus tard les écoles, si différentes les
unes des autres sur les points essentiels, trouver toujours moyen de couvrir leurs doctrines de l'autorité de
quelque passage des Upanishads.

IV

La vie religieuse de l'Inde. - Les quatre Açramas.

Il est un autre point qui mérite l'attention dans le
mouvement qui donna son organisation définitive à la
vieille religion de l'Inde.

Déjà dans les Sanhitâs mêmes, dans les collections
des hymnes sacrés, nous trouvons des traces palpables
d'un développement historique. J'ai essayé de vous le
montrer dans quelques-unes de mes premières leçons,
tout en remarquant qu'il me semble absolument hors de
propos d'appliquer l'étalon chronologique aux phases
de la pensée. Il faut toujours réserver les droits du
génie individuel, qui est indépendant des années et
même des siècles, et il ne faut pas oublier que Berkley,
qui nous rappelle si souvent les philosophes hindous les
plus avancés, est un contemporain de Watt, le pieux
poète.

Néanmoins, quand il s'agit de temps si reculés et
d'une littérature qui commence, et c'est là, semble-t-il, le
caractère de la période védique, nous avons le droit de
dire que, d'une façon générale, les hymnes qui célèbrent
l'aurore et le ciel sont plus anciens que ceux qui sont
adressés à Aditi ; que ceux-ci à leur tour sont plus anciens que les chants en l'honneur de Prajàpati, le Seigneur Un de toutes les choses vivantes, et enfin que
c'est plus tard encore que furent écrites les odes comme

celles que j'ai essayées de traduire et où paraît « l'Être
Un qui de lui-même souffle sans souffle ».

On peut donc suivre une succession historique, ou,
comme l'on dit à présent, une évolution, dans les hymnes
du Véda ; et c'est là une chose bien plus importante et
plus instructive qu'une chronologie. Tous ces hymnes,
les plus anciens comme les plus modernes, existaient
avant que fût arrêté ce que nous appelons la Collection
(la Samhitâ) des hymnes védiques, et je ne crois pas donner prise à la critique en faisant remonter cette collection à l'an 1000 avant le Christ.

La collection devait être close quand on commença à
écrire les Brâhmanas, qui constituent la période suivante. Les hymnes, mais plus encore les Brâhmanas,
promettent les plus hautes récompenses à ceux qui ont
consciencieusement exécuté les anciens sacrifices. Les
dieux auxquels ces sacrifices sont offerts sont, en général, les mêmes que célèbrent les hymnes ; mais nous
voyons déjà distinctement les dieux qui représentent des
conceptions plus abstraites, Prajâpati par exemple, occuper de plus en plus le premier plan dans les derniers Brâhmanas.

Viennent ensuite les Aranyakas, dont l'âge plus récent ressort non seulement de la place qu'ils occupent
à la fin des Brâhmanas, mais aussi de leur caractère
intrinsèque. Ils ont pour objet de montrer comment le
sacrifice peut être célébré par les ascètes de la forêt,
sans rien de l'appareil que l'on voit dans les Brâhmanas
et plus tard dans les Sûtras, par une simple opération
mentale. L'adorateur s'imagine le sacrifice, en suit les
phases par la pensée, et s'acquiert ainsi le même mérite
que s'il avait célébré tous ces rites fastidieux.

Viennent enfin les Upanishads. Quel est leur objet ?
C'est de montrer que les œuvres cérémonielles sont
absolument inutiles, bien plus sont nuisibles ; c'est de

condamner tout acte de sacrifice inspiré par le désir ou
l'espoir d'une récompense ; c'est, sinon de nier l'existence des dieux, du moins de nier qu'ils aient un caractère exceptionnel dans l'universalité des êtres et qu'ils
soient au-dessus d'eux ; c'est enfin d'enseigner que
l'homme ne peut espérer le salut et la délivrance qu'en
reconnaissant son Moi individuel dans le seul moi réel,
le Moi Universel, et en trouvant là le repos qui ne
peut être trouvé que là.

J'ai essayé de vous montrer, aussi bien qu'il était
possible de le faire en quelques leçons, comment les Hindous arrivèrent à ces différentes idées, comment l'une
amena l'autre sans effort, dans ce travail d'hommes
guidés par le seul amour de la vérité et qui n'épar-
gnaient aucune peine humaine pour la découvrir.

Vous vous demanderez à présent, comme beaucoup
d'autres l'ont déjà fait avant vous, comment il était
possible de maintenir une religion, je ne dirai pas si
pleine de nuances, mais si pleine d'éléments contradictoires ? comment pouvaient vivre, comme membres
d'une seule et même communauté religieuse, des
hommes qui croyaient qu'il y a des Dévas ou dieux et
des hommes qui croyaient qu'il n'y a pas de Dévas ; des
hommes qui dépensaient toute leur fortune en sacrifices et des hommes qui déclaraient que le sacrifice
était une déception et une tromperie ? comment des
livres, exposant des principes qui se détruisent les uns
les autres, pouvaient être regardés tout entiers comme
sacrés, comme révélés, au sens le plus strict du mot,
comme au-dessus de tout critérium de vérité ?

Pourtant, c'est ainsi qu'il en fut il y a des milliers
d'années, et, en dépit de toutes les révolutions surve-
nues, c'est ainsi qu'il en est encore aujourd'hui même,
partout où la vieille religion védique s'est maintenue.
Le fait est là : tout ce que nous avons à faire, c'est

d'essayer de le comprendre et peut-être d'en tirer une
leçon.

Avant que la langue et la littérature ancienne de
l'Inde fussent devenues accessibles à la science européenne, c'était la mode de représenter les brahmanes
comme une secte de prêtres qui fermaient avec un soin
jaloux les trésors de leur sagesse sacrée aux membres
des autres classes, et maintenaient ainsi leur ascendant
par l'ignorance du peuple. La plus légère connaissance
de la littérature sanscrite montre le peu de fondement
de cette accusation. Il n'y a qu'une classe, celle des
Çûdras, qui soit exclue de la connaissance des Védas.
Quant aux deux autres, soldats et bourgeois, la connaissance des Védas, loin de leur être interdite, est un devoir sacré. Tous devaient apprendre le Véda ; les Brahmanes n'avaient que le privilège de l'enseignement.

Il n'entrait même pas dans l'intention des Brahmanes
de se réserver une sorte de religion ésotérique, qui serait celle des Upanishads, et de ne communiquer aux
classes inférieures que les formes traditionnelles de la
foi et les observances du rituel. Au contraire, plus d'un
indice prouve que ces doctrines ésotériques viennent
plutôt de la seconde caste que de la première.

En fait, le système des castes, au sens ordinaire du
mot, n'existait pas encore durant la période védique.
Les classes dans le Véda sont bien différentes des
castes telles qu'on les trouve dans Manu, et encore
plus telles que nous les trouvons aujourd'hui. La vieille
société hindoue était divisée tout d'abord en deux grandes
classes : la race supérieure, les *Aryas*, et les serviteurs
ou esclaves, les *Çûdras*. Les Aryas à leur tour se divi-
saient en *Brahmanes*, formant la noblesse sacerdotale;
en *Kshatriyas* ou *Râjanyas*, formant la noblesse mili-
taire ; et en *Vaiçyas*, ou citoyens. Les devoirs et les
droits de ces trois classes sont ceux des classes corres-

pondantes dans les autres contrées aryennes, et nous n'avons pas à nous y arrêter.

Un trait de la vieille société indienne bien plus important que l'existence des quatre classes, c'est la distinction des quatre états de la vie, des quatre *Açramas*.

En règle générale, le Brahmane passe par les quatre états[1], le Kshatriya par trois, le Vaiçya par deux, le Çûdra par un seul. Chaque enfant, dès sa naissance, a tout le programme de sa vie tracé devant lui ; et, tout en faisant la part des révoltes de la nature humaine qui ne se soumet jamais entièrement à une règle, rien ne nous autorise à douter que, dans les périodes anciennes de l'histoire de l'Inde, la vie ne se soit en effet développée conformément aux règles des lois sacrées et des codes.

Dès que l'enfant d'un Arya est né, avant même qu'il soit né, ses parents doivent accomplir certains rites sacramentels ou *sanskâras*, sans lesquels l'enfant ne peut devenir membre de la société, ou, ce qui revient au même chez les anciens brahmanes, membre de l'Eglise. Les livres mentionnent jusqu'à vingt-cinq *sanskâras*, quelquefois davantage. Les Çûdras seuls sont exclus de ces rites[2], et l'Arya qui néglige de les accomplir tombe au rang d'un Çûdra.

Le premier Açrama du jeune Arya, qu'il soit fils de Brahmane, de Kshatriya ou de Vaiçya, commence entre sept et onze ans[3]. Il passe alors de la maison paternelle

---

[1] Aryavidyà-Sudhânidhi, p. 153.

[2] D'après Yama, les Çûdras peuvent recevoir ces sacrements jusqu'à celui de l'Upanaya, « l'entrée en classes »; mais on les exécute sans réciter les vers védiques.

[3] Aryavidyà-Sudhânidhi, p. 101. Apastamba-Sûtras, I, 1, 18, éd. Bühler : « Initiez le Brahmane au printemps, le Kshatriya en été, le Vaiçya en automne; le Brahmane dans la huitième année après la conception, le Kshatriya dans la onzième, le Vaiçya dans la douzième. »

aux mains d'un maître qui doit faire son éducation. Elle consiste principalement à apprendre par cœur le Véda ou les Védas. Le Véda étant appelé *Brahman*, il prend le nom de *Brahma-cârin*, « étudiant du Véda ». La durée la plus courte d'un enseignement sérieux est de douze ans, la plus longue de quarante-huit ans[1]. Le jeune étudiant, durant son séjour dans la maison de son maître, est soumis à la plus stricte discipline. Il doit dire ses prières deux fois par jour, matin et soir (sandhyopâsana). Matin et soir, il fait, chaque jour, en quêtant, le tour du village, et remet à son maître le produit de sa quête. Il ne mange que ce que son maître lui donne. Il va chercher l'eau, recueille le bois pour l'autel, balaye la place autour du foyer, et sert son maître jour et nuit. En retour, son maître lui enseigne le Véda, jusqu'à ce qu'il puisse le réciter par cœur, ainsi que toutes les connaissances nécessaires pour entrer dans le second état, se marier et devenir chef de maison, *Grihastha*. L'élève peut prendre des leçons en plus d'autres professeurs (upâdhyâyas), mais ce n'est que de son guide spirituel, de son *âcârya*, qu'il peut recevoir son initiation, « sa seconde naissance[2] ».

Ses études finies, l'élève, après avoir payé le maître, peut retourner à la maison paternelle. Il s'appelle alors *Snâtaka*[3], « celui qui a été baigné », ou *Samâvritta*,

---

[1] Apastamba-Sûtras, I, 2, 12 : « L'initié habitera, pour étudier la religion de son maître, quarante-huit ans durant (s'il apprend tous les Védas), ou trente-six ans, ou vingt-quatre, ou dix-huit. Il étudiera douze ans pour le moins. »

[2] Pour plus de détails, voir les anciens Dharma-Sûtras, qui sont les sources des lois de Manu et autres codes postérieurs. La collection des « Livres sacrés de l'Orient » contiendra la traduction de plusieurs de ces Dharma-Sûtras par le docteur G. Bühler, de Bombay.

[3] Ce nom de *Snâtaka* n'est pas limité au temps qui s'écoule entre le moment où il quitte son maître et celui où il se marie : il le garde la vie durant. Cf. Aryavidyâ-Sudhânidhi, p. 131.

« celui qui est de retour ». Nous dirions qu'il a pris ses degrés.

Il y a des étudiants (les *naishtikas*) qui restent toute leur vie dans la maison de leur maître, sans jamais se marier ; d'autres, touchés par la grâce, aussitôt au sortir de la vie d'élève, embrassent la vie de l'anachorète, du *sannyâsin*. Mais l'ordinaire est que le jeune Arya, alors âgé pour le moins de dix-neuf ou de vingt-deux ans [1], entre dans l'état de mariage [2].

C'est le second Açrama, celui du chef de famille, du *Grihastha* ou *Grihamedin*. Les rituels entrent dans les prescriptions les plus minutieuses sur le choix de la femme et les cérémonies du mariage. Mais ce qui nous intéresse avant tout, c'est la religion du *Grihastha*. Il connaît par cœur le Véda, et nous pouvons supposer, par suite, qu'il croit à Agni, Indra, Varuna, Prajâpati et autres divinités védiques. Il a aussi appris les Brâhmanas, et est tenu d'exécuter régulièrement une série de sacrifices, ordonnés ou sanctionnés par ces codes sacrés. Il a encore appris par cœur quelques Aranyakas et quelques Upanishads [3], et s'il les a compris, son esprit a dû s'ouvrir, et il doit savoir que cette seconde période de la vie active n'est qu'une préparation à une troisième période qui va suivre et d'un caractère plus élevé. Néanmoins, personne ne peut entrer dans ce troisième Açrama sans avoir passé par les deux premiers : telle

---

[1] Il peut commencer son éducation à sept ans ; l'étude du Véda prend au minimum douze ans et, selon quelques-uns, l'étude du Mahânâmnî et autres Vratas prend encore trois ans. Voir Açvalâyana Grihyasûtra, I, 22, 3. Comment.

[2] Manu dit que l'âge du mariage est pour l'homme trente ans, pour la femme douze ans, mais que la loi autorise l'homme à se marier à vingt-quatre ans et la femme à huit.

[3] Apastamba-Sûtras, XI, 2, 5, 1. Çatapatha-Brâhmana, X, 35, 12, tasya vâ etasya yajusho rasa evopanishat.

est, du moins, la règle générale, qui d'ailleurs n'a pas
été sans souffrir des exceptions [1].

Le chef de maison célèbre cinq sacrifices par jour ; ce
sont :

1. L'étude ou l'enseignement du Véda ;
2. L'offrande aux mânes ou ancêtres ;
3. L'offrande aux dieux ;
4. L'offrande de nourriture aux créatures vivantes ;
5. L'hospitalité.

Rien de plus parfait que la vie journalière du chef de
maison, telle que la tracent les livres des Règles domestiques (les Gr*i*hya-sûtras). Ce n'était peut-être qu'un
idéal, mais c'est une conception idéale de la vie que
nulle part ailleurs nous ne retrouvons.

C'est une conception, très ancienne dans l'Inde, que
l'homme naît débiteur d'une triple dette : il est d'abord
débiteur des sages, fondateurs de sa religion ; puis des
dieux, enfin de ses parents [2]. Sa dette envers les sages,

----

[1] La question des quatre Açramas est discutée tout au long dans
les Vedânta-Sûtras, III, 4. Voici la règle générale : « L'homme deviendra chef de maison quand il aura achevé son instruction ; il habitera dans la forêt quand il aura été chef de maison ; et il mènera la
vie errante après avoir habité dans la forêt » (brahmacaryam samà-
pya gr*i*hî bhaved, gr*i*hî bhûtvà vanî bhaved, vanî bhûtvà pravrajet) ;
mais on ajoute : « ou bien qu'il entre dans la vie errante soit au sortir de l'étude, soit au sortir de la maison, soit au sortir de la forêt »
(yadi vetarathà brahmacaryàd eva pravrajed, gr*i*hàdvà, vanàdvà.
Jabàlopanishad, 4). La glose de Govindànanda sur ce Vedànt-Sûtra,
III, 4, 49, contient une citation qui mentionne quatre subdivisions
dans chacun des quatre Açramas :

Gàyatras, bràhmas, prajàpatyas, brahan (br*i*han ?) iti brahmacàrî
caturvidhas ; gr*i*hastho pi vàrtàvr*i*ttis, çàtinavr*i*ttis, yâyâvaras,
ghorasannyàsî iti caturvidhas ; vànaprasthaçca vaikhànasa-udumbara-
vàlakhilya-phenapa-prabhedàis caturvidhas ; tathà parivrà*d* api kuṭî-
caka-bahûdaka-hamsa-paramahamsa-prabhedàis caturvidhas.

[2] Manu, VI, 35 : « Quand il aura payé ses trois dettes, qu'il applique
sa pensée à la béatitude finale ; mais il tombera bien bas celui qui
osera chercher la béatitude avant d'avoir acquitté ces dettes. Quand

il l'acquitte, comme étudiant, par l'étude consciencieuse
du Véda ; sa dette envers les dieux, il l'acquitte comme
chef de maison, en célébrant nombre de sacrifices, petits
et grands ; sa dette envers ses parents, il l'acquitte en
offrant l'oblation aux mânes, et en donnant la vie à son
tour. Ces trois dettes payées, il est quitte envers le
monde.

A côté de ces devoirs absolument obligatoires pour tout
fidèle Arya, il est un grand nombre de sacrifices qu'il doit
accomplir, s'il en a les moyens : quelques-uns sont quotidiens, d'autres reviennent toutes les quinzaines, d'autres toutes les saisons ; d'autres se célèbrent au temps
de la moisson, d'autres quand l'année est à sa moitié,
d'autres quand l'année est à son terme. La célébration
de ces sacrifices exigeait la présence d'un certain nombre de prêtres de profession et doit souvent avoir été
très coûteuse. Ils ne pouvaient se célébrer que pour des
hommes des trois classes supérieures, des Aryas, et
pendant toute la durée de ces grands sacrifices, le Kshatriya et le Vaiçya valaient le Brahmane. Néanmoins, le
service même du sacrifice et les bénéfices qui en dérivent étaient réservés en propre aux brahmanes. Il y
avait certains sacrifices, tels que celui du cheval et le
Râjasûya, qui ne pouvaient être célébrés qu'en faveur
d'un Kshatriya. Les Çûdras furent d'abord exclus du sacrifice ; plus tard, on rencontre quelques exceptions,
mais qui ne sont tolérées qu'à condition que les hymnes
sacrés ne soient pas récités durant la célébration.

D'après ce que nous connaissons des temps anciens

il a lu les Védas suivant les formes prescrites par la loi, quand il a
engendré un fils et qu'il a célébré les sacrifices le mieux qu'il peut,
alors (ayant payé ses dettes) il peut consacrer son cœur à la pensée
de la félicité éternelle. » Voir aussi Manu, XI, 66. Le nombre des
dettes est quelquefois porté à quatre ou à cinq. Voir le Dictionnaire
sanscrit de Bœchtlingk et Roth s. v. *Rina*.

de l'Inde, entre l'an 1000 et l'an 500 avant notre ère,
nous voyons que la vie du brahmane était, à chaque
heure du jour et même de la nuit, d'un bout de l'année
à l'autre, sous le joug de la discipline la plus sévère. La
moindre négligence dans l'accomplissement des devoirs
sacrés entraînait des pénitences sévères et la perte de
la caste, sans parler des punitions dont on était me-
nacé dans l'autre vie ; et en retour, l'observation atten-
tive des sacrifices et des prières promettait non seulement une longue prospérité terrestre, mais le bonheur
suprème dans le ciel.

Nous arrivons maintenant au trait saillant de la vie
dans l'Inde ancienne. Quand le père de famille voit son
poil grisonner, ou quand il a vu le fils de son fils, il reconnaît qu'il est quitte envers le monde, il abandonne
tout son bien à ses enfants, il quitte sa maison et se
rend dans la forêt. Il est dès lors Vànaprastha. Sa femme
peut le suivre ou rester, à son gré. En fait, il y a de
grandes divergences entre les diverses autorités sur ce
point particulier, comme sur beaucoup d'autres points
relatifs à la vie de la forêt, et ces différences mériteraient
d'être examinées avec plus d'attention qu'elles ne l'ont
été jusqu'ici. La grande difficulté est de déterminer si
ce sont des différences de lieu ou de temps, si nous
sommes en présence de coutumes contemporaines dominant en même temps dans différentes régions, ou de
coutumes successives ayant pris naissance, l'une après
l'autre, dans le cours du développement de la société
indienne. Par exemple, partout où la retraite de la vie
mondaine était obligatoire, les lois sur l'héritage devaient en être considérablement affectées, et la liberté
qu'avait la femme de suivre son mari ou de rester devait
avoir une grande influence sur les arrangements inté-
rieurs de la famille.

Mais, avec toutes ces divergences, une chose certaine,

c'est que, du moment où l'homme entrait dans la forêt, il jouissait de la plus parfaite liberté de pensée et d'action. Il pouvait encore quelque temps accomplir certaines cérémonies ; mais, dans beaucoup de cas, le service était purement mental. Il accomplissait le sacrifice par la pensée, comme une symphonie qu'on se chante tout bas, et il était, par là, en règle avec la religion. Plus tard, cette occupation même prenait fin. Les livres nous montrent les Vânaprasthas se soumettant à plusieurs espèces d'austérités, comprises sous le nom général de *tapas* ; mais, de jour en jour, domine l'idée qu'un acte inspiré par une pensée d'intérêt, et en particulier par l'espoir d'une récompense dans l'autre monde, était non seulement sans valeur, mais nuisible, et la seule et dernière occupation permise au Vânaprastha était, à la fin, l'examen de soi-même, au sens le plus profond du mot, c'est-à-dire la reconnaissance de l'identité du Moi individuel avec le Moi éternel.

Maintes questions du plus haut intérêt pour la connaissance réelle de l'histoire de l'Inde trouvent leur solution ou leur éclaircissement dans l'appréciation exacte de cette vie dans la forêt : nous ne pouvons nous y arrêter ici ; nous ne noterons que deux points.

En premier lieu, après le troisième Açrama en venait un quatrième et dernier, celui du *Sannyâsin*, qui, retiré de toute société humaine, après avoir erré en solitaire dans le désert, se jetait volontairement dans les bras de la mort. Il n'est pas toujours facile de distinguer entre le Vânaprastha et le Sannyâsin, ou, comme l'appellent d'autres sources, le Bhikshu, le Yati, le Parivrâj, le Muni ; originairement, il y avait entre eux cette différence importante, que les hommes des trois premiers Açramas aspiraient aux récompenses de l'autre monde [1],

---

[1] Trayas punyalokabhâjas.

tandis que le Sannyâsin, ayant laissé là toute œuvre, aspirait à la véritable immortalité, l'immortalité en Brahma [1] ; l'habitant de la forêt continuait à faire partie de la *Parishad* ou commune : le Sannyâsin repoussait tout commerce avec le monde.

En second lieu, il faut nous rappeler que ce troisième état, celui de la vie dans la forêt, qui forme un trait si caractéristique dans l'ancienne littérature de l'Inde, et dont la légitimité est pleinement reconnue jusque dans les lois de Manu et les poèmes épiques, fut plus tard aboli [2], peut-être parce qu'il favorisait trop le système que nous appelons le bouddhisme [3], et qui, sous bien des rapports, n'est que la réalisation complète et le plein développement de la vie de la forêt et de la retraite définitive, telle que l'avait déjà sanctionnée l'ancienne loi brahmanique. Le programme orthodoxe des brahmanes était assez simple et offrait peu d'inconvénients, tant qu'on pouvait obtenir du fidèle de l'exécuter régulièrement point par point, et de ne point chercher, de prime abord, la liberté de la forêt et les félicités de la solitude, avant d'avoir rempli les devoirs d'étudiant et de chef de famille. Il y a, dans le Mahâbhârata, un dia-

---

[1] Eko' mritatvabhâk, brahmasamsthas.

[2] Nârada cite comme coutumes interdites, ou hors d'usage dans le quatrième âge, « la procréation d'un fils par le frère (du mort), l'égorgement d'un animal en l'honneur d'un hôte, le repas de viande aux funérailles, et la vie de l'ermite. »

De même dans l'Aditya Purâna : « Ce qui était un devoir dans le premier âge est (parfois) interdit dans le quatrième, parce que dans l'âge kali hommes et femmes sont livrés au péché ; tels sont : la vie d'étude prolongée longtemps ; l'obligation de porter avec soi un pot à eau ; le mariage avec un parent du côté paternel, ou avec un proche parent du côté maternel ; le sacrifice d'un taureau. »

[3] Les Sûtras d'Apastamba, 1, 6, 18, 31, recommandent d'éviter la personne qui s'est faite ermite sans y être autorisée par les règles (avidhina pravrajita) ; c'est-à-dire, dit le commentaire, *çâkyâdayas*, les Çâkyas ou Bouddhistes et autres.

logue entre un père et un fils, qui montre bien la difficulté (Çântiparva, Adhy. 157). Le père conseille au fils de suivre la tradition des anciens : tout d'abord, apprendre le Véda, en observant toutes les règles auxquelles est soumis l'écolier ; puis se marier et avoir des enfants, élever des autels, et célébrer les sacrifices nécessaires ; puis aller dans la forêt, et à la fin seulement essayer de devenir un Muni.

Le fils rejette ses conseils : la vie de chef de famille, femme, enfants, sacrifices et tout le reste, tout cela est pis qu'inutile : « Les plaisirs de l'homme qui vit dans le village sont les gueules de la mort ; la forêt est le séjour des dieux, ainsi l'enseignent les livres saints. Les plaisirs de l'homme qui vit dans le village sont la corde qui l'enchaîne ; le sage la coupe et devient libre ; le méchant ne la coupe jamais. Pour un brahmane, point de trésor comme la solitude, l'égalité d'âme, la vérité, la vertu, la constance, la bonté, la droiture et l'*abstention des œuvres*. A quoi te servent richesses, parents, femme, ô brahmane, quand le moment vient de mourir ? Cherche le *Moi* caché dans le cœur. Où sont tes ancêtres ? Où est ton père ? »

Fantaisie, dira-t-on, poésie, imagination ! Non ! vous avez là la vie réelle de l'Inde ancienne. Que cette vie de la forêt n'était pas une fiction, nous le savons, non seulement par l'ancienne littérature de l'Inde, mais aussi par les écrivains grecs, tout surpris de trouver, à côté de la vie active des villes et des villages, ces sages contemplatifs établis dans la forêt, ces ὑλόβιοι, comme ils les appelaient.

Ce qui fait pour nous l'intérêt de cette vie de la forêt, c'est surtout qu'elle nous fait connaître une conception nouvelle de la vie de l'homme sur la terre. Elle offre, sans doute, quelques points de ressemblance avec la vie des ermites chrétiens du quatrième siècle, sauf que la

retraite indienne est traversée d'un air plus pur, au sens
moral comme au sens matériel du mot, que les cavernes et
les retraites des sages chrétiens. Jusqu'à quel point l'idée
de se retirer du monde et de vivre au désert a pu être
suggérée aux chrétiens par les pèlerins bouddhistes,
eux-mêmes héritiers directs des Vânaprasthas brahmaniques ; si c'est indépendamment que se sont formées
en même temps, dans le bouddhisme et dans l'Eglise
catholique romaine, ces coutumes et ces cérémonies qui
offrent une ressemblance si extraordinaire des deux
parts (je ne citerai que la tonsure, le rosaire, les cloîtres,
les couvents de femmes, le célibat des prêtres, la confes-
sion — publique, il est vrai, chez les bouddhistes), — ce
sont là des questions auxquelles il n'est pas encore
possible de répondre d'une façon satisfaisante. Mais, en
tout cas, les Hindous sont, à l'exception de ces ermites
chrétiens, le seul peuple civilisé qui ait pensé qu'il arrive un temps dans la vie de l'homme où il est bon qu'il
fasse place aux jeunes et se prépare à la mort par la
contemplation sereine des grands problèmes de l'existence ici-bas et ailleurs. Pour apprécier la sagesse de
cette philosophie de la vie, il ne faut pas oublier que
nous parlons ici de l'Inde et non de l'Europe. Dans
l'Inde, la lutte pour la vie n'était pas dure. La terre
fournissait à tous les besoins sans grand travail, et le
climat rendait cette vie de la forêt non seulement possible, mais délicieuse. Plusieurs des noms donnés à la
forêt par les Aryens signifiaient primitivement «charme»
ou « félicité ». Tandis que chez les peuples d'Europe
les vieillards devaient lutter jusqu'au bout, et, gardant
leur place dans la société, formaient le *Senatus*, l'Assemblée des Anciens, qui guidait, modérait, et quelquefois arrêtait mal à propos les impulsions généreuses des
générations nouvelles, dans l'Inde les anciens faisaient
avec joie place à leurs enfants, devenus pères à leur

tour, et essayaient de passer le reste de leur vie dans les charmes de la paix et du repos.

N'imaginons pas que ces anciens Aryens fussent moins sages que nous. Ils savaient aussi bien que nous que l'on peut vivre dans la forêt et avoir encore le cœur troublé de passions et de désirs ; ils savaient aussi, et aussi bien que nous, qu'au plus profond de la vie active, l'homme peut trouver dans son cœur un ermitage paisible, où il sera toujours seul avec lui-même et avec son Moi véritable.

Nous lisons dans les lois de Yâjnavalkya (III, 65) :

« Ce n'est pas l'ermitage qui fait la vertu ; la vertu ne vient que de la pratique. Donc, que l'homme ne fasse pas aux autres ce qui serait douloureux à lui-même. »

Même sentiment dans Manu (VI, 66) :

« Dans quelque ordre qu'il soit placé, l'âme égale envers toutes les créatures, qu'il accomplisse pleinement son devoir, quand même il ne porterait pas la marque visible de son ordre. L'accomplissement du devoir ne consiste pas à porter la marque de son ordre. »

Le Mahâbhârata présente à chaque page l'expression du même sentiment :

« O Bhârata, à quoi sert la forêt à qui s'est dominé, et à quoi sert-elle à qui ne s'est pas dominé ? Partout où vit un homme qui s'est dominé, là est la forêt, là est l'ermitage [1]. »

« Le sage, restât-il dans sa maison, quelque soin qu'il prenne de lui-même, s'il est toujours pur et plein d'amour tout le long de sa vie, est délivré de tous les maux [2]. »

[1] Dântasya kim aranyena tathâdântasya bhârata
Yatraiva nivased dântas tad aranyam sa câçramas (Çantiparva, 5951).

[2] Tishthan grihe caiva munir nityam çucir alamkritas
Yâvajjîvam dayâvans ca sarvapâpais pramucyate (Vanaparva, 13550).

« Porter les trois bâtons de l'ascète, observer le silence, porter les cheveux en tresse, se raser la tête, se vêtir de vêtements d'écorce ou de peaux, accomplir des vœux et des ablutions, célébrer le Agnihotra, habiter dans la forêt, s'émacier le corps, tout cela est vain, si le cœur n'est pur [1]. »

Ces idées dominèrent de plus en plus, avec le temps, et contribuèrent, sans doute, à la victoire du bouddhisme, pour qui les œuvres et les marques extérieures n'ont plus de valeur. Ainsi, nous lisons dans les aphorismes bouddhistes du Dhammapada (141-142) :

« Ce n'est point la nudité, ni les cheveux en tresse, ni la saleté, ni le jeûne, ni de coucher sur la dure, ni de se frotter avec de la poussière, ni de rester assis sans mouvement, qui peut purifier le mortel qui n'a point triomphé des désirs.

« Celui qui, quelque soin qu'il prenne de lui-même, pratique le calme de l'âme, qui est calme, soumis, contenu, chaste, et a cessé de trouver à redire aux autres êtres [2], celui-là est vraiment un Brahmane, un Çramane (ascète), un Bhikshu (frère mendiant) [3]. »

Toutes ces pensées avaient passé et repassé dans l'esprit des penseurs de l'Inde, comme elles passent dans le nôtre, et avaient trouvé, dans leur poésie religieuse et épique, une expression aussi simple que belle. Rappelons seulement ce curieux dialogue du Mahâbhârata entre le roi Janaka et Sulabhâ, où Sulabhâ, sous la forme d'une belle jeune fille, convainc le roi d'être dupe de

---

[1] Tridandadhâranam maunam jatâbhâro 'tha mundanam
Valkalâjinasamveshtam vratacaryâbhishecanam,
Agnihotram vanevâsas çarîrapariçoshanam,
Sarvâny etâni mithyâ syur yadi bhâvo na nirmalas (Vanaparva, 13445).

[2] Dandanidhâna est expliqué vânmanaskâyâir hinsâtyagas dans le commentaire du Mahâbhârata, Çântiparva 175, v. 37.

[3] Paraboles de Buddhagosha, éd. M. Müller, 1870, p. xcviii.

lui-même, quand il s'imagine qu'il peut être à la fois roi et sage et sortir du monde en y vivant [1]. C'est ce même Janaka, roi de Videha, qui déclarait que, quand sa capitale de Mithilâ serait réduite en flammes, rien de ce qui lui appartenait ne brûlerait [2].

Quoi qu'il en soit, les anciens brahmanes restaient convaincus que, les deux premières périodes de la vie une fois écoulées, arrivé à la cinquantaine, — ce que, dans notre soif insatiable d'action, nous appelons le meilleur âge de la vie, — l'homme avait le droit de se reposer et de regarder, avant qu'il fût trop tard, en lui-même, derrière lui et devant lui.

Ce n'est pas le lieu d'entrer dans des considérations historiques sur les avantages relatifs des deux systèmes et d'examiner lequel retarde ou accélère le plus le vrai progrès, la civilisation réelle, lequel permet le mieux d'atteindre l'objet réel de la vie. Seulement, ne nous hâtons pas, comme nous y sommes enclins, à condamner ce qui nous semble étrange, et à exalter ce qui nous est familier. Nos sénateurs et nos anciens ont souvent, sans doute, rendu d'importants services ; mais l'histoire nous montre que leur autorité et leur influence n'ont souvent servi qu'à arrêter et à glacer les tendances généreuses de cœurs plus jeunes. Les jeunes gens, dit-on, *croient* les vieillards fous, mais les vieillards *savent* que les jeunes gens sont fous : soit! mais n'est-il pas vrai également de maint personnage éminent dans l'Eglise et dans l'Etat, qu'à mesure que faiblissent en eux la vigueur de l'esprit et la fraîcheur du sentiment, leur autorité et leur influence grandissent pour le mal plus que pour le bien ?

N'oubliez pas, d'ailleurs, que cet exil dans la forêt

---

[1] Mahâbhârata, Çàntiparva 320, éd. Bombay, vol. V, p. 227 seq., Muir, *Sentiments religieux et moraux*, p. 126.

[2] Dhammapada, trad. M. Müller, p. cxv.

n'est pas un exil imposé, c'est un privilège désiré, et nul n'y est admis sans avoir consciencieusement accompli tous les devoirs de l'étudiant et du chef de famille. Cette discipline antérieure est jugée nécessaire pour soumettre les passions déréglées du cœur humain. Durant toute cette période de préparation et d'épreuve, c'est-à-dire durant la meilleure partie de la vie, ni la pensée ni l'action n'ont droit à aucune liberté. L'étudiant a appris ce que l'homme doit croire, les prières qu'il doit réciter, les sacrifices qu'il doit offrir. Les Védas sont son livre sacré, et leur droit à être considérés comme livre révélé et d'origine surnaturelle a été maintenu par la littérature théologique de l'Inde, avec un soin plus jaloux et plus minutieux que pour aucun autre livre sacré dans aucune autre des religions connues.

Pourtant, dès qu'il entre dans la troisième période de sa carrière, le voici tout à coup affranchi de toutes ces chaînes. Il peut continuer quelque temps encore les observances extérieures, dire ses prières, répéter les textes qu'il a appris dans son enfance ; mais son objet principal, c'est de concentrer toutes ses pensées sur l'âme éternelle, révélée dans les Upanishads. A mesure qu'il s'acclimate dans ces régions nouvelles, à mesure qu'il se détache de tout ce qu'il croyait lui-même, à mesure qu'il se dépouille de son Moi, de tout ce qui est personnel et transitoire, et retrouve sa véritable personnalité dans la personnalité divine ; du même coup tombent toutes les chaînes de la loi, de la coutume, de la caste, de la tradition, toute la religion extérieure. Les Védas ne sont plus que la connaissance inférieure ; les sacrifices sont un obstacle ; les vieux dieux, Agni et Indra, Mitra et Varu*na*, Viçvakarman même et Prajâpati, ne sont plus que des noms qui s'évanouissent. Il ne reste que l'*Atman*, le moi subjectif, et *Brahma*, le moi objectif, et la science suprême s'exprime dans ces deux mots : *tat tvam, hoc tu,* « tu es cela »; toi, ton moi véritable, ce qu'on ne peut t'arracher, quand disparaît tout ce qui avait semblé tien pour un temps. Quand tout ce qui était créé s'évanouit comme un rêve, ton Moi réel appartient au Moi éternel; l'Atman, la personne qui est en toi, est le vrai Brahma [1], ce Brahma dont la naissance et la mort t'avaient un instant séparé, mais qui te reçoit de nouveau dans son sein, aussitôt que tu reviens à lui.

[1] J'ai évité d'employer le mot *Brahma* (Brahman) au lieu d'*Atman*, parce que, si ses développements postérieurs sont clairs, je dois avouer que je n'ai pas pu encore me faire une idée claire de ses origines. Comme toutes les conceptions abstraites, le Brahman doit avoir ses racines dans quelque chose de tangible; mais quel est ce quelque chose, je ne le vois pas encore nettement.

On ne peut douter que la racine du mot est la racine *brih* ou *vrih*. Les sens attribués par les grammairiens indigènes sont « élever, lutter, grandir » : ces trois sens peuvent se ramener à un seul, « pousser », qui, employé comme intransitif donne « monter, croître », et transitivement « faire croître, élever ».

Entre ces deux sens et ceux que les anciens exégètes donnent à Brahman, il y a, semble-t-il, peu de rapport. Yâska l'explique « nourriture ou richesse »; Sâyana ajoute à ces deux sens ceux de hymne, hymne d'éloge, sacrifice et celui de grand (*brihat*; voir Haug, Le sens primitif du mot *Brahma*, 1868, p. 4). M. Roth donne la succession suivante de sens : (1) Méditation pieuse, élan de l'âme pleine de son objet, aspiration vers les dieux, toute manifestation de piété dans le service divin; (2) formule sacrée; (3) parole sacrée, parole de Dieu; (4) sagesse sacrée, théologie, théosophie; (5) vie sacrée, chasteté; (6) l'objet suprême de la théosophie, le dieu impersonnel, l'absolu; (7) le clergé. Haug, au contraire, croit que *brahman* désignait primitivement le petit balai fait de l'herbe *kuça*, qui passe de main en main dans le sacrifice et qu'on appelle encore *veda*, « chose liée ensemble, faisceau ». Il l'identifie, comme l'avait déjà fait Benfey, avec le *baresman* de l'Avesta, en usage dans la célébration de l'Izeschné, qui répond au sacrifice védique du Soma. Le sens primitif de *brahman* et de *baresman* aurait été « pousse » (latin, *virga*), d'où « croissance, prospérité ». Comme la prospérité du sacrifice dépendait des hymnes et des prières, ils reçurent aussi le nom de *Brahman*; le

V

Conclusion.

Nous sommes enfin au terme du long voyage que nous avions entrepris : nous avons vu enfin la forme la plus haute et la plus pure qu'ait pu trouver l'intelligence indienne pour exprimer cet infini, qu'elle avait entrevu

sacrifice également; et enfin cette prospérité fut conçue comme la cause de tout être.

Je ne trouve bien satisfaisante aucune de ces deux généalogies. Sans essayer d'expliquer ici mes vues personnelles sur l'origine et le développement de *brahman*, je dirai seulement qu'il y a un troisième sens prêté à la racine *brih*, celui de « retentir » ou « parler ». La parole, dans son sens le plus général, a pu être conçue comme « la chose qui pousse, qui croît au dehors » et non seulement comme « ce qui se développe », mais aussi comme ce qui développe les choses, en particulier les dieux qui sont nommés et loués dans les paroles. C'est de la racine *vrih*, prise dans ce sens, que viennent, je crois, le latin *verbum*, et le gothique *vaurd* (cf. *barba* et le vieux norois *bard-r*, *urbs* et le sanscrit *ardha*, etc. ; Ascoli dans le *Journal de Kuhn*, XVII, 334). Il est difficile de dire jusqu'à quel point les Hindous gardèrent conscience du sens primitif de *brih* et de *brahman*; mais un fait curieux, c'est la synonymie qu'ils établissent entre Brihas-pati et Vàcas-pati comme noms d'une seule et même divinité. Dans le Brihadàranyaka, I, 3, 20, nous lisons : esha u eva brihaspatir, vàg vai brahma, tasyâ esha patis, tasmâd u brihaspatis; esha u eva brahmanaspatis, vàg vai brahma, tasyà eva patis, tasmàd u brahmanaspatis : l'identité de *vâc*, la parole, avec *brihati* (ou *brih*) et avec *brahman* est ici nettement affirmée. De la racine *vrih* au sens de grandir viennent en sanscrit *barhis*, pousse, gazon, touffe de gazon, en latin *virga*. De la même racine vient probablement le latin *verbenæ*, branches sacrées portées par les féciales et peut-être *verbera* (verberibus cædere). Sans essayer de suivre les dernières ramifications de *brahman*, parole, hymne d'éloge, prière, sacrifice, je me contenterai de mettre en garde contre l'idée que nous aurions là une sorte de Logos. Bien qu'il finisse par désigner la cause de l'univers et soit fréquemment identifié avec l'Atman, l'âme suprême, son développement est différent de celui du Logos alexandrin, et en tout cas, au point de vue historique, il y a là deux courants absolument indépendants.

jusque-là comme à travers un voile dans les montagnes et les rivières, dans le soleil et dans le ciel, dans l'aurore infinie, dans le ciel-père, dans Viçvakarman, l'artisan de toutes choses; dans Prajâpati, le seigneur de toutes les créatures vivantes. Pouvons-nous définir l'Infini, s'était enfin dit l'Hindou; pouvons-nous le comprendre? Non, s'était-il répondu; tout ce que nous pouvons dire de lui, c'est : Non! non! Il n'est ni ceci, ni cela; il n'est point le créateur, ni le père, ni le ciel, ni le soleil, ni la rivière, ni la montagne. Il n'est rien de tout ce que nous l'avons appelé. Nous ne pouvons le comprendre, ni le nommer : mais nous pouvons le sentir; nous ne pouvons le connaître, mais nous pouvons le saisir; et une fois saisi, nous ne pouvons plus le perdre : nous sommes au repos, nous sommes libres, nous sommes bienheureux. Il attendait donc patiemment les quelques années qu'il lui restait à vivre jusqu'à ce que la mort le délivrât; ne faisant rien pour prolonger sa vieillesse, mais se faisant un scrupule de mettre lui-même un terme à sa vie[1]. Il avait atteint la vie éternelle sur la terre, et il savait maintenant que le mouvement de la naissance et de la mort ne viendrait plus le séparer de ce Moi éternel qu'il avait trouvé ou qui l'avait rejoint.

Il ne croyait pourtant pas à l'annihilation de sa personnalité. Rappelez-vous ce dialogue d'Indra et de Prajâpati, où Indra acquiert lentement et patiemment la connaissance de l'Atman. Il le cherche d'abord dans l'image réfléchie dans l'eau; puis dans l'âme qui rêve, puis enfin dans l'âme endormie. Mais cette solution même ne le satisfait pas : « Non, cela ne peut pas être : car celui qui dort ne se connaît pas ; il ne peut pas dire :

---

[1] « Qu'il ne désire pas la mort, qu'il ne désire pas la vie ; qu'il attende le temps fixé, comme un serviteur attend ses gages. » Manu, VI, 45.

Moi ; il ne connaît aucun des êtres qui sont ; il est plongé dans le néant. Je ne vois rien de bon dans cette doctrine. »

Que lui répond le maître ? « Ce corps est mortel et toujours aux mains de la mort ; mais il est la demeure de l'Ame, qui est immortelle et sans corps. Tant qu'elle est dans un corps c'est-à-dire tant qu'elle se dit : Ce corps est Moi, Je suis ce corps, elle est au pouvoir du plaisir et de la peine. Tant qu'elle reste ainsi dans un corps, elle ne peut s'affranchir du plaisir ni de la peine. Mais quand l'Ame sort du corps, quand elle sait se distinguer du corps, alors ni le plaisir ni la peine ne peuvent plus la toucher ».

Ce Moi, cette âme sereine, la personne suprême, ne périt pas ; elle ne fait que revenir à elle-même ; elle peut même encore se réjouir, rire et jouer ; mais comme simple spectatrice, sans se rappeler le corps où elle a subi la naissance. C'est elle qui est le Moi de l'œil, l'œil lui-même n'est que l'instrument. Le Moi, c'est celui qui dit : Je veux dire ceci, entendre ceci, penser ceci : la langue, l'oreille, l'esprit ne sont que l'instrument. L'esprit est l'œil divin, et c'est par cet œil divin que le Moi voit le beau et jouit.

Vous voyez que ce n'est pas l'annihilation qui était le dernier but, le but suprême que poursuivait la philosophie ou la religion des penseurs de la forêt. Le vrai Moi devait subsister, même après qu'il s'était retrouvé. Nous ne sommes plus ce que nous semblions être, nous sommes ce que nous savons être. Si l'enfant d'un roi est exposé et élevé comme le fils d'un paria, il est paria : mais aussitôt qu'un ami lui dit qui il est, non seulement il se connaît prince, mais il l'est et monte au trône de son père. Ainsi en est-il avec nous. Tant que nous ne savons pas ce que nous sommes, nous sommes ce que nous paraissons ; mais qu'un ami vienne nous dire ce que nous sommes réellement et nous changeons en un clin d'œil : nous revenons à nous-même, nous nous connaissons nous-même, nous sommes nous-même, comme ce jeune prince qui, se reconnaissant roi, redevient roi.

Nous avons vu une religion monter, pas à pas, des prières d'enfant les plus simples aux abstractions métaphysiques les plus hautes. Dans le plus grand nombre des hymnes du Véda, nous reconnaissons le langage de l'enfance ; dans les Brâhmanas et leurs ordonnances religieuses, domestiques et morales, nous reconnaissons la vie active de l'âge mûr ; les Upanishads nous montrent la vieillesse de la religion. On aurait compris que l'esprit indien, avec le progrès de sa pensée, écartât les prières de l'enfant quand il arrivait à la maturité des Brâhmanas, et qu'à leur tour les sacrifices et les dieux, une fois leur vanité reconnue, disparussent devant la religion plus haute des Upanishads. Il n'en fut pas ainsi. Toute conception religieuse qui avait une fois trouvé son expression dans l'Inde, qui avait une fois été transmise d'une génération à l'autre comme un héritage de famille, était conservée avec soin, et les pensées de ces trois périodes historiques, de l'enfance, de l'âge viril et de la vieillesse de l'esprit indien, continuèrent jusqu'au bout à éclairer les trois périodes de la vie de l'individu. C'est le seul moyen de comprendre comment le même code sacré, le Véda, contient non seulement des monuments de différentes phases religieuses, mais des doctrines diamétralement opposées les unes aux autres. Les dieux du Véda n'ont plus guère droit à ce nom, quand paraît le Prajâpati des Brâhmanas, et ils cessent absolument d'être des dieux quand Brahma est reconnu pour la cause de toutes choses, comme dans les Upanishads, et que l'âme individuelle devient une étincelle de l'âme éternelle.

Pendant des centaines, pendant des milliers d'années, cette vieille religion s'est maintenue, et, si un instant elle a perdu du terrain, elle l'a bientôt reconquis. Elle s'est accommodée aux temps et aux circonstances, elle a admis bien des éléments étrangers et étranges ; mais, de nos jours encore, il y a des familles de brahmanes qui règlent leur vie, aussi bien que faire se peut, d'après l'esprit de la Çruti, ou de la révélation contenue dans l'antique Véda, et d'après les lois de la Smriti ou de la tradition séculaire. Il y a encore des familles de brahmanes où le fils apprend par cœur les hymnes anciens, où le père accomplit chaque jour ses devoirs sacrés et célèbre ses sacrifices, tandis que le grand-père, même en restant dans le village, regarde toutes les cérémonies et les sacrifices comme des formes vaines, ne voit même dans les dieux védiques que les noms de ce qu'il sait au-dessus de tout nom, et ne cherche plus de repos que dans la science suprème, qui est devenue pour lui la religion suprème, le *Vedânta*, c'est-à-dire le but et la consommation du Véda.

Ces trois générations ont appris à vivre en **paix** l'une à côté de l'autre. Le grand-père, quoique plus éclairé, ne regarde pas avec dédain son fils ni son petit-fils ; encore moins les accuse-t-il d'hypocrisie. Il sait que pour eux aussi viendra le temps de la délivrance, et il ne désire pas qu'ils prennent les devants. Le fils, quoique enchaîné par les formules de la loi et accomplissant strictement les règles les plus minutieuses du vieux rituel, ne parle pas avec sévérité de son père. Il sait que lui aussi a passé par la voie étroite et il ne songe pas à limiter sa liberté et la largeur de son horizon.

N'y a-t-il pas là une leçon pour nous? une de ces mille leçons que nous enseigne l'étude historique de la religion?

Quand nous voyons, chez ces Hindous, dans les anciens

temps, les fidèles d'Agni, le feu, vivre côte à côte avec les adorateurs d'Indra, le dieu qui donne la pluie ; quand nous voyons que ceux qui invoquaient Prajàpati, le Seigneur Un des créatures vivantes, ne méprisaient pas pour cela ceux qui offraient encore le sacrifice aux Dévas inférieurs ; quand nous voyons que ceux qui avaient appris à ne plus voir dans tous les Dévas que les noms impuissants de l'Etre un et suprême, n'allaient pas pour cela maudire les noms et briser les autels des dieux qu'ils avaient adorés : n'y a-t-il pas là une leçon à prendre de ces vieux Indiens védiques, quand même nous serions sous bien des rapports meilleurs, plus sages et plus éclairés qu'ils ne furent ou même qu'ils n'auraient jamais pu être?

Je ne veux pas dire que nous n'avons qu'à copier servilement les brahmanes et qu'il faut essayer d'introduire chez nous les quatre Açramas, les quatre périodes de la pensée religieuse. Notre vie moderne ne se laisse pas ainsi réglementer. Personne n'admettrait qu'il n'eût droit à la vérité qu'après avoir usé toute une partie de sa vie dans des rites mécaniques. Notre éducation n'a plus l'uniformité de l'Inde, et l'esprit de liberté individuelle, le grand orgueil de la société moderne, rendrait impossible chez nous une législation spirituelle comme celle que l'Inde a reçue de ses législateurs. Et en Inde même, nous ne connaissons que les lois et non la façon dont elles étaient obéies ; même en Inde, nous savons que les entraves de la loi brahmanique furent à la fin brisées ; car l'on ne peut méconnaître dans le bouddhisme une revendication de la liberté individuelle, et en particulier du droit de se dégager du réseau légal, d'aller dans la forêt et de vivre dans la liberté absolue de la pensée, toutes les fois que l'âme se sent prise du désir de cette liberté. Un des principaux griefs des brahmanes orthodoxes contre les disciples de Buddha,

« c'est qu'ils s'en allaient (pravraj) » avant le temps voulu, c'est qu'ils secouaient les entraves de la loi sans avoir passé d'abord par toute cette discipline de science traditionnelle, d'observances et de rites que les anciennes règles imposaient. .

Mais si nous n'avons pas à copier la vie idéale des anciens Aryens, si les conditions de la vie moderne ne nous permettent pas de nous retirer dans la forêt, quand vient la lassitude de cette vie active, si même, dans notre société, il peut être beau de mourir sous le harnais, il est cependant une leçon que les vieux ermites des forêts indiennes peuvent nous enseigner : ils peuvent nous apprendre, non pas à voir les choses avec la froideur de l'indifférence, mais à contempler, avec le calme objectif, à contempler en elle-même et en s'élevant au-dessus d'elle la vie qui se déroule autour de nous sur le marché du monde ; ils peuvent nous enseigner une leçon de tolérance, de sympathie humaine, de pitié, comme on dit en sanscrit, *dayâ;* d'amour, comme nous dirions, sans comprendre toujours l'insondable profondeur de ce mot sacré. Bien que vivant sur le forum, et non plus dans la forêt, nous pouvons, à leur école, nous faire à différer du voisin, à aimer ceux qui nous haïssent pour nos convictions religieuses, ou à tout le moins nous pouvons désapprendre la haine et la persécution contre ceux dont les convictions, les espérances et les craintes, ou même les principes de morale, ne sont pas les nôtres. C'est là encore vivre en Vânaprastha, c'est vivre une vie digne d'un vrai sage de la forêt, digne d'un homme qui sait ce que l'homme est, ce que la vie est, et qui a appris à se taire en face de l'Eternel et de l'Infini.

Il est facile de trouver des mots pour condamner cet état d'esprit. Les uns diront qu'il y a indifférence étroite, les autres qu'il y a manque d'honnêteté à permettre une

religion différente pour les différents Açramas, les différents âges de la vie, pour l'enfance, la virilité et la vieillesse; et, plus encore, à faire une religion pour les
classes éclairées et une autre pour les classes ignorantes.

Mais considérons les faits, tels que nous les trouvons
et autour de nous et en nous-mêmes, tels qu'ils sont et
doivent toujours être. La religion de Berkeley et même
celle de Newton sont-elles celle du garçon de charrue?
Oui, sur quelques points; non, sur la plupart. Matthew
Arnold aurait prêché dans le désert si nous n'avions
enfin appris que la culture de l'esprit a quelque chose à
faire avec la religion, avec la vie et l'âme même de la
religion. Berkeley n'aurait pas refusé de prier à la
même place avec le plus illettré de ses garçons de charrue; mais les idées que le grand philosophe attachait à
ces mots de Dieu le Père, Dieu le Fils et le Saint-Esprit,
différaient certainement de celles de son humble compagnon, autant que peuvent différer deux idées expri-
mées par le même mot.

Des autres passons à nous-mêmes; songeons, non
plus aux phases successives de la société, mais aux
phases successives par lesquelles nous passons nous-
mêmes dans notre voyage de l'enfance à la vieillesse.
Quel est l'homme, osant être franc avec lui-même, qui
osera dire que la religion de son âge viril est la même
que celle de son enfance, et que celle de sa vieillesse est
la religion de son âge viril? Il est facile de nous tromper nous-mêmes et de dire que la foi parfaite est la foi
de l'enfance. C'est vrai, et plus nous vieillissons, mieux
nous apprenons à comprendre la sagesse de la foi de
l'enfance. Mais avant de l'apprendre, il y a une autre
chose qu'il faut apprendre : c'est de nous débarrasser
des idées mêmes de l'enfance. Le soleil couchant a la
même douceur de chaleur que le soleil levant; mais

entre les deux il y a l'espace de tout un monde, il y a
un voyage à travers toute l'étendue du ciel, sur toute
l'étendue de la terre.

La question n'est donc point s'il y a de ces grandes
différences de religion dans les différentes périodes de
la vie et dans les différentes classes de la société, mais
si nous saurons avouer franchement le fait, comme le
faisaient les anciens brahmanes, et si nous saurons
déterminer, en conséquence, notre position non seulement à l'égard de ceux qui emploient les mêmes mots
que nous en y attachant des sens différents, mais à
l'égard même de ceux qui n'emploient pas les mêmes
mots que nous.

Mais quoi, dira-t-on, les mots sont-ils chose si indiffé-
rente? Est-il indifférent que nous employions le même
nom pour nommer le Divin? Le nom d'Agni vaut-il celui
de Prajâpati? Baal vaut-il Jéhovah? Ormazd vaut-il
Allah? Si ignorants que nous puissions être des attributs
réels de la Divinité, n'en est-il pas quelques-uns que
nous savons faux? Si impuissants que nous nous sentions
à trouver la vraie forme de culte qui lui convient,
n'est-il pas certaines formes qui, nous le savons, doivent être repoussées?

Ces questions ont déjà reçu des réponses que tout le
monde sera prêt à accepter, bien que tout le monde n'en
saisisse peut-être pas la portée entière :

« En vérité, je vois que Dieu ne fait pas acception des
personnes ; mais dans toute nation celui qui le craint et
fait le bien trouve accueil auprès de lui. » (Actes des
Apôtres, x, 34, 35.)

« Tous ceux qui me disent: Seigneur! Seigneur! n'en-
treront pas dans le royaume du ciel; mais seulement
celui qui fait la volonté de mon père qui est dans les
cieux. » (Saint Matthieu, vii, 21.)

Si ce témoignage ne suffit pas, essayons d'une comparaison, qui, appliquée à la Divinité, nous a déjà servi mieux qu'aucune autre, comme elle a servi à d'autres, avant nous, à résoudre plus d'une de nos difficultés. Considérons Dieu comme un père dont les hommes, tous les hommes, seraient les enfants.

Le père s'inquiète-t-il de quel nom étrange et inintelligible son enfant l'appelle, la première fois qu'il l'appelle d'un nom? N'accueillons-nous pas avec joie le premier bégaiement d'une voix d'enfant, si nous savons qu'il est pour nous? Quel nom, quel titre, si grand et si honorable qu'il soit, nous ferait plus plaisir à entendre?

Et si nos enfants nous appellent chacun d'un bégaiement différent, les blâmons-nous pour cela? Voulons-nous l'uniformité? Ne sommes-nous pas plutôt heureux de les entendre nous nommer chacun à sa façon enfantine?

Voilà pour les noms : que dirai-je des idées? Quand l'enfant commence à penser et à se former ses idées sur son père et sa mère, s'il croit que ses parents peuvent tout, qu'ils peuvent tout lui donner, qu'ils peuvent décrocher pour lui les étoiles, lui enlever toutes ses petites souffrances, lui pardonner tous ses petits péchés, le père en est-il bien contrarié? Le corrige-t-il toujours? Est-il en colère, même quand l'enfant le trouve trop sévère? La mère est-elle mécontente quand son enfant la croit plus douce même, plus indulgente, plus enfant elle-même qu'elle n'est réellement? L'enfant ne peut comprendre les motifs de ses parents, ni apprécier leurs intentions; mais tant qu'il a confiance en eux et les aime en enfant, que demandons-nous de plus?

Quant aux actes de culte, certes l'idée de plaire au Seigneur, en lui offrant le sang d'un bœuf, répugne à nos sentiments. Mais plus d'une mère remerciera son enfant qui retire un morceau de sa bouche pour le lui offrir, et peut-être avec des doigts qui ne sont pas des plus propres? Que nous importent dans l'enfant les erreurs de nom, les erreurs de pensée et les erreurs de tendresse, tant qu'elles viennent de la pureté et de la simplicité du cœur?

Mais ce que nous ne voulons pas dans l'enfant, même dans le petit enfant, c'est qu'il emploie des mots qu'il ne comprend pas, qu'il dise des choses qu'il ne pense pas, et ce que nous voulons surtout, c'est qu'il ne dise pas de mal des autres enfants.

Tout cela n'est qu'une comparaison sans doute, et la distance qui nous sépare du Divin est incommensurable avec celle qui sépare l'enfant de ses parents. Nous ne pouvons trop en être pénétrés; mais après nous en être pénétrés, et alors seulement, je crois que, dans nos rapports avec le Divin et dans nos espérances d'avenir, nous ne saurions être trop ce que nous sommes, nous ne saurions être trop fidèles à notre nature, trop enfants, trop hommes, ou, comme l'on dit maintenant, trop plongés dans l'anthropomorphisme.

Reconnaissons que la nature humaine est un miroir bien imparfait pour réfléchir le Divin ; mais, au lieu de briser ce miroir trop terne, essayons plutôt de le rendre aussi brillant que possible. Imparfait comme il est, c'est encore le plus parfait que nous puissions trouver, et nous ne saurions guère nous égarer en nous y fiant un instant. Et puisque nous n'en sommes qu'à parler du possible, rappelons-nous qu'il est parfaitement possible et parfaitement concevable que l'image que nous projetons de l'invisible et de l'inconnu soit exacte, en dépit de ce que nous appelons la faiblesse humaine et l'étroitesse de notre vue. Les vieux brahmanes croyaient que l'avenir de l'homme, parfait ou imparfait, ne ferait que réaliser la conception et le désir de son cœur : la réalité serait ce que sa foi l'aurait faite. Ceux dont le désir s'était arrêté sur les choses terrestres rencontraient un avenir terrestre ; ceux qui avaient pu élever leur âme à des idées plus hautes et à des désirs plus purs se faisaient un monde plus haut et plus pur.

Mais, si même il faut nous résigner à la pensée que l'image que nous nous traçons de l'invisible, que ce rêve d'une réunion dans un autre monde, ne sera jamais réalisé dans la forme que nous nous sommes imaginée, quelle raison y a-t-il de croire que la réalité sera inférieure au rêve et au désir de notre faible cœur humain ? Cette confiance que tout ce qui est sera bien, voilà ce que j'appelle la foi, la vraie foi, parce que c'est la foi nécessaire. Nous en trouvons des traces en bien des lieux et dans bien des religions, mais je doute qu'elle soit nulle part exprimée avec plus de simplicité et de puissance que dans l'Ancien Testament et le Nouveau :

« Car jamais dans la vie du monde les hommes n'ont ouï, nulle oreille n'a entendu, nul œil n'a vu, ô Dieu, toi excepté, ce que Dieu a préparé pour qui espère en lui. » (Isaïe, 64, 4.)

« Mais, ainsi qu'il est écrit, l'œil n'a point vu, l'oreille n'a point entendu et le cœur de l'homme n'a point conçu les choses que Dieu a préparées pour ceux qui l'aiment. » (I Cor., ii, 9.)

Nous avons beau faire, l'homme sera toujours l'objet le plus haut que l'homme puisse comprendre. Il peut aller un pas plus loin, mais un pas seulement, et dire que l'au-delà est peut-être différent du présent, mais ne saurait être moins parfait : l'avenir ne saurait être pire que le passé. L'homme a cru au pessimisme, mais il est rare qu'il ait cru au *péjorisme*, et s'il est une chose que nous apprenne cette philosophie si décriée de l'évolution, c'est la ferme confiance en un avenir meilleur et en une perfection plus haute que l'homme est destiné à atteindre.

Si le Divin doit jamais se révéler à nous, c'est sous

la forme humaine, la seule que nous puissions voir, qu'il se révélera le mieux. Si loin que l'homme soit du Divin, rien sur terre n'est plus près de Dieu que l'homme, et il n'est rien sur terre de si divin que lui. Et comme l'homme grandit de l'enfance à la vieillesse, l'idée du Divin doit grandir en nous du berceau à la tombe, d'Açrama en Açrama, de grâce en grâce. Une religion qui ne peut vivre et grandir avec nous est une religion morte. L'uniformité arrêtée et invariable, loin d'être une marque de sincérité et de vie, annonce le mensonge et la mort. Une religion, qui veut être le trait d'union entre le sage et le pauvre d'esprit, entre les vieux et les jeunes, doit être souple, doit être haute, profonde et large ; elle doit tout supporter, et être ouverte à toutes les croyances et à toutes les espérances. Plus elle réalise cet idéal, plus grande est sa vitalité, plus grande est la force et la chaleur de son étreinte.

C'est parce que la doctrine du Christ, plus que celle d'aucun autre fondateur de religion, offrit à ses débuts aux vérités les plus hautes une expression que pouvaient accepter à la fois en toute sincérité le charpentier juif, le publicain romain et le philosophe grec, qu'elle a conquis la meilleure partie de l'univers. C'est parce qu'il y a eu des efforts dès le début pour enfermer dans un symbolisme étroit et rigide l'expression extérieure de la foi, pour substituer le dogme glacé à la confiance et à l'amour, que l'Eglise chrétienne a perdu tant d'âmes qui auraient été ses meilleurs apôtres, et que la religion du Christ a presque cessé d'être, ce qu'elle devait être avant tout, une religion de charité universelle et d'universel amour.

Jetons un dernier regard sur le chemin que nous avons fait, ce chemin qu'ont suivi, il y a quelques milliers d'années, nos ancêtres aryens, établis sur les

bords des Sept-Rivières, dans leur voyage à la recherche
de l'infini, de l'invisible, du divin.

Ils ne partirent pas, comme on l'a imaginé, du culte
des fétiches. Le fétichisme vient plus tard, et ce n'est
pas au début qu'il faut le chercher : dans les documents
primitifs de la pensée religieuse en Inde, il n'y a point
trace de fétichisme ; je dirai plus, il n'y a point place
pour lui, pas plus qu'il n'y a place pour le lias avant le
granit ou même dans le granit.

Nous ne trouvons non plus, dans leurs livres sacrés,
trace aucune de ce qu'on appelle communément la révélation primitive. Tout est naturel, tout est intelligible,
et en ce sens l'on peut dire que tout y est une révélation
de vérité. Nous n'avons vu non plus aucune nécessité de
reconnaître une faculté spéciale, l'instinct religieux, à
côté des sens et de la raison, et si nous en avions eu
l'envie, nos adversaires, qui, ici comme partout, sont
nos meilleurs alliés, ne nous l'auraient certainement
pas permis. Expliquer la religion par un instinct religieux, ce ne serait qu'expliquer le connu par l'inconnu.
Le seul instinct religieux, le seul mouvement qui met
en branle la religion, c'est la perception de l'infini.

Nous n'avons réclamé pour les anciens Aryens que
ce que nous réclamons pour nous-mêmes, et ce que nul
adversaire ne nous refusera, les sens et la raison ; en
d'autres termes, la faculté de percevoir, qui se manifeste par la sensation, et la faculté de concevoir, qui
se manifeste par le langage. L'homme n'a rien de
plus, et il n'a rien à gagner à s'imaginer qu'il ait rien
de plus.

Mais nous avons vu que les sens, en nous fournissant
la connaissance de ce qui est fini, entrent constamment
en contact avec ce qui n'est point fini, ou du moins avec
ce qui ne l'est pas encore ; nous avons vu qu'en fait leur
principal objet est de dégager le fini de l'infini, le visible

de l'invisible, le naturel du surnaturel, et le monde phénoménal d'un univers qui n'est pas encore entré dans le phénomène.

C'est ce contact permanent des sens avec l'infini qui éveilla la première vibration religieuse, le premier soupçon de quelque chose au-delà de ce que nos sens peuvent saisir, au-delà de ce que notre raison et notre parole peuvent fixer.

C'est là la base profonde et dernière de toute religion, c'est là l'explication de la chose qu'il faut expliquer avant toute autre, avant le fétichisme, l'animisme, l'anthropomorphisme, etc., à savoir : pourquoi l'homme ne s'est pas contenté de la connaissance des objets sensibles et finis, comment l'idée a pu entrer dans son esprit qu'il y a ou qu'il peut y avoir des choses à côté de ce qu'il peut toucher, entendre ou voir, qu'on les appelle puissances, dieux ou esprits.

Une fois que nos fouilles dans les ruines védiques nous ont fait toucher ce roc solide, nous avons continué à creuser pour voir si nous pourrions au moins découvrir quelques-uns des piliers les plus anciens que l'on a élevés sur cette base, et dégager quelques-unes des voûtes et des arches qui ont supporté plus tard les temples indiens. Nous avons vu comment, une fois que l'idée de quelque chose au-delà du fini eut pris possession de son esprit, l'Hindou le chercha par toute la nature, essayant de le saisir et de le nommer, d'abord dans le semi-tangible, puis dans l'intangible, puis enfin dans l'invisible.

Quand ils saisissaient un objet semi-tangible, les sens de l'homme lui disaient qu'ils ne pouvaient le saisir qu'en partie, et pourtant l'existence de cet objet était certaine.

Quand ils saisissaient un objet intangible, un objet invisible, les sens de l'homme lui disaient qu'il échappait à leur prise presque tout entier ou même dans son entier; et pourtant son existence était certaine.

Ainsi naissait un autre monde, peuplé d'objets semi-tangibles, intangibles ou invisibles, tous manifestant certaines activités, analogues à celles de créatures humaines et nommés d'après le nom de ces activités.

De ces noms, quelques-uns furent appliqués à plusieurs de ces objets invisibles ; ils devinrent des épithètes générales ; tels : *Asura*, les choses vivantes ; *Deva*, les êtres brillants ; *Deva asura*, les dieux vivants[1]; *Amartya*, les Immortels, que nous retrouvons sous des formes plus familières dans les Θεοὶ ἀθάνατοι des Grecs, dans les *Dii Immortales* des Italiens, dans les dieux immortels des vieux Germains.

Nous avons vu encore d'autres idées religieuses, les plus abstraites, semble-t-il, que l'homme puisse former, dériver, comme toutes les idées abstraites, d'impressions purement sensibles; idées de loi, de vertu, d'infini, d'immortalité.

J'aurais voulu pouvoir disposer de quelques leçons encore, ne fût-ce que pour vous montrer l'influence qu'exerça sur l'esprit de l'homme le premier contact conscient avec la mort, et pour vous faire suivre la lente et inévitable formation des idées que nous comprenons à présent sous les noms de *foi* et de *révélation*.

Dans l'Inde aussi, malgré toutes les affirmations contraires, les idées et les sentiments qu'éveille la pensée de ceux que la mort a séparés de nous pour un temps, ont fourni quelques-uns des premiers et des plus puissants éléments de la religion, et la foi tira son principal appui de ces espérances et de ces rêves d'une réunion future dans une autre vie, qui ont prouvé leur vérité aux ancêtres de notre race, comme ils la prouvent à nous-mêmes, par la seule vertu de leur irrésistible puissance.

Enfin nous avons vu comment la croyance à diffé-rents dieux suprêmes, l'*hénothéisme*, conduisit, par une marche naturelle et simple, à la croyance en un Dieu placé au-dessus de tous les autres, qui cessaient par là d'être suprêmes, le *polythéisme ;* ou à la croyance en un Dieu unique, sans autres dieux, le *monothéisme.*

Nous avons vu comment on reconnut que les vieux dieux, les vieux dévas, n'étaient que des noms ; cette découverte, qui conduisit quelques-uns à l'*athéisme* et à une sorte de *bouddhisme,* conduisit les autres à une nou-velle croyance, la croyance en un être qui est l'Etre de tout être, qui n'est pas seulement au-dessus et en des-sous des choses finies, saisies par les sens, mais au-dessus et en dessous de notre Moi fini, un être qui est le Moi de tous les Moi.

C'est ici que nous devons, pour cette fois, arrêter nos fouilles, contents d'avoir dégagé la couche dernière, le sol ferme, sur lequel reposent tous les temples que l'Inde a plus tard élevés pour le culte ou le sacrifice.

J'ai cru de mon devoir de vous mettre en garde, à plusieurs reprises, contre la supposition que les fonde-ments que nous avons découverts sous les temples in-diens les plus anciens, doivent être les mêmes qui ont supporté tous les temples qu'a pu élever la main hu-maine. Je dois répéter cet avertissement en finissant.

Sans doute, ce roc solide, le cœur humain, doit être partout le même ; peut-être même quelques-uns des pi-liers et des voûtes anciennes ont été les mêmes partout où il y a religion, foi ou culte. Mais nous ne pouvons aller plus loin, au moins pour l'instant.

J'espère qu'un temps viendra où les couches souter-raines de la religion humaine deviendront de plus en plus accessibles. J'ai la confiance que ces Lectures, que j'ai eu le privilège d'inaugurer, fourniront à cette œuvre des travailleurs plus habiles et plus vigoureux, et que

la science de la Religion, qui à présent n'est qu'en
germe et en espérance, portera, avec le temps, une riche
moisson.

Quand ce temps de la moisson sera venu, quand seront dégagées les fondations les plus profondes sur lesquelles toutes les religions reposent, qui sait? peut-être
ces fondations mêmes serviront-elles une fois encore,
comme jadis les catacombes ou les cryptes de nos cathédrales, d'asile à ceux qui, dans un credo ou dans l'autre,
aspirent à quelque chose de meilleur, de plus pur, de
plus ancien, de plus vrai que ce qu'ils trouvent dans les
rites, les sacrifices, les offices, les sermons des jours où
le hasard les a jetés; à ceux qui ont appris à rejeter
toutes les choses de l'enfance, généalogies sacrées,
légendes, miracles et oracles, mais qui ne peuvent pas
se séparer de la foi même de l'enfance, de la foi toujours
jeune du cœur.

Ils laisseront derrière eux bien des choses de celles
qu'on adore ou qu'on prêche dans le temple hindou, dans
le vihâra bouddhique, dans la mosquée musulmane,
dans la synagogue juive, dans l'église chrétienne ; mais
chacun apportera avec lui, dans la crypte paisible, le
meilleur de son héritage, le joyau le plus précieux de
son âme :

L'Hindou, son scepticisme inné pour le monde, sa foi
invincible en un autre monde ;

Le Bouddhiste, sa vision d'une loi éternelle, sa sou-
mission à cette loi, sa douceur, sa pitié ;

Le Musulman, le sérieux de son âme ;

Le Juif, son attachement invincible, dans les bons et
dans les mauvais jours, à ce Dieu unique, qui aime la
Justice et dont le nom est « Je suis » ;

Le Chrétien enfin, ce qui vaut mieux que tout — si
ceux qui doutent veulent en faire l'essai — l'amour de
Dieu, de quelque nom que vous l'appeliez : l'Infini, l'In-

visible, le Père, le Moi suprême qui est au-dessus de tout et en tout; l'amour de Dieu se manifestant par l'amour de l'homme, l'amour des vivants, l'amour des morts, l'amour qui vit et ne meurt pas.

Cette crypte, si étroite encore et si obscure, est pourtant visitée déjà par le petit nombre de ceux qui fuient l'assourdissement des voix, l'éblouissement des lumières, le conflit des opinions. Qui sait? Le temps la verra peut-être s'élargir et s'éclairer, et cette crypte du Passé deviendra peut-être quelque jour l'Eglise de l'Avenir.

FIN.

INDEX